Karl Braun

Der Tod des Stiers

Karl Braun

DER TOD DES STIERS

Fest und Ritual in Spanien

Verlag C. H. Beck München

Mit 42 Abbildungen

Übersetzungen aus dem Spanischen von Karl Braun

Die Deutsche Bibliothek – CIP-Einheitsaufnahme
Braun, Karl:
Der Tod des Stiers : Fest und Ritual in Spanien / Karl Braun. –
München : Beck, 1997
ISBN 3 406 42823 1

ISBN 3 406 42823 1

Satz: Wagner GmbH, Nördlingen
Druck und Bindung: Freiburger Graphische Betriebe, Freiburg
Gedruckt auf säurefreiem, alterungsbeständigem Papier
(hergestellt aus chlorfrei gebleichtem Zellstoff)
Printed in Germany

Inhalt

Vorwort 7

I. Unterschiedliche Wahrnehmung 11

II. Stierfeste 17
Plötzlicher Irrsinn 18
Coria (Cáceres) 18
Fuentelencina (Guadalajara) 26
Grazalema (Cádiz) 28
Pamplona (Navarra) 35
Soria (Soria) 51
Hochzeitsstiere 62

III. Die Burschen von Monleón 67
Manuel Sánchez und die Verwirrung der Mutter-Witwe 68
Artemis, von Stieren umgebene Göttin 75
Noch einmal: Die Burschen von Monleón . . 79
Zwei methodische Fragen 84

IV. Prähistorischer Exkurs über Stier und Göttin 87

V. Volkskultur im Aufbruch 97
Land im Widerspruch: Katholizismus und Stiere 98
Im Schutze der Inquisition 99
Jungfrau und Bergfrau 109

„Uchronia“ oder die erneuernde Kraft der Fiesta 133

VI. Corrida in der Arena 155
Las Suertes: Beschreibung der Corrida 156
Ein Ritual entsteht 166
Die Ästhetisierung der Corrida 193
Fiesta auf der Plaza de Toros 198

VII. „¡Toro! Der Stier kommt!“ 207
Spanien und die Corrida in der Arena 208
Der Ruf „¡Toro!“ 210
Das Töten und die Ordnung der Kultur 213

Anmerkungen 221
Bibliographie 233
Bildquellenverzeichnis 242
Ortsregister 243

Vorwort

Im Juli 1992, bei einem Besuch der San Fermines in Pamplona, begann – ausgelöst durch die scheinbar unbedeutende Handlung eines Freundes – meine Beschäftigung mit der Stierthematik in die Richtung zu gehen, wie sie sich im vorliegenden Buch ausgedrückt hat. Mich interessierte zunehmend der Zusammenhang der volkstümlichen Stierläufe mit der modernen Corrida unter der Zentralfrage, aus welchen Quellen die spanische Begeisterung für den Stier eigentlich herrührt.

Wir hatten mit diesem Freund ausgiebigst zu Mittag gegessen und befanden uns auf dem Weg zur Corrida, als ihm plötzlich einfiel, daß er *bocadillos*, belegte Brote, mitnehmen müsse. Er besorgte sich welche und begann sie während der Corrida hinunterzuschlingen. Hunger konnte er keinen haben, das war mir klar; aber aus welchen Gründen aß er dann? Eine Antwort darauf wußte er auch nicht und flüchtete, wie alle anderen, die ich nach ihrer Esserei während der Corrida fragte, in die nichtssagende Floskel: „Man ißt halt bei der Corrida".

Für mich ist ein spannender Punkt berührt, wenn Leute Handlungen zwar immer wieder ausführen, aber nicht in der Lage sind, zu sagen, warum sie das tun. Meist versteckt sich in der Ausführung solcher Handlungen ohne eigentlichen individuellen Grund ein kulturell vermitteltes Wissen, das unbewußt ist. Bei tautologischen Begründungen – „das ist halt so", „das hat man schon immer so gemacht" – ist meiner Überzeugung nach die Arbeit der Volkskundler und Ethnologen gefordert, weil ein „Kultur-Symptom" gegeben ist, dessen Auflösung für die in Frage stehende Kultur von

Bedeutung ist. So wurde mir das allgemein übliche Essen während der Corrida, das ich übersehen oder dem ich vorher keine Beachtung geschenkt hatte, zum Einstiegspunkt in die Frage nach dem kulturellen Sinn der Stierläufe.

Am Anfang des Buches steht – nach einleitenden Überlegungen zur verschiedenen Wahrnehmung der Corrida/des Stierkampfs bei Spaniern und anderen Europäern (Kap. I) – die Beschreibung verschiedener Ortsfeste; bei einigen von ihnen wird der Stier nach dem Stierlauf durch die Ortschaft von allen festlich verzehrt (Kap. II). Das gemeinsame Mahl hat mich zur Institution des Opfers geführt. Die Interpretation der Romanze „Die Burschen von Monleón, die vom Tod eines Stierläufers berichtet, zielt zum einen auf diese Institution des Opfers, zum anderen führt sie zeitlich, obwohl das Lied aus dem 19. Jahrhundert stammt, weit in die Geschichte zurück – zu den Muttergottheiten des Mittelmeerraumes (Kap. III). In einem knappen, in der Vorgeschichte angesiedelten Exkurs wage ich einen Entwurf über die enge Verbindung von Stier und Großer Göttin (Kap. IV). Mut zu diesem zeitlich weiten Schritt gab mir die Studie „The Fire, the Bull, and Solstice Fiestas of Soria (Spain) and Afro-Asian Parallels. A documentary Study in Ethnoprotohistory“ von Elisabeth C. Baity, die zeigen konnte, welch enger Zusammenhang zwischen noch stattfindenden Stierbräuchen in Spanien, Griechenland, Afrika und Südindien einerseits und der Ikonographie prähistorischer Höhlenmalereien andererseits besteht.

Dem Sprung in die Vorgeschichte folgt der ins 16. Jahrhundert. Warum hat gerade in Spanien das Spiel mit Stieren überlebt? In welchem Verhältnis stehen sie zur Muttergottes und welchen Stellenwert hat das Ortsfest in der spanischen Kultur (Kap. V)? Sodann untersuche ich die Entstehung der Corrida in der Arena und behaupte für diese ganz neue Form von Stierlauf eine starke Abhängigkeit von der Tradition der Ortsfeste (Kap. VI). Mit Überlegungen zum Aussprechen des

Wortes *„toro"* endet der Weg durch die *afición*, die Stierbegeisterung der Spanier (Kap. VII).

John Corbin, ein britischer Anthropologe, hat bei einer Corrida das Gespräch zweier neben ihm sitzender Frauen belauscht, wobei die eine zur andern sagte: „All das hier muß den Ausländern barbarisch vorkommen. Aber das ist nicht so, ich weiß nicht warum, doch das ist nicht so." Federico García Lorca, Kronzeuge des traditionellen, aber eben nicht des reaktionären Spanien, behauptete im letzten vor seiner Ermordung im Juli 1936 gegebenen Interview: „Ich bin davon überzeugt, die Stierfeste stellen heutzutage das kultivierteste Fest dar, das es auf der Welt gibt." Weiter als Lorcas Postulat reicht auch die hier gefundene Antwort nicht; vielleicht aber kann sie der Señora, die einem Ausländer die Corrida erklären wollte, ein paar Argumente aus kulturwissenschaftlicher Sicht liefern. Auf den oft komplizierten und verschlungenen Wegen hin zu der einfachen und nicht neuen Antwort – die Corrida ist Fiesta –, habe ich vielfache Unterstützung und Hilfe gefunden. Es kann hier nicht allen namentlich Dank gesagt werden. Hervorheben möchte ich Cristina García Rodero, die mir – ohne mich zu kennen – Einblick in ihr Photoarchiv gewährt hat. Dem Freund und eingefleischten Corrida-Gegner Joan Busquets sei die grimmige Opposition während des gesamten Projekts gedankt. Dedicado está este libro a mis tres Españolitos.

Prag, im Juni 1997 Karl Braun

I

Unterschiedliche Wahrnehmung

Stierkampf – damit verbinden sich die Bilder der im gleißenden Gewand einziehenden Toreros, der riesigen Arenen mit „olé“ schreienden Zuschauermassen, des wütend in die Leere des roten Tuches laufenden Stiers. Und – vor allem außerhalb Spaniens und weniger auch in Spanien selbst – das Bild eines gequälten Tiers.

Da das Ende schon von vornherein feststehe, der Stier also keine Chance habe, sei die ganze Veranstaltung eine „unfaire“ Sache. Ein unlauterer Kampf dient unlauteren Zielen, so wird weiter gefolgert: Der Torero produziert sich als Supermacho und sahnt, wie Züchter und Platz-Impresarios, kräftig ab, während „die Zuschauer, einfach weil sie das Geld für eine Eintrittskarte haben entrichten können“, als „Voyeure“[1] in den Genuß der Aufpeitschung ihrer niedersten Instinkte kommen. Kommerz und Vergnügungslust lauten hier die Schlagworte oder, etwas poetischer ausgedrückt: „Die Olé-olé-Schreie sind eine *capa* aus Blutrausch und Lebensverachtung, das durch die Lüfte geschwenkt wird.“[2]

Walter Falk hat in „Die Deutschen und der Stierkampf“ bei den ausländischen Besuchern die Irritation über eine öffentliche Tötung als tieferen Grund für die Ablehnung ausgemacht:

Denn gehört hat natürlich ein jeder von diesem spanischen Nationalvergnügen. Jeder weiß bereits vorher: Da werden Tiere getötet, und das Töten gilt dabei nicht als eine leidige Notwendigkeit, deren Vollzug man verhüllt und so rasch wie möglich erledigt; nein: Man macht ein Schauspiel daraus, langsam wird das Tier getötet, genießerisch und nach einem bestimmten Rituell. Jeder weiß das, und im Grunde findet es ein jeder unbegreiflich. ... Wenn jemand genießt, wie ein Tier langsam zu Tode gequält wird, so muß der Betreffende – denkt der Tourist – einen großen Hang zur Grausamkeit haben.[3]

Vergnügen und Grausamkeit als Fremdschmerz, da muß es sich um Lustgewinn handeln, und folglich kann in heutiger, von Sexologie und Psychoanalyse beeinflußter Sprache ohne weitere Reflexion der Begriffsjoker „Sadismus" gezogen werden. Diese Argumentation gegen die Corrida läßt sich grob so zusammenfassen: Ohne die Bereitschaft des Publikums zu sadistischem Lustgewinn ließe sich mit dem ekelhaft öffentlichen Stierabschlachten auch kein Geld verdienen.

Doch erstaunlicherweise wird der Vorwurf eines wie immer gearteten Sadismus gerade von spanischen Kennern und gleichzeitigen Gegnern der „Stierszene" zurückgewiesen. So hat der in Coria lebende Schriftsteller Rafael Sánchez Ferlosio, wahrlich kein Freund der Stierläufe seiner Mitbürger – „wer sich einen Hornstoß zuzieht, hat sich den bestens verdient" –, diese dennoch gegen den Vorwurf des Sadismus in Schutz genommen: Bei aller Grausamkeit ergötze man sich in keiner Weise am Leiden der Opfer.[4] Auch der britische Anthropologe Garry Marvin konnte bei der Erforschung sozialer Implikationen der Corrida keinen Nexus von Vergnügung und Leid des Stiers finden.[5] Und selbst ein so vehementer Kritiker wie Alfonso Álvarez Villar schließt Lustgewinn als Motiv bei den Zuschauern aus:

Doch das Bemerkenswerte der Angelegenheit ist, daß ein Großteil des Publikums unsensibel für dieses Gemetzel ist. ... Die Unsensibilität angesichts des Leidens offenbart einen Grad gefühlsmäßiger Abstumpfung, ziemlich fortgeschrittener als jene des Sadisten, der wenigstens auf seine Art und Weise den Schmerz menschlicher oder tierischer Geschöpfe ‚lebt'. Was ich sagen will, ist folgendes: Es sind äußerst wenig Zuschauer, welche die Sitzreihen und Ränge frequentieren, um gewisse psychopathologische Gefühle auszuleben.[6]

Aber, so ist zu fragen, warum gehen die Zuschauermassen dann hin? Die *aficionados* wollen kein Blut sehen, sondern eine gelungene Interaktion von Torero und Stier die den Namen *arte*, Kunst oder Kunstfertigkeit, verdient. Was die Aficionados erwarten, fällt in den Bereich der Ästhetik.

Um solche Momente sehen zu können, braucht man zum einen eine gute Kenntnis der Bewegungsfähigkeit und Reaktionsweisen des Stiers, zum andern ein genaues Wissen um die Möglichkeiten des Toreos, kurz: welche Figuren ein bestimmter Torero mit einem bestimmten Stier ausführen kann. Der Aficionado kann das Geschehen in der Arena in das komplexe Geflecht von gesetzten, die Corrida konstituierenden Normen und strategischen Regeln im Umgang mit den einzelnen Stiertypen einordnen und bewerten. Er bewundert die Stiere, seine emotionelle Haltung zum Stier ist positiv und ohne jede Spur von Aggressivität. Die Argumente gegen die Corrida sind ihm unzugänglich; der Kampfstier, der *toro de lidia*, ist in seinen Augen nur für jenen Moment gezüchtet, in dem er in der Arena auf den Matador stößt.

Man steht vor einer paradoxen Situation: Viele der ausländischen Besucher der Corrida sehen nur den bis aufs Blut gequälten Stier, während die Aficionados die Grausamkeit gegen den Stier gar nicht wahrzunehmen scheinen. Corrida-Freunde und Stierkampf-Gegner verstehen nicht einmal ihre gegenseitigen Argumente, das, was die eine Seite vorbringt, gerät nicht in den Denkhorizont der anderen.

Die Corrida ist „seit je eine Quelle interkultureller Fehlinformation“.[7] Konflikte auf europäischer Ebene sind somit vorprogrammiert; die Corrida ist bereits einer der großen Zankäpfel innerhalb der Europäischen Union und wird es bei fortschreitender Integration auch bleiben. Der Kulturwissenschaft wird die Aufgabe zukommen, die tieferen Gründe für dieses interkulturelle Mißverständnis offenzulegen. In diesem Buch soll versucht werden, die soziokulturellen und psychologischen Hintergründe der Corrida aufzudecken und Nicht-Spaniern einsichtig zu machen.

Aufgrund dieser Ausrichtung müssen Tierschutzargumente außer acht bleiben, da die Idee des Tierschutzes auf einem protestantisch geprägten Gefühlshintergrund im

19. Jahrhundert erst entstanden ist und ein Einsatz solcher Argumente in dieser Arbeit die typisch spanische Entwicklung verfälschen könnte[8] – was nicht heißen soll, daß sie einer Diskussion nicht wert wären. Ebenso müssen alle Betrachtungen über den Stier in bio-, physio- und zoologischer Hinsicht ausgeklammert bleiben. Im Mittelpunkt des Interesses stehen die interaktiven, also kulturellen Momente zwischen Mensch und Stier.

Der spanische Name dessen, was im Deutschen als *Stierkampf* bezeichnet wird, lautet *corrida* und läßt sich am genauesten mit *Lauf* übersetzen. Der Brauch des *correr los toros* – die Stiere hetzen, die Stiere laufen (wie ich es meist in neuer syntaktischer Wertigkeit des Verbs *laufen* ins Deutsche übersetzt habe) – gehört zu den ältesten, eigentümlichsten und beständigsten Handlungsweisen in Spanien: Die Menschen laufen und necken die Stiere, spielen mit ihnen und versuchen, durch Rufe wie „¡eh! ¡toro!" ihre Aufmerksamkeit zu gewinnen oder sie beim Lauf zu berühren.

Die eigentlichen Corridas sind Teil dörflich-ländlicher Feste und bilden den historischen Hintergrund für die Ausbildung der modernen Corrida in der Arena. Diese ist eine relativ neue Erscheinung; sie stammt aus dem Ende des 18. Jahrhunderts. Im Zeitalter der Aufklärung taucht – gegenläufig zu den allgemeinen Tendenzen der Epoche in Europa – scheinbar unvermittelt, aber desto prächtiger in der sinnlichen Faszination und Ausstrahlung das komplexe Ereignis der Corrida in der Arena auf.

Obwohl die Corrida mit den Arenen voller Massen von Menschen Auftakt und Modell für die modernen Sportstadien darstellt, hat sie mit Sport nichts zu tun. Der Unterschied zwischen Corrida und Sport läßt sich damit illustrieren, daß bei der Corrida jede Wettmöglichkeit, die selbstverständlich zum Sport gehört, ausgeschlossen ist. Denn die Corrida ist nicht ergebniszentriert; es gibt im Sinne des Sports keinen Sieger und keinen Verlierer.

So bleibt die Frage, was die ungebrochene Anziehungskraft und Attraktivität der modernen Corrida in Spanien, nunmehr über zwei Jahrhunderte, eigentlich ausmacht.

II
Stierfeste

Plötzlicher Irrsinn

Der Folklorist Publio Hurtado charakterisierte 1905, halb konsterniert, halb fasziniert, das Ortsfest von Acehuche in der Provinz Cáceres: „Das ganze Dorf nimmt das unerträgliche Aussehen eines Irrenhauses an freier Luft oder eines Hexensabbats bei vollem Licht des Tages an.“[9] Dieser ganze Überschuß an Kraft, Ausgelassenheit und Wildheit, dieses ganze Über-die-Stränge-Schlagen, das das Fest kennzeichnet und das den Folkloristen wie ein Besuch bei freigelassenen Irren oder öffentlich tanzenden Hexen anmutet, beginnt – trotz der oft langen und gründlichen Vorbereitungen – schlagartig: „Sonntag mittag, den 6. Juli, brach die Fiesta aus. Es gibt keinen anderen Ausdruck dafür.“[10] So läßt Hemingway in seinem Buch „The sun also rises“ („Fiesta“) die San Fermínes von Pamplona des Jahres 1924 beginnen.

Coria (Cáceres)

In Coria, einer kleinen Provinzstadt mit Bischofssitz im nordwestlichen Teil der Extremadura am Fluß Alagón gelegen, beginnt das Fest, die „Sanjuanes“, damit, daß am 23. Juni, dem Tag vor Sankt-Johanni, die Stiere von der Weide, auf der sie aufgewachsen sind, in die Nähe der Stadt gebracht werden. Ab da ist das kulturelle Vorprogramm, das Anfang Juni mit einer *verbena*, einer öffentlichen Tanzveranstaltung begonnen und mit Theatervorstellungen, Musik-, Folklore- und Sportveranstaltungen fortgesetzt worden war, vergessen.

Das Fest beginnt am Abend des 23. Juni mit einer Messe und einer Prozession des Heiligen Johannes.[11] Nachts gegen elf Uhr wird ein riesiges Johannisfeuer entzündet. Teil des Programmes sind kleinere Stierereignisse, wie Capeas (Hobby-Toreros versuchen sich an kleinen Stieren) oder No-

Auf der zur Arena umgebauten Plaza Mayor hat der Stierlauf begonnen.

villadas auf der *plaza de toros* (Nachwuchstoreros stellen sich jungen Stieren). Das alles ist Vorgeplänkel. Das Zauberwort heißt jetzt : „¡*Toro*!“.

Das eigentliche Fest bricht früh um vier aus, wenn das Johannisfeuer niedergebrannt ist und sich die Tür des *toril*, des Stierzwingers, hebt. Der Stier läuft in das *encierro* und wird von jungen Männern erwartet, die versuchen, ihm beim Herausstürmen *banderillas* in den Nacken zu setzen.[12] Den in Richtung Marktplatz laufenden Stier samt den Stierläufern begleitet das Raunen: „¡*Toro*!“ Rund um den Marktplatz sind Tribünen errichtet, auf denen jung und alt, Frau und Mann, eben alle diejenigen sitzen, die beim Stierlauf nicht mitlaufen können oder wollen. Der Marktplatz, „im 16. Jahrhundert eigens für die Feier des traditionellen Stierereignisses von Coria konstruiert“[13], ist zur Arena geworden. Unter den Tribünen ist freier Raum, die Reihe der vertikalen Absperrungsbalken läßt gerade einen Menschen, nicht aber den Stier durch, so daß sich die Stierläufer dorthin retten können. Der Stier bleibt eine halbe Stunde vor der Dorföffentlichkeit; er wird mit der Capa oder anderen Sachen gereizt, man wirft mit *soplillos*, kleinen Wurfpfeilen, nach ihm und versucht, nahe an ihm vorbeizulaufen, ihn zu berühren oder über ihn hinwegzuspringen. Läuft er nicht, wird er mit langen Stangen gepiekst, geschlagen und beschimpft.

Drei Glockenschläge kündigen an, daß die Gatter, die den Marktplatz abgeriegelt hatten, geöffnet und die vier Stadttore geschlossen werden: Der Stier ist nun für die Morgenstunden Herr der Gassen des Stadtkerns, dessen Ummauerung noch vorhanden ist. Immer möglichst nah am Stier, vor und hinter ihm, sind die Stierläufer, die sich zum großen Teil aus der Jugend Corias rekrutieren. Früher sollen sogar Frauen mit kleinen Kindern im Arm den Stier gelaufen sein.[14] Die Kneipen und Hauseingänge sind mit Balken gesichert, so daß die Läufer sich retten oder von Zeit zu Zeit zurückziehen können. Ist der Stier am Ende seiner Kraft, wird vom *abanderado* (wörtlich: der mit der Fahne; der jährlich neu gewählte Chef jeder der Organisationen, die für einen Stier – Einkauf, Organisation des Stierlaufs, Verwertung des Fleisches – verantwortlich sind) der Befehl zum Töten des Stiers gegeben, worauf der Stier von Metzgern mit einem Schuß getötet wird. Dem toten Stier, in seinem Blut liegend, wird besondere Kraft zugeschrieben; nicht wenige der Anwesenden berühren ihn.

Feierlichkeiten, Orchester und Bands, Verbenas, kurz: allgemeiner Trubel prägen den Johannistag; abends um acht wird wieder ein Stier losgelassen, dann wieder Musik, Tanz. Früh um vier läuft wieder ein Stier ein. Dieser Festtaumel setzt sich vier Tage lang, bis zum 28. Juni, fort; täglich werden mindestens zwei, manchmal drei Stiere gelaufen. Im jeweiligen Programmheft, von der Stadtverwaltung ediert, bekommt jeder Stier auf den ersten Seiten ein halbseitiges

Die Abriegelung der Plaza Mayor ist aufgehoben. Der Stier durchläuft, gefolgt von den Stierläufern, die Altstadt Corias.

Fotoporträt mit Beschreibung. Die Stiere sind der caurensischen Bevölkerung mit Aussehen, Namen und Vorzügen bekannt; die Urheber der häufig vorkommenden Verletzungen oder der selteneren Todesfälle sind keine anonymen Tiere, sondern prominente Teilnehmer des Festes von Coria.

Die mehrere Tage umfassende Dauer der Encierros hat

Nächtlicher Stierlauf. Das auf der Plaza entzündete Feuer reizt den Stier.

Tradition. Am Johannistag 1606 werden in Coria trotz Verbotes die Stadt geschlossen und Stiere losgelassen. Die Beamten der Krone in Coria verteidigen sich erfolgreich gegen die Exkommunikation vor dem Königlichen Gerichtshof in Valladolid:

In dieser Stadt existiert seit unvordenklicher Zeit der Brauch, mit Stieren durch die Straßen zu laufen, wobei die Stadt abgeschlossen ist, und zwar an den Tagen des Hl. Johannes des Täufers (24. Juni), des Apostels Jakob (Santiago) und der Hl. Anna (25. und 26. Juni) sowie Mariä Verkündigung (8. September); und zwar mit Wissen und Zulassung der Prälaten, Kanoniker und Priester, die selbst aktiv an diesen Festen teilnehmen.[15]

Andere schriftliche Dokumente, in denen über die Stiere in Coria die Rede ist, reichen über das 16. Jahrhundert, wo sie in großer Zahl vorhanden sind, bis ins 13. Jahrhundert zurück, in dem Coria im Zuge der Reconquista Sonderrechte, darunter das für die Encierros, erhielt.[16] Doch in

Der erschöpfte Stier wird nach dem Stierlauf erschossen.

Coria ist man, trotz des Mangels an schriftlich fixierten Quellen, davon überzeugt, daß die Stiertradition über das arabische „Cauria Medina“, das römische „Caurium“ bis in die befestigte Ansiedlung „Caura“ des Stammes der Vettonen zurückreiche. Archäologisch soll dieser rinderzüchtende Stamm der Vettonen bis ins 8. vorchristliche Jahrhundert zurückdatierbar sein.

In der mündlichen Tradition Corias lautet die Geschichte so:

Die alten Leute erzählten uns, als Nachrichten ihrer Großeltern und weitergegeben seit unvordenklicher Zeit, daß es Brauch war, jedes Jahr einen Burschen zu opfern (der zuvor feierlich unter den ortsansässigen Burschen ausgelost worden war), der genauso zu Tode gekämpft worden sei wie heutzutage die Stiere. In einem Jahr geschah es, daß die Opferung dem Sohn einer äußerst einflußreichen Witwe zufiel, die – um das Leben ihres Sprosses von der brutalen Unterhaltung zu retten – dem Ort ein Weidegebiet aus ihrem

Viele Caurenses berühren den toten Stier, glauben, daß ihnen diese Berührung Glück bringt.

Besitz anbot, damit man aus dessen Zucht an jenem feierlichen Tag einen Stier zu Tode kämpfe. Der Ort nahm das Angebot an und die Finca ging in den Besitz der Stadt über. Seitdem kümmert sich das Rathaus um die Organisation der Corrida und die Bereitstellung des Stiers.[17]

Generation um Generation von jungen Caurensern wächst mit dem jährlich stattfindenden Großereignis, den Sanjuanes, und mit dieser Erzählung um ihren mythischen Ursprung auf.[18] Die Sanjuanes gehören zum Ort, und Rufe nach ihrer Abschaffung, von Tierschutzorganisationen und Europaparlamentariern vorgebracht, werden von der Ortsöffentlichkeit registriert, kritisiert und heftig abgelehnt. Man hat in Coria das Gefühl, daß Fremde, die das Geschehen weder erlebt haben noch verstehen, etwas abschaffen wollen, das sie nichts angeht.

Doch Versuche, die Sanjuanes abzuschaffen, sind alt; nur ein Beispiel: die Ereignisse des Jahres 1928, von denen der damalige Sekretär der Stadtverwaltung Sebastian Iglesias

Perianes im Programmheft der Sanjuanes 1993 aus eigener Teilnahme und auf Grund des Protokolls einer Notsitzung des Stadtrats vom 24. Juni 1928 berichtet.

„*Der Bürgermeister gab bekannt, daß ... heute (24. 6. 28) das königliche Dekret vom 13. dieses Monats um jeden Preis durchgesetzt werden müsse, in dem ausdrücklich das Loslassen eines Stieres verboten worden sei. Iglesias Perianes muß diese Entscheidung bekanntgeben.* Vor dem Rathaus stehen die versammelten Bürger des Ortes, die den ganzen Tag hindurch in verschiedenen Petitionen gefordert haben, daß nach altem Brauch ein Stier losgelassen werden müsse. Nachdem die negative Entscheidung bekanntgegeben war, drängt das Volk ins Rathaus, und *sie forderten nun, immer formloser werdend und in einem Zustand völligen Taumels, daß ich die zur Sprache stehende Lidia autorisieren möge. Zu nichts waren die Gründe und Ratschläge nütze, die ich ihnen gab ...* Er verläßt das Rathaus, die Masse umringt ihn bis zu seiner Wohnung, *wo Stimmen laut wurden und den Stier forderten, wobei sich allgemeine Unruhe mit alarmierenden Zügen allgemeiner Unordnung ausbreitete.* In diesem Moment rückt die Guardia Civil aus der Kaserne aus, *um den Tumult zu unterdrücken ... und es kam zu dem unerfreulichen Moment, da die Masse die Guardia Civil mit Steinen zu bewerfen begann, diese wiederum Warnschüsse in die Luft abgeben mußte und doch die erwünschte Normalität nicht erreichte, da autorisierte ich, angesichts der Schwere der Vorfälle, des Mangels an Polizeikräften und um größeres Übel und einen Trauertag für diesen Ort zu vermeiden, augenblicklich die Abriegelung des Marktplatzes und das Einbringen des Stiers...*

Wie auch immer, das Verbot dieser Fiestas kann unvorhergesehene Konsequenzen nach sich ziehen; so wie die damalige Jugend wird auch die heutige die Fiestas des Hl. Johannes zu verteidigen wissen.“[19]

Mit dieser kämpferisch-hoffnungsvollen Feststellung

schließt Iglesias Perianes seine Erinnerung an das Jahr 1928.

Fuentelencina (Guadalajara)

In der zentralspanischen Alcarria, auf der Hochebene zwischen den Flüssen Tajo und Tajuna liegt das Dorf Fuentelencina. Ortspatron ist der Kirchenvater Augustinus, San Augustín; die Ortsfeier findet am 27. und 28. August statt, Vortag und Tag des Heiligen. Am 27. August in der Frühe wird eine Kuh, ein Seil um die Hörner, durch alle Straßen bis zum Marktplatz gebracht. Der Weg der Kuh durch die Ortschaft ist bereits Teil des Festes: Man reizt das Tier, spielt mit ihm, berührt es. Am Marktplatz angekommen, wird das Rind in Anwesenheit der Ortsautoritäten vor dem Rathaus geschlachtet und zerlegt. Das Fleisch wird im eigenen Saft gebraten, alles andere samt den Knochen kommt in die Kochkessel für die Zubereitung der in der ganzen Umgebung bekannten *sopas de San Augustín*. Köche dieser „Augustinus-Suppe" sind allein die Männer. Gegen neun Uhr abends ist die Suppe fertig; im Atrium der Kirche ist für die Suppenkessel aufgedeckt, der Pfarrer im vollen Ornat segnet die Suppe und probiert sie als erster, ihm folgt der Bürgermeister. Dann drängt die Menge an die Tische und löffelt in kurzer Zeit die Suppe leer. Die Nacht hindurch ist buntes Treiben, Fest.

Der Augustinus-Tag selbst beginnt vormittags mit einem Hochamt. Danach wird das inzwischen gebratene Fleisch an die Festteilnehmer verteilt, im Rathaus wird nach Verzehr des Fleisches für geladene Gäste Schokolade serviert.

Um diese öffentliche Speisung zu beenden, erscheinen der Bürgermeister und der Pfarrer auf dem Balkon des Rathauses über dem Hauptplatz, wo die Leute dicht zusammengedrängt warten, daß man ihnen die Knochen der Kuh zuwirft, die in der Suppe mitgekocht worden waren. Die Knochen fallen nicht zu Boden, denn sie werden von einer Unzahl ausgestreckter Hände aufgefangen, und man streitet um ihren Besitz wie um eine geheiligte Reliquie. Die Leute bewahren die Knochen zu Hause mit Verehrung auf, und der Glaube schreibt ihnen echte Wunder zu.[20]

Diese Beschreibung folgt der des Folkloristen Ernesto Navarrete aus dem Jahr 1955; eine neuere von Antonio Herrera Casado aus dem Jahr 1973 teilt einige Änderungen mit, von denen die wichtigste die Tatsache sein dürfte, daß die ausgekochten Knochen nicht mehr ins Volk geworfen werden. Statt dessen werden an die Teilnehmer des Festes kleine dreieckige Anisbrote mit dem Namen *caridad de San Augustín* – augustinische Liebesgabe – verteilt. Diese Anisbrote werden, ähnlich den Knochen, das ganze Jahr für kritische Momente, z. B. Krankheitsfälle, aufbewahrt. Herrera Casado berichtet auch, daß einige der Fuentelenciner beim Suppefassen etwas von dieser wundermächtigen Suppe abfüllen und als Jahresration für häusliche Hilfe mit nach Hause nehmen. Ob dieses Hamstern der Suppe erst nach Abschaffung des Knochenauswerfens entstand oder schon vorher existierte, muß an dieser Stelle offen bleiben.

Auch der Brauch, die Kuh oder auch den Stier am Seil zu führen, wird nicht mehr gepflegt; vielleicht war das wiederholte frankistische Verbot der „Rinder am Seil" zu stark. Im Jahr 1973 wurde ein freilaufender Jungstier, *novillo,* zum Marktplatz gebracht.

Die Kosten für den Stier übernimmt heutzutage die Fuentelenciner Stadtverwaltung; in früheren Jahrhunderten war die Struktur der Organisation ganz anders: Vier Cuadrillas – drei aus Fuentelencina und eine gebildet aus Ortsfremden – waren für das Fest zuständig. Diese Struktur könnte anzeigen, daß früher jede dieser Cuadrillas ein Rind in den Kochtopf brachte. So wäre das heutige Fest eine Verfallsform eines früher weitaus größeren und für die umliegende Region wichtigen Ereignisses.

Denn noch im 16. Jahrhundert war Fuentelencina ein regionales Zentrum mit über 2000 Einwohnern, das von Schinken, Leder- und einer blühenden Wunderindustrie lebte, die das ortsansässige Kloster der Franziskaner für den Hl. Augustinus in die Hand genommen hatte. In seinem „Leben des Hl. Augustinus", 1684, schreibt Fray Francisco de Ribera, „daß die Wunder, die er vollbringt, so viele sind und jedes Jahr vollbracht werden, daß sie sich weder auf eine Zahl reduzieren noch im Detail anführen lassen: daß es jedes Jahr an seinem Tag in diesem Ort wohl mehr als siebzig sind."[21] Das Stierlaufen und das gemeinsame Aufessen des Stieres scheint zeitlich dem Hl. Augustinus voranzugehen; in ganz Nordost-Kastillien, vor allem in den Provinzen Guadalajara und Soria, ist dieser Brauch weit verbreitet und vielfach belegt. Vielleicht geht auch der Glaube an die Hilfskraft der Knochen des aufgegessenen Tiers dem wundertätigen Einsatz des Hl. Augustinus voraus und wurde, christlich kanalisiert, in den Dienst des Kirchenlehrers gestellt.

Grazalema (Cádiz)

Im Cádizer Bergland, nicht weit von Ronda, liegt die Kleinstadt Grazalema, einst eines der Wollverarbeitungszentren im Süden Spaniens, das durch die Internationalisierung des Marktes sowie die Industrialisierung im Norden der Halbinsel völlig an Bedeutung verloren hat. Hatte der Ort im Jahr 1850 noch stolze 8888 Einwohner, so waren es 1954 nur noch 2045.[22] Der ökonomisch bedingte Niedergang hat sich auf das ganze Ortsleben ausgewirkt; vor allem ist die sozial wirksame Trennung des Ortes in zwei Barrios, in zwei Stadtviertel, fast verschwunden.

Früher, im 18. und 19. Jahrhundert, feierte jedes der beiden Barrios seine eigene Fiesta: Das *barrio alto,* die Oberstadt, brachte seine Verehrung der *Virgen del Carmen*

Die Virgen del Carmen zieht in feierlicher Prozession durch Grazalema.

(Unserer lieben Frau vom Karmel) am 16. Juli dar, das *barrio bajo,* die Unterstadt, feierte die *Virgen de los Angeles* (Unsere liebe Frau von den Engeln) am 24. August[23]. Die Verehrung der Virgen del Carmen wurde von den am Anfang des 18. Jahrhunderts neu in den Ort gekommenen Barfüßigen Karmelitern in der Kirche *San José* des Barrio alto eingeführt; vor allem gelang es den Karmelitern, den traditionellen Stierlauf Grazalemas an das Fest der *Carmen* zu binden, indem sie die Kosten für den Stier übernahmen.[24] Die eigentliche Ortspatronin, die *Virgen de los Angeles*, mit Residenz in der Hauptkirche ihres Namens im Barrio bajo, sowie ihre Anhänger gerieten dadurch in eine schwierige Lage. Der Vorsitzende der *Hermandad de la Virgen de los Angeles* sagt noch Ende der siebziger Jahre in einem Interview: „Also, das Fest unserer Bruderschaft wird seit unvordenklichen Zeiten gefeiert. Trotzdem ist die Virgen del Carmen tiefer verwurzelt als die Patronin.“[25] Und er führt weitere Vorzüge der Patronin Virgen de los Angeles an: Sie besitzt eine Legende, sie ist sehr reich an Schmuck, ihre Bruderschaft ist völlig legalisiert, lauter Vorzüge, die die Virgen del Carmen nicht hat. Aber die Virgen del Carmen hat einen Vorzug, der für die Gewinnung der Gunst unschlagbar ist: Sie hat den Stier unter ihre Fittiche genommen, hat ihn „christianisiert"[26]. Der Stier des Dorffestes ist zum Stier der Virgen del Carmen geworden.

Jede der beiden Virgenes besitzt eine Bruderschaft, die für die Organisation ihres Festes zuständig ist. Die Bruderschaften sind freie, von der Amtskirche unabhängige, aus Notwendigkeit geduldete, oft aber ungern gesehene Zusammenschlüsse von Laien.

Im höher gelegenen Barrio alto wohnten Hirten, Bauern und Textilarbeiter, im niedriger gelegenen Barrio bajo lebten zwar auch viele Arbeiter, aber vor allem die feineren Leute. Das Barrio bajo war reicher, städtebaulich in besserem Zustand, und in ihm befanden sich auch die staatlichen Institutionen. Die starke Rivalität der beiden Stadtviertel schlug sich auch in gegenseitigen Benennungen nieder: *jopones* und *jopiches*. *Jopo* meint den Teil des Stiers, der wissenschaftlich neutral als ithyphallischer bezeichnet wird. Bei den beiden Spitznamen handelt es sich demnach um eine Vergrößerungs- und eine Verkleinerungsform des Stierpenis; ins Deutsche können sie als „Riesen-" bzw. „Mickerstierschwänze" übersetzt werden, wobei die erste dem Barrio alto, die zweite dem feineren Barrio bajo zugeordnet waren.[27]

Der soziale Unterschied fand ideologischen Ausdruck in der Rivalität der beiden Orts-Gottesmütter, wobei dem Zugriff auf den Stier eine nicht unwesentliche Rolle in der eigenen Identitätszuschreibung zukam. Die Teilung in *jopones* und *jopiches* schuf für Jahrhunderte eine trennende und zugleich für ganz Grazalema identitätsstiftende Rivalität. Mit dem wirtschaftlichen Niedergang Grazalemas hat auch diese Rivalität an Schärfe verloren.

Jopones und *jopiches*: Im Schulhof formieren sich auch

Nach der Befestigung des Seils an den Hörnern wird der Stier aus dem Stierzwinger auf dem Auto entlassen. Die Corrida beginnt.

heute noch die Fußballmannschaften entlang dieser Trennlinie. Und beim Stierlauf erlebt sie ein jährliches Revival. „Es besteht unter den jungen Leuten der zwei Hälften des Ortes eine althergebrachte Rivalität; diese wird vor allem in der Anstrengung jeder Fraktion deutlich, den Stier in ihren Ortsteil zu ziehen und ihn dort so lang wie nur möglich zu halten.“[28]

Am Seil läuft der Stier durch die Straßen Grazalemas; die jungen Männer sind immer um ihn herum.

Heutzutage besitzt diese Rivalität eher spielerischen Charakter, der frühere, durchaus aggressive Gegensatz der beiden Stadtviertel gehört nostalgischer Erinnerung und der Erzähltradition des Ortes an.

Das waren noch Zeiten, als man eiferte, daß das eigene Fest glänzender sei als das des anderen Barrio; als die jopones *des Barrio alto sorgsam darauf achteten, daß weder ihre Jungfrau noch ihr Stier Territorium der* jopiches *betraten, und diese bei ihren Festen genauso; als die* jopiches *sich ins Fest der* jopones *einschlichen und das Seil, an dem der Stier festgebunden war, kappten; als die* jopiches *am Tag des Stierlaufs im Barrio alto sich ebenfalls einen Stier kauften und ihn in ihrem Barrio zu Ehren ihrer Jungfrau liefen; als die* jopones *den Einlaß der Statue der Virgen del Carmen in die Kirche der Virgen de los Angeles erzwangen, um diese im ureigensten Bereich zu demütigen; als sich die männlichen* jopones *und* jopiches *wegen Mädchenhändel prügelten ...*

Das alles ist glorreiche Vorgeschichte, heute nehmen am

Fest der Virgen del Carmen die Leute aus beiden Barrios teil. Die Bruderschaften haben ihren identitätsstiftenden Status für die beiden Barrios verloren, existieren zwar noch, aber als ziemlich überlebte Institutionen.[29] Geblieben ist „ein altes Symbol, der Stier, der seine Anziehungskraft für das Volk ungebrochen besitzt und zunehmend größere symbolische Ausstrahlung für die gesamte Ortschaft bekommen hat".[30]

Der Ende der siebziger Jahre befragte Bürgermeister sagt das so: „Der Stier ist für uns, die wirklich echten Grazalemeños, etwas, das wir tief in uns tragen, weil wir es von Geburt an mögen. Und wenn es keinen Stier gibt, ist es geradeso, als ob es keine Fiesta gäbe."[31] Die Grazalemeños bestehen auf ihrem Fest. Im ersten Amtsjahr des zitierten Bürgermeisters wurde der Stierlauf verboten. „Das Fest wurde ohne Genehmigung der Behörden gefeiert."[32] Aus einem anderen Interview:

Offiziell genehmigte der Zivilgouverneur die Fiesta nicht. Sie war bis zum letzten Jahr verboten, bis jetzt hat sie heimlich stattgefunden. Aber die Kraft des Volkes setzte sich gegen die Autorität und die politischen Kräfte durch. Und so ist der Stier jedes Jahr auf die Straße gebracht worden. Als Beweis für die Heimlichkeit des Stiers mag die Tatsache stehen, daß die Guardia Civil am Stier-Tag wegen der möglichen Konsequenzen keinen Dienst in der Öffentlichkeit getan hat. Wenn eines Tages ein Bürgermeister verkünden würde, daß es in diesem Jahr keinen Stier gäbe, bliebe nicht nur ohne jeden Zweifel das Fest der Virgen auf ein Nichts reduziert, sondern es würden auf ganz unabhängige Weise Gruppen entstehen, die den Stier trotz aller möglichen Probleme herschaffen würden.[33]

Wie sieht nun das Fest und der Stierlauf der Virgen del Carmen in Grazalema heutzutage aus? Am Samstag nach dem 16. Juli wird bei Einbruch der Dunkelheit im Barrio alto ein Holzstoß angezündet und abgebrannt, der Tag heißt deshalb Feuersamstag.

Am Sonntagmorgen findet ein Hochamt statt, dann zieht

Fenster und Türen der Häuser bieten relativ sichere Rückzugsmöglichkeiten.

die Jungfrau Maria prächtig gekleidet und in vollem Blumenschmuck durch die geschmückten Straßen Grazalemas – „sie zieht": Im Spanischen wird eine Prozession immer in Form einer persönlichen Aktion ausgedrückt, nie als passives Geschehen à la: „die Statue der Gottesmutter wird ..." Ihr voraus geht als Standarte das *simpecado*, das Zeichen ihrer unbefleckten, erbsündefreien Empfängnis. Dem Sonntag ist eine Novene, eine neuntägige Verehrung in der Kirche, vorausgegangen. Männer aus Grazalema im Festgewand säumen die Straßen und rufen der Muttergottes „Komplimente zu, geradeso, als ob ihr Bild die hübscheste Frau des Ortes wäre"[34].

Am Montag erreicht das Fest den Höhepunkt: Der Stier kommt in die Stadt! Früher wurde er von einer Herde Ochsen begleitet in die Stadt geführt, heute geschieht dies mittels eines Viehtransporters. An seinen Hörnern wird ein langes Seil befestigt, an dem er nach einem Besuch im Vorraum der Kirche der Virgen del Carmen durch die Straßen gezogen wird, wobei vor allem die jugen Männer ihn zu berühren und zu necken versuchen. Ist der Stier völlig erschöpft, wird er getötet. Das Fest hat sein Ende gefunden und klingt aus.

Die Rolle des Stiers? Doña Carmen – die Frau, die sich jahraus jahrein um die Belange der Muttergottes kümmert, darum daß geputzt wird und Lämpchen vor ihr brennen, daß sie Blumen bekommt und daß die Wäsche der Virgen für die Prozession in Ordnung ist – antwortet auf die Frage: „Was bedeutet der Stier beim Fest der Virgen del Carmen?" einfach mit der Feststellung: „Dieses Fest ohne den Stier ist Quatsch, wissen Sie?"[35]

Pamplona (Navarra)

Am Fuß der westlichen Pyrenäen liegt Pamplona, das zu Beginn des Jahrhunderts noch eine reine Agrarstadt mit ca. 30 000 Einwohnern war. Seit den sechziger Jahren ist es zu einer der wichtigen Industriestädte Spaniens mit inzwischen mehr als 200 000 Einwohnern aufgestiegen. Pamplona ist die Hauptstadt der autonomen Region Navarra.

Stierläufe gehören zur Geschichte der Ortschaften des ehemaligen Vizekönigtums Navarra; auch in Pamplona wurden zu verschiedenen Anlässen Stiere gelaufen: zu Ehren des Apostels Santiago, am Festtag der in Pamplona verehrten Märtyrer Abdón und Senén sowie am Tag des Heiligen Saturnino, der im 3. Jahrhundert Pamplona missioniert und später in Toulouse durch einen wilden Stier hingerichtet worden sein soll. Die Ortslegende Pamplonas erzählt, daß der Sohn eines der von San Saturnino Bekehrten selbst Heiliger und Märtyrer geworden sei: San Fermín (Hl. Pirmin). Im 12. Jahrhundert beginnt die Verehrung des Heiligen in seiner Heimatstadt; sein Tag war der 10. Oktober, der mit Prozession, aber ohne Stier begangen wurde.

Im Jahr 1591 schlägt die Stadtvogtei Bischof und Domkapitel vor, das Fest des San Fermín auf den 7. Juli zu verlegen. Die Gründe für diesen Vorschlag und die darauf erfolgte und bis heute befolgte Verlegung sind nicht ganz klar. Der neue Festtag des San Fermín wurde, bereits in seinem ersten Jahr 1591, mit Stierfeiern begangen. Diese standen jedoch noch lange in Konkurrenz mit den angeseilten Stieren des San Saturnino und den Stierspielen des Santiago. „Traditionalisten“ dieser Heiligen brachten an den entsprechenden Festtagen trotz des von der Obrigkeit verordneten Stier-Monopols des San Fermín Stiere in die Stadt. Es läßt sich eine Wettbewerbssituation zwischen Anhängern der verschiedenen Heiligen vermuten – vielleicht derjenigen nicht unähnlich, die sich in Grazalema zwischen der Virgen del Carmen und der Virgen de los Angeles gezeigt hat.[36]

Welche Gründe konnte die Stadtverwaltung, Beamte des Königs, an der Verlegung und Stier-Anbindung des aus Pamplona gebürtigen Heiligen gehabt haben? Um den 7. Juli herum fand traditionell der für ganz Navarra bedeutendste Jahrmarkt, eine *feria franca* mit Steuerfreiheit und freiem Geleit statt; dieser Jahrmarkt begann am 29. Juni, Peter und Paul, und dauerte bis zum 18. Juli plus fünf weitere Tage, die den Teilnehmern als steuer- und verfolgungsfreie Zeit traditionell zugestanden waren, „um vom Jahrmarkt wegzukommen“.[37] An diesen endgültigen Schlußtag der Feria, den 24. Juli, schloß sich direkt der Santiago-Tag am 25. Juli an, so daß der Ausklang des einen Festes ein neues mit Stieren einleitete und die Festzeit sich so fast einen ganzen Monat hinzog.

Das mag den Behörden in der Zeit nach dem Konzil von Trient einfach zuviel erschienen sein, aber weder der traditionelle Jahrmarkt noch der Santiago-Tag waren leicht zu verschieben. Santiago, die Zentralfigur der Reconquista, wurde in ganz Spanien gefeiert und ließ sich sicher wesentlich schwerer um ein paar Tage vorverlegen als der nur lokal bekannte San Fermín um ein paar Monate. Die Verlegung des San Fermín und seine Promotion zum Patron des navarri-

Vor Beginn des Encierros rufen die Stierläufer den in der Nische am Encierro-Weg präsidierenden San Fermín um Beistand an. Die eingerollte Tageszeitung gehört zum Ritual.

schen Jahrmarkts ist im Zusammenhang mit der Straffung der religiösen Praxis und dem Feldzug gegen unkatholische Überbleibsel in der Volkstradition, den „heidnischen Gefahren der Jahrmärkte und Fiestas“[38], nach dem Tridentinum zu sehen. Die „Christianisierung“ des alten Jahrmarkts jedoch hatte einen unchristlichen Preis: San Fermín mußte zum Stierheiligen aufsteigen.

Die unglaubliche Karriere aber, die Fermín den Stieren einmal zu verdanken haben würde, konnte niemand voraussehen. Dank der Stierfeste und unter kräftiger Mithilfe von Hemingways Beschreibung der San Fermines von 1924 in „Fiesta“ sind die Encierros von Pamplona samt ihrem Schutzheiligen weltweit bekannt geworden.

Wenn jährlich in der Woche vom 7. bis 14. Juli allmorgendlich vor dem Encierro die Stierläufer auf die Stiere warten, wenden sie sich mit der eingerollten Tageszeitung in der erhobenen Hand voller Inbrunst an San Fermín. Der Heilige präsidiert als etwa zehn Zentimeter große, in vollem Bischofsornat angetretene Figur in einer Nische, die eigens zu diesem Zweck in ein Mauerstück am Anfang des Stierwegs eingelassen wurde, das Encierro und nimmt die Huldigung durch die Masse der Stierläufer entgegen: „Den Heiligen Pirmin bitten wir/ ist er doch unser Patron/ Er führ' uns im Encierro/ und geb' uns die Benediktion." „Viva!" „Gora!" „Er lebe hoch!"[39] Das Absingen dieser Copla und das Hochlebenlassen des Heiligen sind neueren Datums, gehören jedoch inzwischen zum Mythos Pamplona, dessen Ruf abenteuerlustige junge Menschen aus aller Welt folgen. Den Großteil der Läufer stellt nach wie vor die männliche Jugend aus Navarra, von denen nicht wenige das Encierro trainieren und sich gründlich auf den Stierlauf vorbereiten. Auf jeden Fall wartet während der San Fermines täglich eine riesige, Hunderte von Köpfen zählende Menge auf die Rakete, mit deren Knall die Herde, Stiere begleitet von Ochsen und getrieben von Hirten zu Fuß, losgelassen wird und zu Ehren und vorbei an San Fermín Richtung Arena losbraust.

Seit 1591 finden, fast ohne Unterbrechung, Stierläufe zu Ehren des San Fermín statt. Der Heilige war zum Stier- und Jahrmarktsheiligen aufgestiegen, wobei „sich die Stiere zwischen religiösem Kult und Handel ansiedelten"[40]. In dieser Stellung haben sie im Laufe der über 400jährigen Tradition vielerlei Wandlungen erfahren. Die San Fermines waren von Anfang an ein von der Stadtverwaltung für das Volk von Pamplona organisiertes Stierspektakel, anfangs kostenlos, ab Mitte des 18. Jahrhunderts mit Kartenverkauf.

An Stierspielen wurde fast alles ausprobiert, was die Zeitläufte zu bieten hatten. Das waren im 17. und 18. Jahrhundert Corridas zu Pferde, bei denen Adelige den Stier mit der Lanze erlegten oder im Nahkampf Banderillas setzten und den Stier schließlich mit einem kurzen Degen töteten. Diese Art des Kampfes soll in Pamplona nur geringen Anklang gefunden haben.[41] Im 18. Jahrhundert wurden alle möglichen Formen des Toreo zu Fuß durchgespielt: das weite Programm der *quiebros*, des Ausweichens vor dem Stier mit geschickten Körperwendungen, wie sie heute noch die Grundlage des baskisch-landesischen Stierkampfs bilden, Stehaufmännchen vor dem Stier, Sprünge über den Stier von einem Tisch aus oder mit einem Stab, allgemeiner Tumult der Stierhatz durch die Masse samt Hunden, das Setzen von Banderillas oder Parches, das sind handtellergroße Stückchen von Leder, Stoff, Papier und anderem Material, die mit Klebstoff versehen sind. Der Phantasie waren dabei keine Grenzen gesetzt. Als Beispiel mag eine *suerte*, eine Nummer innerhalb einer Corrida, dienen:

Ein Hinkebein oder Krüppel, die Füße nachschleifend oder mühsam auf Krücken oder einen Stock gestützt gehend, läuft in der Arena auf und ab. Nähert sich ihm die gehörnte Bestie, erhält er plötzlich eine außerordentliche Geschicklichkeit zurück und dankt dies dem Stier, als sei er ihm für die Heilung dankbar, mit einem Knüppelschlag.[42]

Man sieht, daß sich Elemente des volkstümlichen Umgangs mit dem Stier mit denen des Spektakels und Schaustellergewerbes mischen. Der adelige Stierkampf steht neben dem tumultuösen Stierlauf der Capea, bei dem sich Leute zu Fuß dem Stier näherten, mit ihm liefen, ihn mit Tüchern oder Kleidungsstücken – der Capa, einer Art Radmantel – reizten und ihn zu berühren versuchten. Es ist eine Übergangszeit; die beginnende Kommerzialisierung – Eintrittsgeld – zeigt, daß sowohl das wüste Treiben der dörflichen Capeaschwinger wie auch die ehrenhafte Grandeza des Ritters vor dem wilden Tier zu Ende geht.

Das Faszinierende dabei ist: Im Pamplona des 18. Jahrhunderts findet gleichzeitig die Stierkultur des Dorfes, des Hofes und der Stadt statt.

Diese Simultanität zeigt sich vor allem in den verschiedenen Weisen, mit denen die Stiere getötet wurden: mit der

Lanze oder dem Degen vom Pferd aus; mit einem Dolchstoß in den Nacken, dem das *desjarrete*, die Durchtrennung der Kniekehlenbänder von hinten mittels der *media luna*, einem halbmondförmigen Spieß, vorausgegangen ist; mit einem Degenstich ins Herz, wobei der Torero dem Stier zu Fuß und direkt entgegentritt.

Die Aktion des Desjarrete ist als unehrenhafte und feige Art der Tötung gänzlich außer Gebrauch gekommen, während die Erfindung der frontalen Tötung durch den *matador* die Ausbildung der modernen Corrida entscheidend beeinflußt hat. Die Corrida, inzwischen fast synonym mit dem Arenakampf der Toreros-Matadores, hat alle anderen Formen der Corrida verdrängt; seit Ende des 18. Jahrhunderts dominiert diese neue Form auch die Nachmittage der San Fermines.

Aber eben nur die Nachmittage; denn die Morgenstunden der San Fermines werden von den Encierros beherrscht. In ihnen haben sich Elemente der Volkskultur nicht nur erhalten, sondern die alte Tradition des Mit-den-Stieren-Laufens ist sogar zum selbständigen Ereignis geworden. Die Encierros genießen auch auf nationaler Ebene außerordentliche Popularität und werden eine Woche lang täglich live vom spanischen Fernsehen übertragen.

Was genau ist ein Encierro? Es war der – aus Sicherheitsgründen meist frühmorgendliche – Weg der Stiere durch die Straßen der Stadt zum Hauptplatz, auf dem sie dann bis zum Beginn des Stierspiels oder der Corrida in den Stierzwinger eingeschlossen wurden. Das Wort könnte mit Einbringen oder Eintritt in die Stadt, mit Ein- oder Wegschließen der Stiere übersetzt werden. Das Encierro in die großen Arenen findet heute meist mit Viehtransportern statt. Nicht so in Pamplona: Bei den Encierros der San Fermines laufen die Stiere noch heute durch die Stadt in die Arena, wo sie dann für die Corrida am Nachmittag vom Publikum weggeschlossen werden.

Die Besonderheit besteht darin, daß dieser Lauf zu einer festen Größe, mit bestimmtem Ablauf und gewissem Reglement, also zu einer, nein zu *der* Institution der San Fermines geworden ist.

Der Eintritt von Stieren in Dörfer und Städte wurde nicht nur von den Hirten, sondern immer auch – ob in Grazalema, Coria, Pamplona – von den Einwohnern der Ortschaft begleitet: Schaulustige am Weg, für die später Absperrungen errichtet wurden, überall Läufer, vor, neben und meistens wohl hinter den Stieren: So begrüßte und empfing man die Stiere auf ihrem Weg von der Weide in den von Menschen bewohnten Raum. „¡El Toro! Der Stier kommt!" Das Encierro war der Auftakt für den eigentlichen, im Ort stattfindenden Stierlauf: Wie heute noch in Grazalema wurden auch früher die San-Saturnino-Stiere in Pamplona an den Hörnern angeseilt und durch die offenen Straßen getrieben.

Der geschlossene Raum des Stierspiels, die noch so improvisierte Arena, stellt schon eine Entwicklung dar, die erst die Möglichkeit für das Frei-Laufenlassen des Stiers gibt. Ort der jährlich auf- und abgebauten Arena war die Plaza Mayor von Pamplona, die *Plaza del Castillo* oder Burgplatz, wobei das Rechteck der Arena von zwei Häuserfronten und zwei hölzernen Tribünen gebildet wurde. In der zweiten Hälfte des 18. Jahrhunderts stand die Stadtverwaltung in ständigem Rechtsstreit mit den Anwohnern dieser Häuser, weil die Einnahmen aus den Fenster- und Balkonplätzen der Stadtkasse zugeführt werden sollten, die die hohen Kosten für das ganze Stierereignis zu tragen hatte. Pro Corrida des 18. Jahrhunderts sollen etwa 4000 bis 5000 Zuschauer bei Einwohnerzahlen von 10530 im Jahr 1726 oder 15000 im Jahr 1783 teilgenommen haben.[43]

Deswegen erwägt die Stadt frühzeitig, dem Beispiel Madrids und Zaragozas folgend, die Errichtung einer festen *plaza de toros*. Doch das Jahr 1777 ist hierfür das denkbar schlechteste Datum; der corridafeindliche König Karl III. bereitet gerade das völlige Verbot aller Corridas in Spanien vor und denkt gar nicht daran, die Erlaubnis für eine Arena in der Königlichen Stadt Pamplona zu geben. 1803 unternimmt die Stadt einen neuen Versuch, Karl IV. gibt die Erlaubnis, allerdings mit einer Bedingung: aus Verteidigungsgründen nicht vor den Mauern der Stadt, sondern auf dem Hauptplatz.[44] Damit war auch dieser Versuch gescheitert, denn Pamplona wollte zwar eine ständige Arena, aber eben nicht auf der Plaza Mayor der Stadt. So wird die Arena jährlich weiter auf- und abgebaut, die Stiere müssen weiterhin ins Zentrum der Stadt gebracht werden. Erst 1844 wird in Pamplona eine feste Stierkampfarena am Stadtrand errichtet.

Man hätte nun die Stiere, wie in anderen Städten, im Morgengrauen direkt von der Weide zur außerhalb der Stadt gelegenen Arena treiben können. Doch die vierzig Jahre zwischen der Entscheidung von 1803 und dem Arenabau von 1844 hatten aus den Encierros eine feste Einrichtung gemacht, die ein Eigenleben besaß und sich nicht mehr abschaffen ließ. Im Laufe der Zeit bekamen die Encierros in Pamplona strikte, bis heute gültige Regeln:

Die Stiere werden nicht einfach in die Stadt getrieben, sondern in einer Weide am Rande der Stadt eingeschlossen und zu einem festen Zeitpunkt losgelassen; kein Zufällen unterworfenes, sondern ein auf die Minute genau geplantes Programm. Erst erfolgt die Ehrung des San Fermín, Punkt 8 Uhr explodiert die Rakete, die das Loslassen der Stiere anzeigt. Der Lauf der Tiere durch die Stadt, von einer Menschenmenge begleitet, dauert in der Regel nicht länger als acht bis zehn Minuten. Der 8-Uhr-Beginn ist neueren Datums und vielleicht dem großen Publikum der Fernsehübertragung geschuldet; traditionell fand das Encierro früh um 6 Uhr statt.

Die Stiere in Pamplona sind erwachsene *toros bravos*, fünf bis sechs Jahre alt, Kampfstiere aus den besten Zuchtfarmen Spaniens, deren Gewicht zwischen 500 und 600 kg beträgt.

Am Nachmittag treffen die Stiere des morgendlichen Encierros auf die Matadores in der 20 000 Zuschauer fassenden Plaza de toros von Pamplona. Wie alle *toros bravos*, die für die Arena bestimmt werden, sind auch die Stiere in Pamplona zwar unter Beobachtung und Auswahl, aber dennoch quasi wild aufgewachsen. Eine Charakteristik, nicht zuletzt bedingt durch die Zuchtkriterien, ist die Aggressivität und Angriffslust der Toros bravos. Beim Encierro laufen die Stiere zusammen mit *cabestros*, Ochsen, wobei sie das typische Verteidigungsverhalten für die Herde zeigen. Werden sie von der Herde getrennt, steigt durch die für sie neue Situation und die vielen Menschen um sie herum ihre Kampflust in extremer Weise; sie sind dann äußerst gefährlich.

Neben den Stieren sind die eigentlichen Protagonisten die Stierläufer, die *corredores*. Nicht alle, die nach Pamplona zu den San Fermines kommen, sind auch Stierläufer. Viele wollen einfach eine Woche des Festes, eines überbordenden, exzessiven und totalen Festes, das Pamplona während der San Fermines darstellt, erleben und das Chaos genießen. Doch auch viele solcher Besucher finden sich beim Encierro früh um acht ein; die meisten von ihnen laufen weit vor oder hinter den Stieren. An Werktagen erwarten ungefähr 1800, am Wochenende ca. 3000 bis 3500 Läufer die Stiere. Wirklich ernstzunehmende, mit der nötigen physischen Kondition und Stierkenntnis ausgestattete Corredores, welche wirklich die Nähe zu den Stieren im Lauf suchen, sind ca. 400 bis 450.[45]

Der Lauf im Encierro ist eine gefährliche Angelegenheit. Durch die Vermassung und das daraus resultierende Gedränge ist es noch gefährlicher geworden. Vor allem unerfahrene Läufer, oft Ausländer, die weder das Herdenverhalten noch die Reaktionsweise einzelner Stiere kennen, können in gefährliche bis tödliche Situationen geraten. Eine besondere Gefahr bilden die sogenannten *montones*, Anhäufungen aus Menschen, bei denen Stierläufer in- und übereinanderfallen und die Stiere über diesen Menschenknäuel hinweg die Herde weiterführen oder ihr folgen wollen.

Seit 1922, dem Jahr der Einweihung der neuen Arena und dem Beginn der noch heute gültigen Strecke, wurden 13 Läufer von den Stieren getötet. Jedes Jahr gibt es eine große Zahl von Schwerverletzten, vor allem durch Hornstoßwunden, die Leichtverletzten – Prellungen, Verstauchungen, Brüche und Bänderschäden – sind Legion.[46]

Im 20. Jahrhundert würde es keinem Läufer mehr einfallen, sich mit einer Waffe ins Encierro zu begeben. Das war nicht immer so. Im 18. Jahrhundert mußte strikt verboten werden, was beim Encierro und bei der Corrida in der Arena üblich war: das Tragen von Lanzen, Spießen, Degen, um sich – so lautet zumindest die immer wieder angeführte Begründung – besser vor den Stieren schützen zu können. Der eigentliche Grund des Waffenverbotes aber dürfte ein anderer gewesen sein: den Stierläufern die Möglichkeit zu nehmen, Stiere zu verletzen oder einzelne Tiere von der Herde abzusondern. Denn ein Großteil der Leute aus dem Volk wollte die Stiere nicht den „Professionals" am Nachmittag für das Stierspiel, bei dem sie zu Zuschauern degradiert waren, überlassen, sondern es selbst am Morgen und auf der Straße durchführen. Im Kern beinhaltet das Waffenverbot einen Schutz der doch recht wertvollen „Fracht" der Encierros. Denn der Ausfall eines verwundeten oder allzu stierspielerfahrenen Stiers bedeutete für die Stadtverwaltung den Kostenaufwand eines zusätzlichen Stieres.

Somit sahen sich die Läufer gezwungen, sich den Stieren ohne jede Waffe, mit bloßem Körper zu stellen. Der Charakter eines reinen Laufes wurde durch die Regel der Waffenlosigkeit, die inzwischen von den Stierläufern längst verinnerlicht ist, stark betont und hervorgehoben.

Der Weg des Encierro blieb über lange Zeit hin gleich; dadurch wurde der Lauf in verschiedene, durch die urbanen Gegebenheiten bedingte Phasen gegliedert. Die Encierro-

Strecke beträgt ca. 850 Meter, durchquert die Altstadt Pamplonas und endet in der – an der alten Stadtmauer Anfang der zwanziger Jahre erbauten – Arena. Dieser Weg führt die Stiere durch die Santo-Domingo-Straße, eine lange, gerade Steigung, in deren Mitte die Stierläufer warten, hoch, vorbei am Rathaus zum Mercaderes-Platz und von da in einer scharfen, fast Neunzig-Grad-winkeligen Rechtskurve in die lange Gerade der engen Estafeta-Straße, in deren Verlängerung sich mit einem leichten Knick nach links der schmale Durchgang in die Arena öffnet. Dies ist seit 1922 der offizielle Weg des Encierro. Von 1867 bis 1921 war es fast der gleiche Weg, nur am Ende der Estafeta bog man im rechten Winkel zur alten Arena ein. Bis zum Jahr 1843 verlief der Weg bis zum Mercaderes-Platz gleich, führte aber von dort auf den Hauptplatz, die *Plaza del Castillo*.[47]

Die Tendenz, nicht nur für Pamplona, ist klar: Früher führte der Weg vom Eingang der Stadt in das Zentrum, wo die Corridas abgehalten wurden. Später verlagerte sich das „große“ Stierereignis vom Zentrum weg in neu angelegte Arenen am Rande der Stadt. Die Encierros konnten damit eigentlich entfallen und sind es in der Regel auch. Pamplona bildet hier einen Sonderfall. Das Encierro wurde nicht nur beibehalten, es wurde sogar verlängert: Durch die Innenstadt hindurch führt es vom westlichen Rand der Altstadt ins Zentrum und von dort wieder an den östlichen Rand zur Arena.

In dieser Umgestaltung zur Stadtdurchquerung überlebt etwas von dem alten Beharren der Massen auf Beteiligung am Stierereignis, vom alten „Recht“ auf die Nähe des Stiers. Jahrzehnte hindurch blieb der Gebrauch dieses „alten Rechtes“ ein unspezifisches Geschehen: eben das Laufen mit den Stieren, das jährlich während der San Fermines als Vorbereitung der Torero-Corrida stattfand.

Dennoch ergab sich bei zunehmender Dauer und Popularität der Encierro-Tradition eine spezifische Entwicklung und kulturelle Eigendynamik. Denn die Encierros haben durch die genannten, jährlich und während der San Fermines Tag für Tag sich wiederholenden festen Rahmenbedingungen einen rituellen Charakter gewonnen.

Elemente dieser Ritualisierung bilden zum Beispiel die in Formel und Ausdruck feste Anrufung des San Fermín, die sich ab den fünfziger Jahren durchsetzende Tracht der Stierläufer – weiße Hose und weißes Hemd, rotes Halstuch und roter Gürtel –, die „Bewaffnung“ mit der Tageszeitung, die zur Ablenkung oder Herzitierung eines Stiers dient, oder auch die aufkommenden komisch-grotesken Formen, wie das „Encierro de la Villavesa“. Es handelt sich dabei um das Encierro eines Autobusses, das sich in einem Jahr am Tag nach Abschluß der San Fermines zufällig ergeben hatte und das von der Jugend, trotz Suspendierung besagter Autobuslinie, ein paar Jahre lang durchgeführt wurde.[48]

Diese äußere Ritualisierung wird von einer inneren, den Lauf selbst betreffenden begleitet. Das Stiere-Laufen hat in diesem Jahrhundert einen – man könnte sagen – Modernisierungsschub erfahren. Denn die zyklische Wiederkehr bei gleichbleibenden Bedingungen und dennoch offenem Geschehen – die Herde kann beieinanderbleiben, aufbrechen, einzelne Stiere können den Anschluß oder die Orientierung verlieren und in Gegenrichtung laufen – erlaubt und verlangt Vervielfältigung und Verfeinerung in der Stierlauf-Technik, die in das Ritual eingehen, den rituellen Kanon erweitern und so Neues im Alten schaffen. Genau das geschieht in Pamplona.

Das Encierro in Pamplona konnte aus eher zufälligen Gründen dem späten Bau einer festen Arena – zu einer Institution werden. Einmal Tradition geworden, ließ es sich nicht mehr beseitigen. Die Wurzeln des Encierros liegen in der volkstümlichen Lust, die Stiere zu laufen und in ihrer Nähe zu sein. Dadurch war das Encierro von Anfang an in einer gewissen, allerdings ambivalenten Konkurrenzsituation zur

Das Publikum der Sonnenseite am 9. Juli 1923.

Torero-Corrida. Denn einerseits nahm diese Form des Stierspiels den Massen die Möglichkeit der eigenen Teilhabe am Stiergeschehen, anderseits aber schlug sie die Massen in ihren Bann – warum sie diese Attraktivität ausüben konnte, wird bei der Beschreibung der Herausbildung der Corrida in der Arena aufzuzeigen sein.

Diese Ambivalenz ist nie ganz verschwunden: Die Toreros fürchten die Arena in Pamplona, denn zumindest das Publikum der Sonnenseite – traditioneller Ort der echten Stierläufer – verhält sich kontraproduktiv zum Geschehen in der Arena. In Momenten, in denen sonst überall gespanntes Schweigen herrscht, stimmt man in Pamplona auf der Sonnenseite – die Arenen sind aufgrund ihrer Anlage und des Sonnenstandes zur Zeit der Corrida in *sol* und *sombra*, in Sonnen- und Schattenseite geteilt, deren Unterschied nicht zuletzt in der Höhe des zu entrichtenden Eintrittspreises besteht – zum Beispiel den Schlachtruf „Induráin! Induráin!" an, um den Gewinn der *Tour de France* durch den navarrischen Landsmann Miguel Induráin zu feiern. In einem Interview vom 14. Juli 1992 antwortet der Matador Enrique Ponce auf die Frage, was er von der Arena in Pamplona hält:

Wir Toreros stehen ein bißchen wie der Ochs vorm Berg; es scheint, daß da niemand auf das achtet, was du gerade machst. Doch der Charakter von Pamplona ist eben so und muß so sein. Wenn man von Pamplona verlangen würde, daß es still sein soll wie in Andalusien, dann wäre es nicht Pamplona; ich akzeptiere es, wie es ist, und außerdem mag ich es. ... du führst den Stier herum und niemand achtet darauf. ... Auch wenn die Schattenseite äußerst stierkampfbegeistert ist und man merkt, daß sie wissen, was guter Toreo ist, die Sonnenseite ist vollkommen verschieden. In dem ganzen Gebrüll, das sie da aufführen, weißt du nicht, ob du deine Sache gut machst oder nicht. Das ist hier ganz was anderes als all die andern Plazas.[49]

Diese traditionelle Mißachtung des Geschehens in der Arena durch die Zuschauer der Sonnenseite – immerhin kostet dort ein schlechter Platz umgerechnet seine guten 50 Mark – ist eine einmalige und bedenkenswerte Erscheinung. Denn Lust an reiner Tollerei kann es nicht sein. Die Feindseligkeit, die hier offen zutage tritt, sagt nichts anderes aus als: Eigentlich sind die Stiere, die hier bekämpft werden, unsere Stiere, sie und das Spiel mit ihnen steht dem Volk von Pamplona zu.

Das volkskulturelle Bewußtsein um die Stierläufe hat sich durch die Verankerung des Encierros bewahrt, in der Torero-Corrida zeigt es sich als aggressives. Die Versuche des 18. Jahrhunderts, Stiere aus dem Encierro abzuzweigen und mit ihnen zu spielen, finden hier ihre symbolische Fortsetzung. Denn der Tumult auf der Sonnenseite beinhaltet ja auch, dem Torero den Stier „wegzunehmen": Man stört und zerstört die Konzentration und versucht so, die *faena*, die Arbeit des Toreros mit dem Stier, kaputtzumachen und zu vernichten.

Doch hat die Aufbewahrung des alten Bewußtseins nicht nur chaotisch-zerstörende, sondern wie jedes Chaos auch Anfang setzende, produktive Züge. Denn im Encierro von Pamplona sind neue, kunstvolle Formen des Stierspiels entstanden, die den Vergleich mit den *suertes* der Corrida in der Arena nicht zu scheuen brauchen.

Bei einem Symposium zum Thema *Arte y Tauromaquia* hat Javier Echeverría aus Pamplona die „Geheimnisse" der Kunst des Stierlaufens bekanntgemacht und diese *suertes* gleichwertig neben die der Matadore gestellt.[50] Von seiten der Aficionados der Corrida in der Arena wurden seine Ausführungen als ketzerisch-heterodoxe Thesen abqualifiziert.[51]

Aus dem früher unspezifischen Encierro sei ein Ereignis geworden, das, abgesehen von der großen Masse der Stierläufer, von einigen Protagonisten bestimmt wird, deren Ziel es ist, den Lauf durch kunstvoll ausgeführte und wiedererkennbare Interaktionen mit den Stieren zum ephemeren „Kunstereignis" zu transformieren. Als solche künstlerische Interaktionseinheiten werden zum Beispiel folgende genannt: die Herde – einzeln oder zu zweit – anführen; in die Herde eindringen und als Mitglied der Herde weiterlaufen; einzelne Stiere laufen, ihr Lauftempo senken und sie unter Befehl haben; die Herde aufbrechen; aus dem Lauf ausscheiden; die Herde oder einzelne Stiere in formierter Gruppe – *cuadrilla* – laufen. Die einzelnen Phasen ändern ihren Charakter je nach urbaner Gegebenheit, der Lauf der Cuadrilla in der Kurve ist verschieden von dem in einer Geraden. Es entsteht das faszinierende Bild einer Stierlaufkultur, die anonym und schier unbemerkt von der Masse bei jedem Encierro stattfindet. Als Zukunftsbild tut sich auf:

Das Encierro am 13. Juli 1924. Der angekreuzte junge Mann ist das erste Todesopfer im 20. Jahrhundert. Hemingways Roman „Fiesta" spielt im Jahr 1924. Man beachte die Festtagskleidung der Stierläufer, die heute der weiß-roten „Uniform" gewichen ist.

Das Encierro stellt heute noch das Einbringen der Stiere in die Arena dar, damit sie dort bekämpft werden. Aber es wäre nicht erstaunlich, wenn in ein paar Jahren das Encierro wegen seiner selbst gelaufen würde, oder um auf der Plaza Stierspiele stattfinden zu lassen, die von der heutigen Lidia unterschieden sind. Gewiß würde dies in Zusammenhang mit einem sozialen Wandel, der aber bereits in Entwicklung begriffen ist, vor sich gehen.[52]

Soria (Soria)

Ein vielschichtiges Stierfest wird in Soria, der Hauptstadt der Provinz gleichen Namens, gefeiert. Soria, am Oberlauf des Duero in der autonomen Region Castilla-León gelegen, ist ein kleines Provinzstädtchen mit ungefähr 30 000 Einwohnern; es ist Verwaltungs- und Handelszentrum für die umliegende ländliche Region.

Ganz in der Nähe, 8 km von Soria entfernt, befinden sich die Reste Numantias, jenes keltiberischen Zentrums, das den Römern jahrzehntelang widerstand, bis es schließlich im Jahr 133 v. Chr. eingenommen wurde. Keltiberische Rinderverehrung – wohl auch Feuerstiere, Stiere, auf deren Hörnern Pech oder Fackeln befestigt waren – ist in der spanischen Vorgeschichtsforschung unbestritten.[53] In vielen Orten der Provinz Soria stehen noch heute die Feste im Zeichen des Feuers oder/und der Stiere: die Feuerläufer von San Pedro Manrique, ein Ereignis zur Sommersonnenwende; das Encierro in Agreda; der Christus-Stier von Deza; die *barrosa* genannte Stier- oder Kuhattrappe von Abejar; der *toro jubilo*, der in Tonerde gewälzte Feuerstier von Medinaceli.[54]

Das Fest um die Stiere, das in Soria am Wochenende nach der Sommersonnwende stattfindet, trägt den Namen *Fiestas de San Juan o De la Madre de Dios* (Johanni- oder Muttergottesfeste). Voll Stolz sprechen die Sorianos vom Ritual der *usos y costumbres* und meinen: Unser Fest muß so stattfinden, wie es seit jeher stattgefunden hat. Im Hendiadyoin „Gewohnheiten und Bräuche“ steckt ihr Verteidigungswille gegen jeden Eingriff in die Ordnung ihres stiergeprägten Muttergottesfestes. Doch trotz des Beharrens auf der Sitte

„Jueves de saca“: Die Sorianos holen die Stiere in die Stadt.

der *usos y costumbres* hat das Ortsfest mannigfache Veränderungen durchgemacht, seit es im Stadtrecht von Soria, aufgezeichnet zwischen 1190 und 1214, für die Zeit um die Sommersonnenwende als feste Einrichtung festgeschrieben wurde.[55]

Die fünf Tage der Muttergottesfeste – das Fest beginnt immer am ersten Donnerstag nach dem 23. Juni – unterliegen einer strengen chronologischen und geographisch klar gegliederten Ordnung:

In der Nacht von Mittwoch auf Donnerstag wird die Festzeit offiziell von den zwölf *jurados* – den Geschworenen – eröffnet, diesen untersteht als den Vertretern der zwölf Stadtviertel, *cuadrillas* genannt, die Organisation für einen Festzyklus. Den nächtlichen Umzügen und Tanzveranstaltungen folgt am nächsten Morgen, *Jueves de Saca* (Donnerstag des Herausholens), der gemeinsame Weg zur ungefähr 7 km entfernt gelegenen Bergweide Valonsadero. Ein großer Teil der Einwohnerschaft von Soria begibt sich dorthin, um die zwölf Stiere auf ihrem Weg in die Stadt zu begleiten. Um

12 Uhr brechen die Stiere Richtung Soria auf; unter Begleitung berittener Hirten erfolgt „der feierliche Eintritt der zwölf Stiere in die Stadt".[56]

Früher hatte damit jedes Stadtviertel seinen Stier, dessen Wildheit in der *prueba* getestet wurde und den man lief, reizte, foppte. Hierbei wurden die Stiere immer am Seil geführt, bis das allgemeine Verbot angeseilter Stiere von 1908 diesen Brauch allmählich verschwinden ließ. Heute werden die Stiere in der Arena weggeschlossen; die Jugend – männliche wie weibliche – vergnügt sich am frühen Abend bei Capeas mit Stierkälbern. Musik- und Tanzveranstaltungen ziehen sich bis ins Morgengrauen hin.

Am Freitag, dem *Viernes de Toros*, werden die Stiere auf der *plaza de toros* bekämpft und getötet, sechs am Vormittag, sechs am Nachmittag. Dieses Freitags-Programm stellt einen gewissen Tribut an die Arena-Corrida dar, allerdings mit einigen wichtigen Unterschieden: Der Eintritt ist frei; als Toreros fungieren Novilleros, junge, unerfahrene Kämpfer ohne großen Namen; die Einwohner Sorias und speziell die Mitglieder des Viertels, dessen Stier gerade in der Arena ist, greifen immer wieder ins Geschehen ein. Es handelt sich also um eine Mischung aus Torero-Corrida und Capea, die für die Teilnahme aller offen ist. Hier lebt die Erinnerung an die alte, ursprüngliche Form der Freitags-Stiere fort. Diese gehörten den einzelnen Stadtvierteln, wo sie als *toros enmaromados*, als angeseilte Stiere, über die offenen Straßen und Plätze der einzelnen Viertel getrieben wurden. Wie an allen Festtagen: Musik, Tanz, buntes Treiben die ganze Nacht hindurch.

Der Samstag, der *Sábado Agés*, stand immer im Zeichen der Vorbereitung des gemeinsamen Aufessens der zwölf Stiere. Früher wurden am Morgen des Samstags die Stiere im Morgengrauen erneut gelaufen und dann von jeder Cuadrilla auf der Straße geschlachtet und zerlegt. Eßbares wurde von nicht Eßbarem getrennt, ein Teil des Fleisches an die

Umzug einer Cuadrilla. Das Fest ist im Gang.

Mitglieder der Cuadrilla verteilt, ein anderer zur Seite gelegt, worauf das eigentliche Ereignis des Samstags erfolgte: die Agés, die Versteigerung. Versteigert wurden die *despojos*, die Schlachtabfälle. Dieses „Loswerden" der Abfälle muß ein Fest gewesen sein, wie es die gargantisch-pantagruelische Volkskultur liebt, Zentrum des Sich-vor-Lachen-Ausschüttens, während unter Zoten und Obszönitäten noch die unappetitlichsten Teile der Tiere gegen gutes Geld unter das Volk gebracht wurden, das erhitzt von Wein, Musik und Tanz sich Freiheiten erlauben konnte, die ihm sonst verboten waren. Seit Michail Bachtins Rabelais-Buch weiß man, wie sehr das innere Geschehen des Leibes – die Verdauung und die Sammlung der auszustoßenden Abfälle – mit der Vorstellung von der Hölle zusammenhängt.[57] Das multilokale Geschehen der zwölf sorianischen Agés ist das lebende und bewegte Bild eines tumultuösen Chaos, das – aus christlicher Sicht gesehen – zumindest jeder Vorhölle zur Ehre gereicht haben würde.

... haben würde, denn die Arbeit der sauberen Ordnung und des guten Geschmackes sind auch an Soria und den Agés nicht vorbeigegangen. In der Gegenwart holt jede Cuadrilla morgens ihren schon zerlegten Stier als von allem Schmutz gesäubertes Fleisch aus dem Schlachthof, wohin er aus der Arena gebracht worden ist. Die Versteigerung samt Fressen, Saufen und Tanzen findet noch immer statt, aber unter den Hammer kommen nur noch Teile wie Hufe, Hörner, Hodensack, vor allem aber ein Teil der besonders guten Fleischstücke der Stiere. In einem Bericht über Zukunft und Entwicklungsmöglichkeit der Fiestas aus dem Jahr 1955, in Auftrag gegeben nach dem Aufruhr des Jahres 1953 wegen eines Eingriffs des Zivilgouverneurs in den Festablauf, fordert das „Zentrum für sorianische Studien" für den Agés-Samstag:

Die bereits begonnene Kampagne fortsetzen, um den Ruf des schlechten Geschmackes bei der Ausstellung der Schlachtabfälle des Stiers auf der Straße zu vermeiden. Dieser Tag – der Samstag – müßte mit irgendeiner Festlichkeit (tauriner, sportlicher, künstlerischer, kultureller etc. Art) ausgefüllt werden.[58]

Insgesamt meinen die Folkloristen des sorianischen Studienzentrums, „daß die Johanni-Feste heutzutage nicht mehr den Geist der Tradition ansprechen können", aber weiterhin:

daß man nicht nur in Soria mit bemerkenswerter Zähigkeit öffentliche Bräuche und Darbietungen, welche der Vernunft zuwider sind und die Moral verletzen, bewahrt, aber daß man bei den sorianischen Festtagen, werden sie in allen ihren Details mit Unparteilichkeit untersucht, wohl auch vieles an Gutem und Empfehlenswertem auffinden wird.[59]

Erstaunlich überhaupt, daß der Agés-Samstag dem frankistischen Druck unter folkloristischer Verbal-Schützenhilfe widerstehen konnte: zwar in milderer Form, aber eben dennoch überlebt hat. Am Nachmittag des Freitags – aufgrund obiger Empfehlung? – findet heutzutage die schon erwähnte „richtige" Corrida in der Arena statt.

Am Sonntag, dem *Domingo de Calderas,* führen die zwölf Cuadrillas in feierlichem Umzug die geschmückten und reich verzierten *calderas* – riesige Kessel mit dem Fleisch ihres Stieres, das während der Nacht zubereitet worden ist – zur Kapelle der *Virgen de la Soledad,* „Unserer lieben Frau von der Einsamkeit", die sich im Sorianer Stadtpark befindet. Dort findet die Messe und die Segnung der Fleischschüsseln statt, von denen neuerdings drei prämiert werden. Nun probieren die städtischen und staatlichen Autoritäten die Calderas. Nach dieser traditionellen Einladung der Obrigkeit, die innerhalb des Festgeschehens nichts zu sagen hat, beginnt die kostenlose Verteilung des Stierfleisches. Alle bekommen von den Fleischstücken der zwölf Stiere zu essen, dazu gibt es Rotwein. Das auf diese „Kommunion" folgende Fest dauert mit Musik und Tanz fast bis zum nächsten Morgen.

Der Montag, der *Lunes de Bailas*, beginnt mit den Prozessionen der Cuadrillas samt ihrem jeweiligen Heiligen zur Kapelle im Stadtpark. Dann zieht man, elf Cuadrillas mit Heiligenfigur und Standarte, zur Musik von Dudelsäcken und Trommeln zur Patronin der Stadt, Unserer lieben Frau die Weiße – *Nuestra Señora de la Blanca* –, die auf der Plaza Mayor samt ihrer Cuadrilla wartet. Nach einem feierlichen Hochamt kehren die Heiligen in ihre Stadtviertel zurück. Vor noch nicht allzu langer Zeit – die Beschreibung datiert aus dem Jahr 1955 – erwartete die Stadtpatronin ihre Mitheiligen auf einer Weide vor der Stadt.

Nachmittags geht es in Begleitung von Spielmannszügen in die Duero-Auen, wo gegessen, getanzt und gefeiert wird. Bei Einbruch der Dunkelheit kehrt man gemeinsam in die Stadt zurück, um das nächtliche Feuerwerk zu begutachten. Nachts um drei werden die Festtage auf der Plaza Mayor offiziell verabschiedet.

Ein dreiviertel Jahr wird nun vergehen, bevor man Anfang April in den Stadtvierteln mit der Auswahl der *jurados* beginnt, die den Festzyklus des neuen Jahres einleitet. Sind die

Stadt-Vaquila: Die Burschen laufen und vergnügen sich mit einem Jungstier.

Jurados einmal bestimmt, findet am ersten Sonntag im Mai das *catapán* statt, bei dem die Stadtviertel ihrem *jurado* einen Sekretär und die „Vier", *los cuatros*, zuwählen. Ist das geschehen, setzt der langwierige und ritualisierte Prozeß des Kaufs der Stiere ein, der zu manchem Fest und Tanz Anlaß gibt. Anfang Juni ziehen, wie am „Donnerstag des Herausholens", große Teile der Bevölkerung zweimal zur Bergweide Valonsadero, das erstemal zweieinhalb Wochen vor dem Festbeginn, um die zu kaufenden Stiere beim *lavalenguas*, dem Tag des „Zungenwaschens", für die einzelne Cuadrilla festzulegen, ein zweites Mal, ungefähr eine Woche vor dem Johannistag, um den endgültigen Kauf – *la compra* – der Stiere feierlich zu begehen.[60]

In der Nacht von Mittwoch auf Donnerstag, nach dem 23. Juni, beginnt dann wieder der große Festzyklus, den alle Sorianos als den ihren betrachten – *usos y costumbres* – und dessen jährliche Wiederkehr und dessen zugleich wohlgeordnetes und ausgelassenes Feiern ihre Identität als Sorianos erneut bestätigt.

Manche Sorianos betonen, daß der Name des Festes *Madre de Dios o San Juan* eine christliche Benennung sei, die einen älteren Namen überlagert habe. Sie sprechen von den Sonnwendfeiern oder von den *Fiestas del Común o estado llano de Soria*, dem Fest der Kommune oder des einfachen Standes von Soria. Es ist bezeichnend, daß in Soria vom *pueblo llano*, „vom einfachen Volk" gesprochen wird; in diesem Wort hat sich bis heute die Idee der Ständeordnung erhalten: Das Fest von Soria ist weder das des Klerus noch das des Adels, sondern das des einfachen, des allgemeinen, des dritten Standes. Trotz verschiedener Versuche konnte der sorianische Adel seinen Führungsanspruch in diesem festgefügten Netz des einfachen Standes nicht durchsetzen; es ist ihm niemals gelungen, die Positionen der Jurados an sich zu reißen.

Denn die Institution der Jurados ist vollkommen mit der Idee des Herrschaftsanspruches des einfachen Volkes verknüpft. Bis ins 19. Jahrhundert fungierten die Jurados als politisch-soziale Repräsentanten der einzelnen Stadtviertel, als vom Volkswillen legitimierte Bürgermeister.[61] Nach einem im 14. Jahrhundert festgelegten Verfahrensmodus wählte jedes Viertel für zwei Jahre ihre „Vier" (*cuatros*); diese Vier ernannten für jedes Viertel, ebenfalls für zwei Jahre, den Jurado.[62]

Dieses relativ komplizierte Auswahlverfahren stellte sicher, daß sich die ganze Kommune, *el Común*, von Soria vertreten sah: Sechzehn mal vier gewählte Vertreter für sechzehn relativ kleine Stadtviertel – Soria hat noch im 19. Jahrhundert nicht mehr als 10 000 Einwohner –, die jeweils einen „vereidigten" Sprecher ernennen, welche während ihrer Amtszeit immer in direkter Zusammenarbeit mit den „Vier" stehen. Jedes Viertel bestimmte außerdem einen *mayordomo*, meist einen Neu-Zugezogenen, dem die Festorganisation oblag.[63]

In Krisenzeiten zeigt sich die Abhängigkeit der Jurados

vom Willen des Volkes klar: Bei der Erhebung der *Comuneros*, der Stadt-Kommunen des Jahres 1521 gegen den neuen König Karl I. greift das Volk auf die Generalversammlung zurück und nimmt einige der Jurados fest; diese fallen später nicht unter das Strafgericht Karls.[64]

In der Zeit der napoleonischen Besetzung nach 1808 richtet sich der Zorn des Volkes gegen den unentschiedenen Vogt der Stadt; die königliche Stadtverwaltung wird gezwungen, vier Jurados in das Gremium für Bewaffnung und Verteidigung aufzunehmen. Nach der Besetzung der Stadt durch die Franzosen im November 1808 werden die Feste ausgesetzt, denn die Ausrichtung des Festes diente gleichzeitig zur Organisierung des Widerstandes.

Erst 1836 verlieren mit Einführung der verfassungsmäßig eingesetzten Rathäuser die Jurados den offiziellen Status von „Stadtteil-Bürgermeistern"; ihre Aufgaben reduzieren sich zunehmend auf die Organisation der Feste, welche vorher zum Großteil den Mayordomos oblag. Auch das Verhältnis von Cuatros und Jurados ändert sich: Die Vier, welche früher den Jurado jedes Viertels ernannt hatten, sind heute nichts weiter als dessen Helfer bei der Organisation des Festes. Die traditionelle Aufteilung Sorias in sechzehn Cuadrillas wurde in der Reform des Jahres 1909 auf zwölf reduziert. Die zwölf Jurados werden heute von den scheidenden Jurados für jedes Viertel vorgeschlagen; jeder Jurado kann bis zu drei Vorschläge einreichen und so verschiedene Wünsche seines Viertels berücksichtigen; bei mehreren Vorschlägen wird in einer von der Stadtverwaltung überwachten Losziehung entschieden. Der Tag der Ernennung der Jurados, *nombramiento* genannt, findet jährlich Anfang April statt, mit dem Amtsantritt der Jurados – Übernahme des „Kommandostabes" und des „Stadtviertelbuches" – beginnt Ende April der Festzyklus von Soria.

Man sieht, wie eng in Soria politisch-soziale Verfassung des Gemeinwesens und Festorganisation verflochten sind.

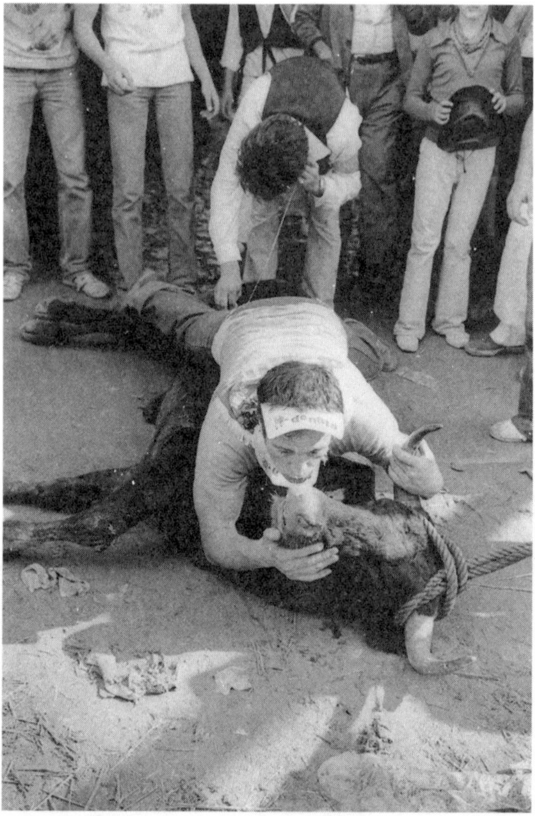

Kuß des getöteten Stiers.

Die Verteidigung der Feste gegen Eingriffe zählte immer zu den vordringlichen Aufgaben der Jurados; ob sie nun als direkte politische Vertreter der Stadtviertel wie früher oder einfach als Festorganisatoren wie heute fungieren.

Beispiele aus der Geschichte gibt es genügend: 1535 erklärt der Bischof von Soria die Feste für heidnisch und versucht, in ihren Ablauf einzugreifen und sie zu modifizieren. Fünf Jahre richten die Jurados keine Feste aus, bis man sich auf einen Modus, der für beide Seiten tragbar ist, einigen kann. Im Jahr 1743 verbietet der Stadtvogt die Agés und die öffentliche Verteilung des Fleisches, allerdings ohne Erfolg. Für alle weiteren Verbote der Stierspiele im 18. Jahrhundert erhält Soria aufgrund seiner Forderungen Ausnahmeregelungen. 1862 und 1867 versuchen die jeweiligen Zivilgouverneure die Feste zu verkürzen und zu reformieren; mit dem Ergebnis, daß 1867, unterstützt von den Jurados, die gesamte Stadtverwaltung zurücktritt.[65]

1953 unternimmt ein frankistischer Zivilgouverneur erneut den Versuch eines Eingriffs: Das ganze Fest sagt ihm nicht zu. Er möchte zum Beispiel die sorianische Jugend an den Tagen *Compra* und *Saca* uniformiert, die Fahrzeuge, die zur Bergweide Valonsadero und dann wieder in die Stadt zurück unterwegs sind, wie für einen Umzug geschmückt sehen; die Versteigerung am Samstag soll ganz verschwinden, und am Sonntag sollen die zwölf Jurados ihre Aufwartung bei ihm machen und mit ihm gemeinsam das Stiermahl einnehmen[66] – er will in diesem symbolischen Akt zum Chef der cheflosen, frei bestimmten Stadtviertelrepräsentanten aufsteigen. Ziel seiner Attacke ist sowohl die demokratische Organisationsform wie auch die ihr korrespondierende, Freiheit ausdrückende Ästhetik des Johannisfestes.

Die Festtage des Jahres 1953 hindurch steigerte sich ständig die Zahl der Festgenommenen, am *Lunes de Bailas* endete das Fest im offenen Aufruhr der sorianischen Bevölkerung gegen den Zivilgouverneur. Den massiven Protesten und Ausschreitungen vor dem Palast der Zivilregierung – die Masse war dort hingelangt, indem sie einen Kreuzweg mit Abbeten des Rosenkranzes simulierte – war am Sonntag die öffentliche und vor den Augen des Zivilgouverneurs geschehene Drohung einiger Jurados vorausgegangen, die *bastones*, die Kommandostäbe, die Insignien ihres Amtes, zu zerbrechen.[67]

In Krisenzeiten offenbart sich, daß die Festorganisation

eben nur der sichtbarste Ausdruck einer weit tiefer reichenden, die gesamte politisch-soziale Verfassung Sorias betreffenden Funktion ist: Die Jurados sind die eigentlichen Vertreter Sorias; als solche sind sie aber nichts weiter als die Garanten der zwölf, früher sechzehn Stiere des Festes. Nichts weiter als die jährlich wechselnden Garanten der Stiere, das heißt: der Identität Sorias.

Die Stiere sind die Protagonisten des Muttergottesfestes; die Stiere aber gehören dem Volk. 1982 mußte am *Domingo de Calderas* die Corrida in der Arena abgebrochen werden, weil ein Teil des Publikums sich beim zweiten Stier erinnerte, daß die Stiere eigentlich den Sorianos zustehen, in die Arena stürmte und unter Mißachtung des Toreros den Stier lief.[68]

Hochzeitsstiere

Die bisher betrachteten Stierläufe waren jährliche Ereignisse einer Dorf- oder Stadtgemeinschaft. Daneben gab es, belegt seit dem Hochmittelalter, individuell oder zeitbedingt motivierte Stierläufe. Gesellschaftlich wichtige Ereignisse oder klare Einschnitte im Lebensweg einzelner konnten von Stieren begleitet werden.

Eine der ältesten Formen dürften die Stiere gewesen sein, die in Hochzeitsfeiern einbezogen waren. Einer der frühesten Belege eines solchen Stierlaufes findet sich in der Cantiga 144 der *Cantigas de Santa María* von Alfons dem Weisen (1221–1284). Ort des Geschehens ist die Stadt Plasencia in der Nordextremadura. Aus derselben Region wird noch an der Wende vom 19. zum 20. Jahrhundert aus verschiedenen Dörfern von solchen *toros nupciales* berichtet. Um diese Zeit scheint der Brauch des Hochzeitsstierlaufs untergegangen zu sein.[69]

Auch der Adel pflegte diese Tradition: Zur Hochzeit von Sancho de Estrada und Urraca Flores wurden in Avila im

Jahr 1080 sechs Stiere gelaufen; die Trauung von Alfons VII. mit Berenguela wird in Saldana 1124 mit Stieren begangen; anläßlich der Eheschließung der Tochter Alfons VII., Urraca, mit Garcia VI. von Navarra ist für León im Jahr 1144 von einer Vielzahl von Stieren die Rede.[70] Aus den adeligen Hochzeitsstieren entwickelte sich der adelige Stierkampf zu Pferd. Die Geschichte des spanischen Adels und Königshauses ist nicht von Stierspielen zu trennen: Heiraten, Geburten von Thronfolgern, aber auch wichtige Staatsbesuche und -feierlichkeiten waren oft von Stieren begleitet.

So bekam noch der Reichsführer SS Heinrich Himmler, als er beim Besuch in Spanien im Oktober 1940 den frischgebackenen Diktator Franco zum Eintritt in den 2. Weltkrieg bewegen wollte, statt der Kriegszusage nur eine Corrida zu sehen, bei der ihm persönlich ein Stier gewidmet wurde.[71]

Stierspiele gehörten und gehören zum gesellschaftlichen Leben Spaniens. Selbst akademische „Rites de passage“, wie die Promovierung in den Doktorstand, waren davon betroffen. An der Universität Salamanca mußte der Doktorhut bis ins Jahr 1845 mit der Ausrichtung von Stierspielen „bezahlt“ werden.[72] Auch heute noch werden Einschnitte im individuellen und gesellschaftlichen Leben durch Annäherung an den Stier gefeiert. Allerdings ist die *corrida de toros* heute zur *vaquilla* verkleinert; es werden bei einer solchen Vaquilla, die sich zunehmender Beliebtheit erfreut, Jungkühe oder sehr junge Stiere, ohne daß diese getötet würden, gelaufen. Anlässe sind meist Hochzeiten oder Taufen, aber auch Patronatsfeste von Fakultäten.[73] Manche begnügen sich aber nicht mit Kühen. Viele der *espontáneos*, Männer, die unerwartet aus dem Publikum in die Arena springen, mit Jackett oder Muleta bewaffnet vor dem Stier auftauchen und dem Torero Konkurrenz zu machen versuchen, haben häufig einen Grund zum Feiern, die Geburt eines Kindes oder das Inkrafttreten der neuen Verfassung am 6. Dezember 1978.

Ein Espontanéo feiert die Einsetzung der Verfassung am 6. Dezember 1978.

Wie sahen nun ländlich-dörfliche Stierläufe aus, welche eine Eheschließung begleiteten? In der Regel wurde zwei Tage vor oder am Vorabend des Hochzeitstages vom Bräutigam und seinen Freunden ein *toro bravo* vor das Haus der Braut gebracht und dort als angeseilter Stier gereizt und gelaufen. Als Capa diente dem Bräutigam meist Umhang oder Jackett. Aufgabe der Braut war es, die Banderillas anzufertigen, die der Bräutigam in den Nacken des Stiers zu setzen hatte. Das vergossene Blut des Stiers fand verschiedene Verwendung: Mit ihm konnte das Leintuch, das das neue Paar in die Ehe begleiten sollte, getränkt oder die Schwelle des Hauses oder Brautgemaches bestrichen werden. Es wird sogar berichtet, daß der Stier ins Schlafzimmer oder gar auf die Bettstatt geführt wurde. Bei dieser mitunter recht wüsten Art des Polterabends wurde der Stier meist – es gab aber Ausnahmen – getötet.[74]

Zu der sehr frühen bildlichen Darstellung eines Hochzeitsstieres – 13. Jahrhundert – heißt es im Text der Cantiga: „Zu der Zeit verheiratete sich ein Herr aus dieser Stadt und er befahl, Stiere für seine Hochzeit herbeizubringen, und von ihnen den wildesten abzusondern, den er zu laufen

Der freilaufende Hochzeitsstier in Plasencia (Cáceres) in den Cantigas Alfons des Weisen.

befahl."[75] Die weitere Geschichte, die hier nicht im Detail behandelt werden kann, ist die wunderbare Rettung eines Mannes, der aus Versehen auf den Platz kam, vom Stier angegriffen wurde und unversehrt blieb, weil der Stier durch Anrufung der Muttergottes wie tot umfiel und als zahmes Tier sich wieder erhob.

Auf den zwei Bildern, die in unserem Zusammenhang interessant sind, ist der freilaufende Stier auf einem Stadtplatz zu sehen. Auf einer Ballustrade befinden sich junge Männer, die den Stier von oben mit Wurfspießen – man denke an die *soplillos* von Coria – und Handharpunen bewerfen. Einer der jungen Männer reizt den Stier mit seinem Umhang. Auf dem zweiten Bild (Seite 66) ist zu sehen, wie der Stier den zufällig auf den Platz gekommenen Mann angreift und wie die Stierkämpfer von der Balustrade herab versuchen, ihn

abzulenken. Man sieht zuschauende Frauen an den Fenstern eines Palastes. Es könnte sich unter den Dargestellten das Brautpaar befinden; vielleicht der Mann mit dem Umhang und die Frau mit anderer Kopfbedeckung als der Rest der Frauen. Ein eindeutiges Indiz hierfür gibt es aber nicht.

1080 entsteht der erste Bericht eines königlichen Hochzeitsstiers, im 13. Jahrhundert das genannte Zeugnis aus städtischem Umfeld; die ländlich-dörflichen Formen werden erst dokumentiert, als sie zu Beginn unseres Jahrhunderts schon vom Aussterben bedroht sind. Doch dürften sie sich im Alter durchaus mit den beiden verfeinerteren Formen des Hochzeitsstieres messen oder sie sogar übertreffen können.

III
Die Burschen von Monleón

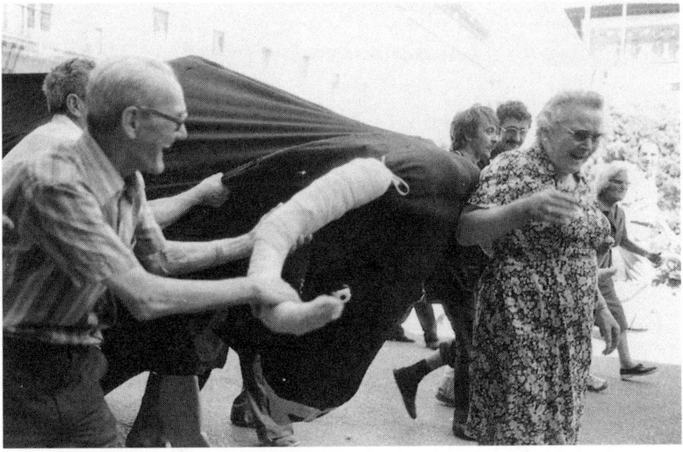

Manuel Sánchez und die Verwirrung der Mutter-Witwe

Die Romanze *Los mozos de Monleón* ist in Zentralspanien, vor allem in Kastilien und der Extremadura, weit verbreitet. Die hier gegebene Version folgt der von Federico García Lorca erstellten Fassung.

Romanze von den Monleóner Burschen

Die Burschen von Monleón / gingen früh hinaus zum Pflügen,
um zur Corrida gehen zu können / und Zeit zum Umziehen zu haben.
Dem Sohn der Witwe / hat man nichts zum Umziehen gegeben.
„Zum Stier muß ich gehen, / und wenn ich im Geliehenen geh'."
„Gott gebe, falls du das schaffst, / daß sie dich auf einem Wagen bringen,
Schuh' und Hut sollen dir / dabei im dunklen Unheil hängen."
Sie nehmen ihre Spieße, / gehen talwärts,
fragen nach dem Stier /und der Stier ist schon weggeschlossen.
Auf halbem Weg / treffen sie den Mayoral.
„Jungs, die ihr zum Stier geht, / wißt, daß es ein schlimmer Stier ist,
denn die Milch, von der er sich nährte, / die hab ich ihm mit eigener Hand gegeben."
Sie präsentieren sich auf dem Platz, / vier ganz prächtige Burschen.
Manuel Sánchez rief den Stier; / hätte er ihn bloß nie gerufen!
An der Spitze seines Schuhs / über'n ganzen Platz geschleift.

Als der Stier von ihm abließ, / da ließ er ihn blutend zurück.
„Freunde, für mich geht's ans Sterben; / Freunde, mir geht's ganz arg schlecht;
drei Taschentücher hab ich schon drinnen, / mit dem, das ich jetzt reintu', sind's vier."
„Man soll doch den Beichtiger rufen, / damit er kommt, ihm die Beichte abzunehmen."
Als der Beichtvater kommt, / hat Manuel Sánchez schon ausgehaucht.
Vom Reichen von Monleón / erbitten sie Rinder und Wagen,
um Manuel Sánchez wegzufahren, / ach der Stier hat ihn getötet.
An der Haustür der Witwe / stellten sie den Wagen ab.
„Hier habt Ihr Euren Sohn, / ganz so wie Ihr's verlangt habt."[76]

Das Lied erzählt, so scheint es, eine einfache Geschichte; es erzählt von einem Stierlauf, bei dem sich die jungen Burschen eines Dorfes einem Stier stellen. Einer von ihnen, Manuel Sánchez, kommt dabei um. Das Volkslied erzählt aber auch von der inneren Dynamik des Stierlaufs insgesamt.

Warum trifft es gerade Manuel Sánchez und nicht einen anderen Burschen? Warum erzählt das Volkslied von einem menschlichen Opfer und nicht vom Tod des Stiers?

Die Burschen von Monleón sind Ackerbauern; am Tag der Corrida gehen sie besonders früh zum Pflügen, um Zeit zu haben, sich für das Fest herauszuputzen. Manuel Sánchez, als Sohn der Witwe eingeführt, hat kein Festgewand zum Anziehen.

Der Text *„no se lo han dado"* (man hat ihm keins gegeben) läßt offen, ob die Mutter zwar das entsprechende Gewand besitzt, es dem Sohn aber nicht gibt, um dessen

Gang zur Corrida zu verhindern[77], oder ob der Mutter einfach die Mittel fehlen, ihm eines machen zu lassen. Denn die soziale Markierung als Witwe, als einer Frau also, der die Arbeitskraft des Mannes fehlt, könnte ausdrücken, daß sie und ihre Familie zu den Dorfarmen zählen.

Die Mutter braucht den Sohn als Versorger; geht er zur Corrida, gefährdet er nicht nur sich, sondern den Unterhalt der Familie. So kann sie in keinem Fall wollen, daß der Sohn die Corrida besucht. Sie will – die Verwitwung ist schon Unglück genug – mehr Unglück für ihre Familie verhindern. Doch dieser Wunsch ist ein gefährliches Spiel. Gibt sie ihm das Gewand, obwohl sie eines besitzt, nicht, muß der Sohn zwangsläufig mit Trotz reagieren. Hat sie aber wirklich kein Gewand für ihn, wird der Sohn nicht verstehen, warum er nicht in einem geliehenen gehen soll. Doch die Argumente der Mutter entstammen auch in diesem Fall nicht nur verschämter Armut, sondern auch der Kenntnis sozialer Abläufe. Denn das Ereignis eines Stierlaufs betrifft die ganze Öffentlichkeit des Dorfes und der umliegenden Höfe. Die Witwe wird die Mechanismen dörflicher Ausgrenzung genau kennen: Sie weiß, daß alle Anwesenden wissen, daß ihr Sohn nur ein geliehenes Gewand trägt, sie weiß, daß er mit einem geliehenen Gewand doch nicht ganz dazugehört und so in den Zwang gerät, sein soziales Deklassiertsein durch besondere persönliche Leistungen wettzumachen. Diese besondere Leistung aber kann nur aus besonderem Wagemut vor dem Stier bestehen, das heißt im Klartext: in größerer Gefährdung.

Der junge Mann steckt in einer schwierigen sozialen Klemme: Gehorcht er seiner Mutter und geht nicht zum Stierlauf, stellt er sich außerhalb der Gleichaltrigen-Gruppe seines Dorfes; er grenzt sich selbst aus. Leiht er sich jedoch das Gewand, so widersetzt er sich offen dem Willen der Mutter und macht in ihren Augen etwas Ungehöriges und darüber hinaus auch etwas Gefährliches. Er steht vor der

Entscheidung zwischen seinem Familienverband und der Notwendigkeit dörflicher Integration.

Als der Sohn sich für die Gleichaltrigen-Gruppe und damit gegen die Familiennotwendigkeit entscheidet, greift die Mutter zum letzten und härtesten Mittel, ihn zurückzuhalten. Für den Fall, daß er wirklich ginge, beschwört sie Unheil für ihn herauf, sie spricht eine Verfluchung aus. Damit hat die Witwe ihr Spiel schon verloren. Lapidar sagt der Text: Hätte Manuel Sánchez den Stier bloß nie gerufen! Die ganze Erzählung des Liedes aber drängt dahin, daß Manuel Sánchez den Stier rufen mußte. Er war unter den Monleóner Burschen das prädestinierte Opfer.

Aber ist nicht das prädestinierte Opfer der Stierspiele der Stier? Warum diese Umkehrung im Volkslied?

Es gibt ein erstaunliches Detail im Lied. Die Burschen auf dem Weg zur Corrida begegnen dem Mayoral, demjenigen also, der das Aufwachsen des Stiers leitet und überwacht. Der Mayoral sagt ihnen, daß sie nicht zum Stier gehen sollen (in einer anderen Version des Liedes heißt es wörtlich: „Jungs, geht nicht zu ihm hinein“[78]), daß der Stier ein übler Geselle sei und daß er dies so genau wisse, weil er den Stier selber so erzogen habe. Da ist aber die Corrida schon vorbereitet, der Stier zum Loslassen schon eingeschlossen: Die Corrida wird stattfinden. Es scheint, als erfülle der Mayoral ein Ritual, wenn er sagt: Geht nicht hinein, denn es ist gefährlich, es kann Opfer geben. Aber er hat alles vorbereitet, daß ein Opfer möglich wird. Es wäre schön, wenn das Opfer vermieden werden könnte, aber das Opfer, so scheint es, muß sein.

Manuel Sánchez wird vom Stier über den ganzen Platz geschleift und sterbend sagt er den anderen Burschen Sätze, aus denen etwas wie Stolz herausklingt: Meine Wunde ist so tief, drei Taschentücher sind schon darin verschwunden, jetzt kommt das vierte. Das wären seltsame Sätze eines Sterbenden, klänge eben nicht der Stolz über die Tiefe der Wunde mit, über die gute Erfüllung der Opferrolle.

Die Jugend von Monleón steht um den sterbenden Manuel Sánchez herum, das Dorf Monleón hat sein Opfer für dieses Jahr entrichtet, die Felder, die am frühen Morgen durchs Umpflügen für die Aussaat vorbereitet worden sind, können neue Frucht tragen.

Dem Sterbenden war die Tiefe der Wunde wichtiger als das Seelenheil; es ist eine andere Stimme, die nach dem Priester ruft. Der katholische Priester muß in diesem Zusammenhang zu spät kommen, denn hier wird ein Ritual vollzogen, das dem christlichen zeitlich weit vorausgeht. Jesus, der durch seinen Opfertod am Kreuz das reale Opfer ein letztes Mal vollzogen und es dadurch in reines Gedenken überführt hat, hat da, wo das reale Opfer noch existiert, wenig zu suchen.

Manuel Sánchez stellt durch seinen Tod beim Stierlauf eine Opfergabe dar, er wird dadurch eine Art „Erlöser" für das Dorf. Es ist bezeichnend, daß er im Lied der Sohn der Witwe ist bis zu dem Moment, in dem er den Stier ruft. Da wird sein Name zum ersten Mal genannt, da bekommt er als Person Profil für das Dorf. Als Opfer ist er nicht mehr nur der Sohn der Witwe, sondern eben Manuel Sánchez.

Das Volkslied verweist in der Tragödie von der Witwe und ihrem Sohn Manuel Sánchez auf eine tiefere Bedeutung der Stierläufe. Eigentlich müßte ein Mensch, ein junger Mann, geopfert werden. Die Romanze heißt ja auch „von den Monleóner Burschen" und nicht „vom Tod des Manuel Sánchez" – er ist nur einer dieser Burschen. Die soziale Konstellation und Dynamik, warum der Tod gerade ihn trifft, ist plastisch herausgearbeitet.

Indem das Lied einen einzelnen tragischen Fall behandelt, ruft es in Erinnerung, daß jetzt im Regelfall an die Stelle des Menschen das Opfer des Stiers getreten ist. Aber dem Stier ist das Recht eingeräumt, sich zu verteidigen, seine Kraft einzusetzen und ein menschliches Opfer mit in den Tod zu nehmen. Viel von der inneren und versteckten Dynamik volkstümlicher Stierläufe wird hier gegenwärtig.

Daß der Stier es ist, der ein menschliches Mit-Opfer fordern kann, daraus entspringt die Aggression gegen den Stier; daß der Stier im allgemeinen das den Menschen entlastende Opfertier geworden ist, daraus entspringt die große positive Emotion für den Stier, die man allenthalben in Spanien antrifft. Im Lied, als der Stier das letzte Mal genannt wird, heißt es: „*que el torito le ha matado*", das ich mit „ach der Stier hat ihn getötet" übersetzt habe. Die Verkleinerungsform *torito* läßt sich ins Deutsche nicht als „Stierchen" oder „kleiner Stier" übertragen; es handelt sich eindeutig um eine Koseform, um *cariño*. Korrekt übersetzt müßte der Vers heißen: „der liebe Stier hat ihn getötet". Normalerweise stirbt der Stier, der liebe Stier, und die Witwe kann ihren Sohn behalten.

Manuel Sánchez trifft das Unglück. Die durch den Fluch der Mutter gestörte Ordnung wird durch Erfüllung dieser Verfluchung in der Umkehrung des Opfers wiederhergestellt – der Sohn stirbt. Indem das Volkslied von diesem Unheil berichtet, ruft es den eigentlichen Sinn der Stierläufe, das Stieropfer, nur desto eindrücklicher in Erinnerung.

Der Tod eines Menschen beim Stierlauf ist die Umkehrung einer Umkehrung einer uralten Glaubensvorstellung: Ein Opfer ist nötig. Der Stier hat anstelle des Menschen die Opferrolle übernommen. Dadurch wird der Stier mit Macht versehen. Der Unglücksfall des Liedes, das Opfer eines Menschen, bestätigt in der zufälligen Umkehrung nur die eigentliche, fest institutionalisierte Umkehrung der Opferrolle.

Doch sogleich schließen sich an die Behauptung von der Notwendigkeit eines Opfers, die sich aus dieser ersten Interpretation des Liedes ergeben hat, einige Fragen an: Warum sollte ein Opfer nötig sein? Wem und zu welchem Zweck wird geopfert? Aus welcher Tradition speist sich die Vorstellung von Sinn und Nutzen des Opfers?

Federico García Lorca hat in seiner Version der Romanze die letzten Zeilen älterer Versionen weggelassen.[79]

Als sie ihren Sohn so sah, / fiel sie ohnmächtig nach hinten.
So um die neun Monate später / lief die Mutter brüllend
die Weiden rauf / die Weiden runter,
fragt nach dem Stier; / doch der Stier ist schon begraben.

Das ist, für den modernen Geschmack, ein bizarres Ende – man versteht, warum Lorca diese Zeilen weggelassen haben könnte: Sie sprengen die Geschlossenheit des Textes, die auf dem Ausgleich von Verfluchung und Eintreffen des Fluches sowie auf der Umkehrung der Opferrolle vom Stier auf einen Menschen beruht, und verschieben dadurch die Intensität der Romanze in eine ganz neue, unerwartete Richtung: die der wahnsinnig gewordenen Mutter, die – genau nach der Dauer einer Schwangerschaft – nicht ihren Sohn, sondern den Stier sucht und nicht finden kann; denn der Stier ist, wie der Sohn, schon längst unter der Erde. Das „Begraben" eines Stiers aber mutet seltsam an.

In einem Kommentar zu den „Burschen von Monleón" wird der Schmerz der Mutter in dieser letzten Strophe als „äußerst naturalistisches und herzzerreißendes Geschehen ... in aller Nacktheit heraufbeschworen"[80] beschrieben. In neuerer Zeit aufgenommene Varianten des Liedes erheben an Stelle dieses kruden Schlusses oft den pädagogischen Zeigefinger.[81] „Mütter, verflucht Eure Söhne nicht, denn ..." oder biegen den Schluß ins Ironische ab, wie folgende Variante, bei der der Stier, der Manuel Sánchez getötet hat, den Namen *Valenciano* trägt und mit der Mutter verglichen wird.[82]

Gegen neun Uhr abends – da waren beide schon bestattet.
So neun Monate später – lief die Witwe brüllend umher,
verbreitete mehr Schrecken – als der Stier Valenciano.

Wenn das Irritierende dieser Schlußstrophe von 1907 nur die „herzzerreißende und nackte Wahrheit" darstellte, wäre sie dann im Laufe des 20. Jahrhunderts so neutralisiert worden, wie es geschehen ist?

Das Stiergebrülle der Witwe-Mutter – das verwendete Verb *bramar* bezeichnet im Spanischen nur die von Rindern produzierten Laute – und die seltsam anmutende Konfusion von Sohn und Stier übersteigt vielleicht die Beschreibung übergroßen und zum Wahnsinn führenden Schmerzes. Gibt es eine Identität von Stier und Sohn? Wenn ja, welche Figur verbirgt sich dann hinter der „Witwe-Mutter"?

Artemis, von Stieren umgebene Göttin

Ein Sprung vom zentralspanischen Monleón ins vorchristliche, an der kleinasiatischen Küste gelegene Ephesus mag, bei aller Bedenklichkeit solch gewaltiger räumlicher und zeitlicher Sprünge, weiterhelfen. Denn die ephesische Artemis verkörperte zum einen in historischer Zeit die letzte der großen vor- und frühgeschichtlichen Muttergottheiten und hatte als solche Verbreitung im ganzen Römischen Reich gefunden, zum anderen gehörte die Opferung von Stieren als wichtiger Bestandteil zu ihrem Kult.

Zunächst stellt sich die Frage, wie die jungfräuliche Artemis gleichzeitig Muttergottheit sein konnte. Ein erstaunliches Detail aus der Artemis-Verehrung kann den Weg weisen: „Die strenge Forderung nach Jungfräulichkeit innerhalb des Heiligtums hatte zur Folge, daß es einer verheirateten Frau bei Todesstrafe verboten war, den Tempel zu betreten. Eine Dirne hatte nur Zugang, wenn sie ihr Verhältnis gelöst hatte."[83] Nun ist diese Aussage in sich widersprüchlich: Durch Lösung eines Verhältnisses ist Jungfräulichkeit im modernen Sinn nicht wiederherzustellen. Die strikt geforderte Jungfräulichkeit im Artemis-Kult meint etwas anderes als der moderne Begriff. Er meint Unabhängigkeit vom Mann, keinem Mann anzugehören, keinem untertan zu sein. Eine „Dirne", was immer damit bezeichnet sein mag, wird einfach durch Trennung vom Mann wieder kultfähig, ihre „Jungfräulichkeit", identisch mit ihrer Unabhängigkeit, ist wiederhergestellt.

Dieser relativ einfache Prozeß von „Ver-Jungfräulichung" ist möglich, weil in antiker Auffassung „jungfräulich" anders definiert ist. „*Virgo* heißt ein freigeborenes, junges, unverheiratetes Mädchen, das aber nicht in jedem Falle ‚jungfräulich' (*intacta*) im körperlichen Sinne sein muß, *vidua* eine Frau, die ihren Mann verloren hat, eine geschiedene oder verwitwete Frau."[84] Man sieht, die Begriffe *virgo* – *vidua* sind fließend; denn die Dirne, die sich vom Mann trennt, ist eher *vidua* als *virgo*, kann aber dennoch hinsichtlich des Kultes als jungfräulich gelten.

Die Blüte des Artemis-Kultes fällt in die Zeit, die schon längst von patriarchalischer Götter- und Gesellschaftsorganisation beherrscht ist. Die matriarchalische Organisation der Artemis-Verehrung trennt zwischen von Männern abhängigen und freien Frauen, wobei körperliche Unberührtheit, das heutige Kriterium für Jungfräulichkeit, keine Rolle spielt.

Auf diesem Hintergrund ist die Doppelcharakterisierung der Artemis zu verstehen:

In Wirklichkeit ist sie beides – Mutter und Jungfrau: Ihre mütterliche Seite drückt sich ... in derjenigen der ‚Lebensspenderin' aus. Trotzdem blieb sie jungfräulich, denn sie besaß selbst Erzeugerkraft; in den Stierbeuteln wurde ihr der Lebenssaft symbolisch dargebracht. Die in ihrem Kultdienst geforderte Jungfräulichkeit war in ihrem eigenen Wesen begründet.[85]

Die Übergabe der Erzeugerkraft des Stiers geschieht im Opfer; sie ist dann neben Mutter und Jungfrau auch Geliebte.[86]

Artemis ist *tauropolos*, von Stieren umgeben. Beim Fest finden *Taurokathapsien*, vielleicht ausgerichtet von den *tau-*

Marmorstatue der Artemis von Ephesus. Die Göttin trägt hier das mit Stierhoden geschmückte Pektoral.

reastai – einer Stierbruderschaft –, statt.[87] Was diese *taureastai* genau taten und wie die *Taurokathapsien* ausgesehen haben, entzieht sich unserer Kenntnis, aber man weiß, daß die Stiere schließlich rituell geopfert und danach verspeist wurden.

Vor allem aber wurden die Stierhoden der Göttin angeheftet; das ist das Rätsel ihrer „Vielbrüstigkeit". Gérard Seiterle hat eine Multimamaria, ein „vielbrüstiges" Kultbild mit echten Stierbeuteln, im Basler Antikenmuseum nachgestellt und damit alle Theorien über diese Brüste als „Trauben, Eierfrüchte, Datteln, Eier u. a.“ weit aus dem Feld geschlagen.[88] Er hat auch eine Theorie über den Opferaltar entworfen.[89] Dieser befand sich westlich des eigentlichen Heiligtums und war nach Westen hin offen. Die Stiere standen in einer Reihe auf einer Rampe, an deren Ende der eigentliche Altar sich befand, ihm gegenüber – beides in der Öffnung nach Westen – wurde die große Kultstatue aufgestellt. Den geopferten Stieren wurden die Hoden abgetrennt und der Göttin angeheftet. Die Reihe der Stiere, die geopfert wurden, vermehrten die Hoden am Brustpanzer der Göttin, aber ebenso wurden den geopferten Tieren die Köpfe abgetrennt und „an girlandengeschmückten Pfählen oder Wänden festgemacht ... und hätten der Kultgemeinde den Vollzug der heiligen Opferhandlung kundgetan“[90]. Im Anschluß an die Opferung zog die mit den Stierhoden behängte Göttin in feierlicher Prozession durch die Stadt.

Dieses Entgegennehmen des Samens beinhaltet – außer daß es als festliches Ereignis geschieht – zwei Elemente: Zum einen die Bewegung der *Taurokathapsien* – den Stiersprung oder Stierlauf –, zum anderen die Tötung-Opferung, bei welcher der Göttin das Zeichen männlicher Potenz sichtbar am Körper befestigt wurde, wobei die zunehmende Reihe der Bukranien der abnehmenden Reihe der zu opfernden Stiere entsprach. Dieser Ausgleich – abnehmende Opferreihe / zunehmende Bukranienreihe – entspricht dem Empfang und der realen Stärkung der Fruchtbarkeit der Göttin, vielleicht sogar in dem Maße, daß die Bukranien die Gebärmutter der Göttin repräsentieren. Es würde sich dann um das äußerliche Zeigen der inneren Vorgänge handeln: Der Uterus der Göttin wäre zu sehen, an ihrer Brust hingen sichtbar die Samenbeutel.

Die Theorie symbolischer Koinzidenz von Bukranie und Uterus, basierend auf der erstaunlichen morphologischen

Ähnlichkeit, ist neuerdings von Archäologinnen aufgestellt worden.[91] Schon Isidor von Sevilla hatte in den „Etymologiae" diesen Zusammenhang – nicht für den Stier, immerhin jedoch für den Widder, ein bekanntes Ersatztier des Stiers – angeführt.[92] Falls die Bukranien am Artemistempel Repräsentationen des Uterus der Göttin wären – manches scheint dafür zu sprechen –, dann könnte das Opfer der Stiere als symbolisch-komplexe Aufführung einer Art Heiligen Hochzeit, eines *hierós gamós,* als kulturelle Hilfestellung bei der Fruchtbarmachung der Göttin gesehen werden.

Das Heiligtum der Artemis lag – ähnlich wie das der ihr eng wesensverwandten Kybele, der *megale metèr*[93] – vor den Toren der Stadt. Die eigentliche Kultstatue war ursprünglich eine kleine, brettförmige Figur aus Holz, später wurde sie durch 10 bis 20 cm große Elfenbeinfiguren ersetzt.[94] Einmal im Jahr, zum großen Fest, besuchte die Göttin in einem Umzug die Stadt: „Gewisse folkloristische Umzüge von heute mögen jener Prozession mit kostümierten Mädchen, Girlandenträgerinnen, ausgelassenen Musikanten und Tänzern nicht unähnlich sein."[95]

Noch einmal: Die Burschen von Monleón

Vom kleinasiatischen Ausflug zurück, der als heuristischer Anstoß und nicht als Behauptung von Traditionslinien und Identitäten dienen soll, lassen sich für das spanische Monleón einige Fragen stellen, die für eine tiefgehende Interpretation wichtig werden.

Ist die Charakterisierung der Mutter als Witwe – wie diejenige der Dame von Coria – keine zufällige, sondern im Gegenteil eine notwendige? Muß also ausgesprochen und ausgeschlossen werden, daß sie einem Manne „untertan" sein könnte? Tritt sie als Witwe auf, weil sie in der Erzählung einen Sohn besitzt und besitzen muß und weil Mutterschaft ohne Mann aufgrund des geltenden patriarchalen Ehrenkodexes ehrenhafterweise nur als Witwe möglich ist? Ist der Kleiderstreit mit dem Sohn nur ein Vorwand, der den Wunsch der Mutter, den Sohn getötet zu sehen, in einen Fluch verwandelt und ihn so noch einigermaßen erträglich und verständlich macht? Besitzen Sohn und Stier, als männliche und gegenseitig austausch-, ersetzbare Wesen, vor der Mutter-Witwe eine seltsame Gleichheit in der Hinsicht, daß sie zum Opfer taugen? Wirkt also in der Mutter-Witwe als Substrat eine jener Muttergottheiten nach, die nicht mit Artemis identisch sein müssen, sondern spanischer Paralleltradition entstammen können, aber in ihrem inneren Gehalt doch wesensverwandt sind?

Der Versuch der Beantwortung aller dieser Fragen mit einem Ja soll durchgespielt werden, um zu sehen, wie weit dieser Sichtwechsel trägt, auf dessen Hintergrund die Romanze – ohne daß der soziale Gehalt der ersten Interpretation zerstört würde – noch einmal ganz anders, auf mythischer Ebene, gelesen werden kann.

Die Figur der Mutter-Witwe oszilliert zwischen göttlichem und menschlichem Charakter; ihr menschlich-sozialer Charakter ist eine für die christliche Zeit notwendige Verkleidungsform. Den Fluch spricht sie unter der Formel des „Gottgebe“ aus. Hinter dem Fluch der armen Witwe, die ihren Sohn zurückhalten will und ihn desto sicherer in den Tod treibt, steht die Handlungsnotwendigkeit der Göttin, die den lieben Sohn getötet sehen muß. Von der Mutter verflucht, stirbt Manuel Sánchez durch die Hörner des Stiers, sein Leichnam wird ihr mit den Worten „Ganz so wie Ihr's verlangt habt“ gebracht.

Im Gründungsmythos des Caurensischen Stierlaufs ist es die Witwe, als Dame bezeichnet, hinter der die von einem Mann unabhängige, freie Göttin zu sehen ist, die darum bittet, daß ihr Sohn durch einen Stier ersetzt wird; das Opfer als solches stellt sie nicht in Frage. Die Göttin kann ebensogut

Eine Gruppe von Frauen fordert in Talaveruela (Cáceres) vor Beginn der Corrida den Platz ein.

als Jungfrau auftreten, als das junge Mädchen zum Beispiel, das in einem extremenischen Volkslied bei einem Stierlauf auf dem Balkon steht und ein „*¡Muera! ¡Que muera!*" – „Stirb! Er soll sterben!" – ausruft; gemeint ist wohl der Stier, vielleicht auch der Stierläufer – eine Liebesgeschichte zwischen ihm und dem Mädchen ist angedeutet.[96] In einigen Dörfern der Vera in der Extremadura existiert noch heute der Brauch, daß vor Beginn der Corrida die Frauen des Ortes „den Platz einfordern" und damit das Kommen und auch Getötetwerden der Stiere.[97]

Man muß den Zusammenhang von Frau und Stier/junger Mann auf dem Hintergrund all der Muttergottheiten des Mittelmeerraums sehen, bei denen „Kontinuität und Differenzierung aus einem gemeinsamen Wurzelgrund ... vorliegt"[98]. Überall scheint die *Potnia Theron*, die „Tier-Herrin" und „Magna Mater", durch. „Neben der menschengestaltigen Göttin steht als Repäsentant des Männlichen der Stier, in Catal Hüyük wie im minoischen Kreta, der Stier, der getötet wird ... So gibt der Mythos der Großen Göttin ihren Erwählten zur Seite, der Sohn und Geliebter zugleich ist, ... den die Göttin liebt, entmannt und tötet."[99] Beim realen Opfer stirbt der Stier, im mythischen Opfer aber stirbt der „Paredros", der Sohn-Geliebte, um jedes Jahr neu der Großen Göttin seinen Samen im Opfer zu übergeben.[100]

Die Figur des Paredros oszilliert zwischen Sohngeliebtem und Stier; die mythischen Sohngeliebten Ägyptens zum Beispiel tragen die Bezeichnung *Kamutef*, „Stier seiner Mutter".[101]

„Stiere ihrer Mutter" sind auch der gerettete Sohn von Coria wie der getötete Manuel Sánchez von Monleón.

Die Opferung des Paredros zerschlägt die Ordnung von Mutter und Sohn ins Chaos der tötenden Besamung. Diese Opferung wird in der Antike als Liebesbegegnung, als Heilige Hochzeit, *hierós gamós*, imaginiert. Akzeptiert man die Mutter-Witwe als Göttin und Manuel Sánchez als ihren Sohngeliebten, dann ist die Übergabe des Leichnams im „Ganz so wie Ihr's verlangt habt" und das ohnmächtige Nach-hinten-Fallen der Mutter-Witwe der Moment des *hierós gamós*. Die „Hochzeit" im Opfer ist vollzogen.

Neun Monate später sucht sie den neuen Paredros, als Stier oder als Mensch, was auf sozialer Ebene als Verwechslung und Zeichen geistiger Zerrüttung markiert ist. Ihr Ausstoßen von Rinderlauten und ihre Suche nach dem Stier wird von dem Satz „Doch der Stier ist schon begraben" beantwortet. Die stilistiche Ähnlichkeit des Satzes mit demjenigen, in dem die Opfernotwendigkeit am reinsten Ausdruck findet, „Und der Stier ist schon weggeschlossen", ist erstaunlich. Der Stier ist im Toril weggeschlossen, er wird daraus – von den Burschen erwartet – hervorstürmen, um getötet zu werden. Der Stier ist in der Erde begraben, er wird als neues Leben daraus hervorbrechen. Die Figur des Paredros heißt auch Jahresgott. Die Verzweiflung der Mutter-Witwe ist die rituelle Trauer über den gewaltsam-tragischen Tod des Sohnes, die seiner neuen „Geburt", seiner Auferstehung, vorausgehen muß. Der Satz „Doch der Stier ist schon begraben ..." ist doppelgesichtig: was Verzweiflung scheint, ist ebensosehr Hoffnung. Die Göttin schafft sich – das Begraben-Sein im Schoß der Erde ist zugleich Uterus-Zeit – den Paredros erneut.

Im Stierlauf wird sich auch das Opfer erneuern. Der Stierlauf stellt somit die symbolisch-kulturelle Simulation eines *hierós gamós* dar; beide sind auf symbolischer Ebene identisch.

Stier und Burschen interagieren zwar untereinander, die Bewegung des gemeinsamen Laufes aber ist auf die Göttin gerichtet. Als Bedeutungselemente des Wortes *hierós* finden sich neben *heilig* ebenfalls *stark*, *schnell*, *bewegt*.[102] „Das griechische *hierós* kommt vom vedischen *isiräh*, das normalerweise mit ‚Lebenskraft' übersetzt wird."[103] Das ägyptische Zeichen der stilisierten Stierhörner „Ka" besitzt die gleiche Bedeutung, es ist das Zeichen für Lebenskraft schlechthin: Die zum Segen erhobenen Hände wiederholen es.

In starker, schneller Bewegung wird der Göttin Lebenskraft zugeführt. Der heilige Akt findet in der Tötung den Abschluß, die heilige Bewegung im Fließen des Blutes ihr Ende.

Ist der Stierlauf vorbei, haben die Menschen das Ihre getan: Der Kreislauf der Fruchtbarkeit kann weitergehen. Die Menschen helfen – auf symbolischer Ebene gesprochen – im jährlichen Zyklus der Göttin, Bild der *natura naturans*, der immer schaffenden Natur, dabei, fruchtbar zu bleiben, indem sie durch Opferung im schnellen Lauf ihr die Kraft eines ihrer Geschöpfe, der *natura naturata,* zuführen.

Sollte diese mythische Interpretation der „Burschen von Monleón" Stimmigkeit besitzen, ist man mit zwei Fragen konfrontiert: Aus welcher Zeit stammt die Romanze? Und koinzidiert das Alter der Romanze mit der in ihr ausgedrückten psychisch-symbolischen Gestimmtheit, welche – folgt man der Entschlüsselung – als ziemlich alt anzusehen ist.

Cossío konstatiert, die „Burschen von Monleón" passen „nicht in die alte Tradition unseres Romanzero, aber sie sind unverfälscht volkstümlich, sie sind schon vom Volk aufgenommen, das sie in mündlicher Weitergabe abändert".[104] Nach Cossío zählt das Lied nicht zum Romanzero, den alten Sammlungen des spanischen Liedgutes, sondern es handelt sich um eine relativ neue Schöpfung der Volkspoesie. Die vorliegenden Fassungen dürften aus dem 19. Jahrhundert stammen.

Man muß aber bedenken, daß es sich bei dem Lied größtenteils um das Arrangement verschiedener gesprochener Sequenzen handelt: die Ankündigung des Gangs zur Corrida durch den Sohn, die Verfluchung durch die Mutter, die „rituelle Warnung"[105] durch den Mayoral „Geht nicht hinein!", die Worte des Sterbenden, der Ruf nach dem Beichtiger, die Übergabe des toten Sohnes an die Mutter. Es sind hauptsächlich diese gesprochenen Sätze, welche die Kohärenz des Textes konstituieren; als solche aber handelt es sich um feste Fügungen, die auch in anderen Zusammenhängen auftreten.

Vor allem die Sequenz „die Milch, von der er sich nährte" ist ein in unzähligen spanischen Volksliedern wiederholter Satz.[106] Er wird – im Gegensatz zur vorliegenden Romanze – meist von einer Frauenstimme gesprochen und dürfte – wie die anderen gesprochenen Sätze – ein wesentlich höheres Alter haben als der gesamte Text der „Burschen von Monleón" selbst. Es ist ein neues Lied, das jedoch in stringenter sequentieller Abfolge ältere Teile eingebaut und neu arrangiert hat.

Wenn es aber zur Zeit des Arrangements des Liedes, des 19. Jahrhunderts also, keine Entsprechung für die entschlüsselten psychischen Dispositionen und symbolischen Einheiten in der spanischen Realität jener Zeit gibt, dann kann man die ganze Interpretation, so schön sie klingt, vergessen.

Daß es Stierläufe und Unglücksfälle dabei gibt, ist der aktuelle Anlaß des Liedes. Läßt sich aber eine weibliche Gottheit finden, auf welche hin die Stierläufe ausgerichtet sein könnten? Diese Göttin müßte darüber hinaus die Züge der lebenspendenden und gleichzeitig zerstörerischen „Tierherrin“ und „Großen Göttin“ tragen.

IV

Prähistorischer Exkurs über Stier und Göttin

Die Wände der prähistorischen Höhlen sind reichlich mit Stieren bevölkert; man kann ohne Übertreibung sagen, daß der Stier eines der herausragendsten Tiere für die frühen Menschen im eurasischen und mediterranen Raum ist. Doch beim prähistorischen Stier vermißt man ein Detail, das seine historischen Nachfolger kennzeichnen wird. Den steinzeitlichen Stierdarstellungen fehlt „meist die ithyphallische Kennzeichnung ... normalerweise sind die Geschlechtsorgane in der Größe eher verkleinert, bei ihnen läßt sich keine besondere Betonung bemerken".[107] Es wird also kaum Potenz und Fruchtbarkeit gewesen sein, die den Stier für die Menschen des Neolithikums so interessant gemacht haben.

Die spätere Konzentrierung auf den Phallus in der Darstellung muß, obwohl diese ganz Natur zu sein scheint, bereits als Produkt landwirtschaftlicher Kultur gesehen werden. Es könnte scheinen, als verlange erst die agrarische Kultur das die Göttin mit männlichem Samen befruchtende Opfer. Die Einheit von zyklischer Wiederkehr der Jahreszeiten und der Notwendigkeit zyklischer Wiederkehr des Opfers in Abhängigkeit vom Mond sowie die Auferstehungshoffnung für das gestorbene Leben werden von Gilbert Durand als „drame agro-lunaire", als „agrarisches Mond-Drama"[108] bezeichnet.

Doch die Mondabhängigkeit kultureller Äußerungen reicht über die Agrargesellschaften zurück. Steinzeitliche Stiere – zum Beispiel die in der andalusischen Höhle La Pileta, nicht weit von Ronda, zwischen ca. 15 000 und 10 000 v. Chr. entstanden[109] – tragen die Hörner oft in Form des gerade erscheinenden, zunehmenden Mondes. Innerhalb der Diskussion der Zahlen Drei und Vier, für deren inniges Verhältnis Durand keine rechte Erklärung findet, wird festgestellt: „La trinité est toujours d'essence lunaire."[110]

Es gibt ein seltsames Detail in dem Lied „Die Burschen von Monleón". Der sterbende Manuel Sánchez steckt sich drei Tücher in die Wunde, das vierte markiert seinen Tod. Wenn das Motiv einfach zufällig wäre, würde es wahrscheinlich nicht in Abänderungen des Liedes auftauchen. In einer Version von 1946, aufgenommen in Jaraiz de la Vera (Cáceres), heißt es:

Man hat ihm ein Tuch in die Wunde gesteckt –
zwei Tücher, drei und vier.
Und der arme Stierläufer sagt:
„Ich sterb' jetzt, mit mir ist's aus."[111]

Reinhard Brandt ist dem Motiv dreier Elemente plus einem vierten als einem „Ordnungsprinzip der europäischen Kulturgeschichte (1,2,3/4)" nachgegangen: „Die Virulenz des Ordnungsgefüges erstreckt sich von der Entstehung der indo-europäischen Kultur bis ins 19. Jahrhundert; sie weicht heute eindeutig einer sich anders formierenden Gegenwart."[112] Er grenzt das Motiv des „1,2,3/4" gegen eine rein numerische Auflistung ab: „Dieses Muster hat die simple Form einer in sich abgeschlossenen Dreiheit von Elementen, zu denen eine vierte Größe hinzutritt; die Trias also ist vollständig, sie bedarf jedoch einer weiteren Komponente, sei es nun als ihres Fundaments, sei es als ihrer Verknüpfung mit der Wirklichkeit, als eines Impulses der Bewegung oder aus einem anderen Grund."[113] Als entscheidendes Kriterium für das Muster hat „der in der jeweiligen Sache begründete Knick zwischen den ersten drei und dem vierten Element"[114] zu gelten.

Bei der Romanze „Die Burschen von Monleón" ist dieser Knick mit Sterben, mit einem *notwendigen* Sterben verknüpft. Vier Burschen, einer stirbt; vier Tücher, das vierte bringt den Tod. Das hinzukommende Vierte als Zeichen für Untergang und Tod könnte auf einen möglichen Ursprung dieses Musters hindeuten: den Lichtgestaltwechsel des Mondes. Die Drei als die sichtbaren Phasen des Mondes – zunehmender, voller, abnehmender Mond – und als viertes der

Knick, sein Verschwinden, sein „Tod" im nicht zu sehenden Neumond.

Was hätte aber der lunare Lichtgestaltwandel mit der Großen Göttin und dem Stier zu tun?

Es läßt sich folgende hypothetische Überlegung anstellen: Der stetige Wandel der Gestalt des Mondes wäre als eine erste, zudem nächtliche Erscheinung als Beunruhigung in das Bewußtsein der frühen Menschen getreten. Eine Beobachtung dieses Phänomens würde zu einem ersten Akt des Zählens geführt haben, wobei drei Phasen mit sichtbarem Mond einer mit unsichtbarem, verschwundenem Mond gegenüberständen. Die sichtbaren Phasen des Mondes würden als Leben, die unsichtbare als Zeit eines Totseins gedeutet. Die Zeit des Totseins würde als eine begrenzte gesehen, denn ihr folgt das erneute Herauskommen des Mondes in der feinen Kontur des rechts gewölbten Mondbogens. „Tod" und „Auferstehung" des Mondes könnten zufällig, regellos geschehen sein, also verschöbe sich das Interesse auf den seriellen Aspekt gleicher Wiederkehr: drei Phasen Leben, eine Phase Tod, erneut drei Phasen Leben, das Warten auf erneuten Tod. Durand schreibt:

Der mit dem Mond verbundene Symbolismus zeigt sich ... in seinen verschiedenen Erscheinungsformen als innig verknüpft mit der Obsession der Zeit und der des Todes. Doch der Mond ist nicht nur der erste Tote, sondern auch der erste Tote, der aufersteht. Der Mond ist also gleichzeitig Maßeinheit für die Zeit sowie ausdrückliches Versprechen ewiger Wiederkehr.[115]

Das Zeitmessen, die Einteilung der Zeit, begänne so unter dem Diktum und der Garantie wiederkehrenden Lebens. Mathematik, die Berechenbarkeit kosmischer Physik, und Metaphysik wären als zusammenfallende Ereignisse in die frühe Kulturbildung eingegangen.[116]

Der Mond träte – ein kosmischer „Kulturheros" – in doppelter Gestalt auf: als Maßeinheit mit dem Grundelement

1,2,3/4 sowie als Zeichen zeitlicher Beschränkung und Garant zyklisch sich wiederholender Überwindung des Todes, die aus der seriellen Fortsetzung der Grundeinheit 1,2,3,/4/1,2,3 resultiert. Erst ein sich wiederholender „Tod" des Mondes würde die Serie bestätigen; nach *einem* erfolgten „Tod" wäre der nächste jeweils ein *zweiter*, der abzuwarten wäre; numerisch ließe sich das als Addition fassen: 3+1+3. Die Sieben, die magische Zahl par excellence, hätte damit das Denken der Menschen betreten.

Beides, Grundelement wie Serie, würde an irgendeinem Zeitpunkt der Kulturentwicklung als Botschaft, als Offenbarung genommen worden sein: Das Leben der Menschen unterliegt ebenfalls der Bewegung des Mondes: drei Jahreszeiten, je eine des wachsenden, voll entwickelten, absterbenden Lebens und eine des Totseins der Natur. Die Sonne durchläuft drei Richtungen, eine spart sie aus und schafft so die Ordnung des Tages – Morgen, Mittag. Abend –, dem die Einheit der Nacht gegenübersteht.[117] Bis heute wird auch das menschliche Leben im Dreischritt der Kindheit-Jugend, des Erwachsenseins und des Alters gezählt, drei Phasen des Lebens, denen das Totsein als ungegliedertes Eines gegenübersteht; die Schrecken dieser Phase aber waren für einen Großteil der Menschheit – und sind es für einige noch immer – gedämpft von der Zuversicht auf Auferstehung. Grundsätzliche Ordnungsprinzipien menschlicher Weltsicht stünden somit im Zeichen der 1,2,3/4-Grundeinheit des Zählens, die der Mondbewegung entstammen würde. Das Totsein des Mondes erfolgt im Dunklen, Unsichtbaren, müßte da nicht auch ein toter Mensch ins Dunkel-Unsichtbare gebracht, müßte er nicht begraben werden, damit er, wie der Mond, auferstehen kann?

Die Gewißheit der Monderneuerung wäre an der seriellen Erweiterung der Grundeinheit (3–1–3) festzumachen. Man würde versuchen, diese Serie zu fassen, und fände dafür schematische Darstellungen, zum Beispiel zwei Dreiecke, die an einem gemeinsamen Punkt miteinander verknüpft sind: Man könnte dann das Bild eines Schmetterlings, einer Biene, einer Doppelaxt, einer Sanduhr oder, strikt vereinfacht, das eines X sehen. Diese Darstellungen würden mit der Kraft der Wiederkehr, des Neuentstehens des Lebens verbunden sein. Leben aber gebiert das Weibliche; es müßte also auch die Kette der ständigen Erneuerung von Natur und des Lebens schlechthin einem Weiblichen zugeordnet sein.

Die Idee der „Magna Mater“ als einer Gottheit nähme Form an, die bildlichen Darstellungen der Gewißheit des Neulebens (Doppelaxt, Schmetterling oder ein anderes Insekt, Stundenglas) würden der Figur zugeschrieben und stellten schon beim Gestaltwerden dieser Figur in den Köpfen der Menschen die ikonographische Grundausstattung bereit. Eine Anthropomorphisierung vor allem der abstrakten Darstellungen ließen die Stundenglas- oder Sanduhr*figuren* entstehen, die die frühe Bildwelt der Menschheit – Marija Gimbutas hat es in „The Language of the Goddess“ ausführlich gezeigt[118] – so sehr bevölkern. Das charakteristischste Element dieser Figuren würde eine schmale, fast punkthafte Taille sein, welche ja bis heute eines der grundlegenden ikonographischen Versatzstücke von Weiblichkeit darstellt.

Die Große Göttin stünde für den Kreislauf von Leben, Tod und Neuleben; sie wäre sowohl die große Gebärerin wie auch die große Zerstörerin, die Herrin der Tiere und Pflanzen und natürlich auch die große Mutter der Menschen. Sie wäre über die Kette Leben, Tod, Neuleben dem Mond zugeordnet, aber sie wäre nicht identisch mit ihm, sondern vielmehr die Repräsentation seiner „Lehre“ auf Erden. Ihre Fruchtbarkeit wäre die Dauer in der zyklischen Wiederkehr der Zeit, die im Bann von Vergehen und Erneuerung steht, einem Bann, den auch sie als Große Göttin nicht überwinden könnte.[119]

Um ihre Lieblingsgeschöpfe immer neu gebären zu können, müßte sie immer von neuem zumindest die Zerstörung

Der herauskommende Stier wird von Stierläufern erwartet. Bronzeplättchen (Gewandschmuck) aus der chinesischen Dian-Kultur (ca. 150–50 v. Chr.) und Foto aus Coria, sechziger Jahre.

Sprung über den Stier. Steinzeitliche Zeichnung aus Narsinghar und Foto aus Coria, achtziger Jahre.

einzelner ihrer Lieblinge wollen. Die Menschen, wissend um diesen Zwang und Zusammenhang von Vergehen und Erneuerung, würden ihr dabei im Opfer zur Seite stehen.

Gleicht der Mond, wenn er nach seinem Verschwinden wieder herauskommt, nicht dem Horn eines Rindes? Als Künder der Überwindung des Todes – Symboltier des Mondhorns beim Zunehmen – mußte das männliche Rind, das in dieser Funktion älter als die Göttin selbst ist und sozusagen schon bei ihrer „Geburt" zugegen war, zum Liebling der Göttin werden. Mit dem Auftreten der Göttin und in Opposition zu ihr beginnt seine Markierung als stark ithyphallisches Wesen. Als solches ist er einer der treuesten und beständigsten Begleiter der Göttin in der Antike geblieben, und selbst die christliche Muttergottes zeigt sich gerne auf dem Mond-/Stierhorn.

Als Künder erneuerten Lebens erwarten die Menschen den Stier voller Freude – in der Dian-Kultur Chinas im 1. Jahrhundert vor Christus wie heutzutage in Coria –, sie geben dieser Freude Ausdruck zum Beispiel im Sprung über ihn und überspringen damit auch die das Leben limitierende Zeit, um den Stier schließlich – als Ausdruck gesteigerter Freude – zu töten, dem Wunsch der Göttin folgend, damit die Erneuerung als eine beständige wirklich besiegelt ist.

V
Volkskultur im Aufbruch

Genüßlich führt das deutsche, protestantisch geprägte Zedler-Lexikon in der Mitte des 18. Jahrhunderts einen Widerspruch des damals katholischsten aller katholischen Länder vor:

Stier=Gefecht, Pugna cum Tauris; von diesen wird absonderlich in dem Canonischen oder Päbstlichen Rechte unter einem besonderen Titel ... gehandelt, und darinnen nicht allein die Stier=Gefechte, sondern auch überhaupt alle anderen Arten des Thier= Kämpffens verboten. Von dem Spanischen Stier=Gefechte siehe folgenden Artikel.

Stier=Gefecht, Lat. Solemnis nobilissimorum Hispanorum cum Tauris efferis pugna, diese ist eine von den größten Ergötzlichkeiten, welche die Spanier haben. Es ist fast keine Stadt in dem gantzen Königreiche, allwo nicht ein großer Platz hierzu bestimmet wäre, da man jährlich mit selbiger sich zu belustigen sucht. Ja selbsten die Bauern lauffen zu Fuß mit der Lantze in der Hand gegen die Ochsen und Stiere auf ihren Dörffern. Man gebraucht hierzu große Solemnitäten und Unkosten ...[120]

Das Christentum ist seit seinen Anfängen in entschiedener Gegnerschaft zu allen Tieropfern – Jesus überführt das reale Opfer, wie es im Judentum noch gebräuchlich war, in ein symbolisches – und ebenfalls, aus Gründen der Nähe zum römischen Zirkus, zu allen öffentlichen Tierspielen mit Tötung von Tieren. Doch die katholischen Spanier ließen sich die Stiere selbst von der sonst wohl akzeptierten Institution der römischen Kirche nicht nehmen.

Es muß seltsam erscheinen: In Spanien, dem Land, das am härtesten und längsten unter der Inquisition zu leiden hatte, kann sich gerade in dieser Zeit der durchaus unchristliche Volksbrauch eines blutigen Tierspiels als nationale Institution etablieren, wobei es zu einer Vermischung christlichen

Glaubens und abergläubisch-populärer Vorstellungen kam. Diese in Spanien besondere Verflechtung katholischer und heidnischer Elemente macht sowohl die Eigenart als auch die Stärke der spanischen Volkskultur aus, die seit Mitte des 17. Jahrhunderts – in erstaunlicher Gegenläufigkeit zu den anderen europäischen Ländern – die ganze spanische Kultur und Gesellschaft zu durchdringen beginnt.

Im Schutze der Inquisition

Unter der Herrschaft Karls V. ist die Einheit der Christenheit auseinandergebrochen; 1556 dankt Karl als Kaiser ab und zieht sich in die Einsamkeit des extremenischen Klosters Yuste zurück. Es bleiben ihm zwei Jahre, um über seine „Fehler" nachzudenken: die Erlaubnis zur Plünderung Roms durch seine Truppen im Jahr 1527, das „Laufenlassen" Luthers am Wormser Reichstag. Im Frühjahr 1558 hört er von protestantischen Gruppen in Valladolid und Sevilla und besteht darauf, daß sie ausgemerzt werden müssen. Diese späte Kompromißlosigkeit gegen den Protestantismus zwingt er seinem Sohn, König Philipp II., auf; sie ist als Auftrag in dem Testament Karls V. festgeschrieben. Philipp gehorcht dem Vater; mehr noch, dessen Obsession wird zu seiner eigenen: wenigstens die habsburgischen Stammlande vom Protestantismus freizuhalten.

Bereits 1559 und 1560 werden in Valladolid und Sevilla die Prozesse gegen die vermeintlichen Protestanten, die zum Teil zum engeren Kreis des Hofes gehört hatten, mit aller Schärfe durchgeführt. Die spanische Inquisition, das *Santo Oficio*, keine kirchliche, sondern eine staatliche Behörde, hat mit den Protestanten-Prozessen eine neue Qualität erreicht; sie steigt zur uneingeschränkten innerstaatlichen Macht auf. Ihre vordringliche Aufgabe ist die Sicherung der Glaubenseinheit Spaniens.

Das Santo Oficio war eine relativ neue Institution in Spanien: Von 1480 bis 1484 erfolgt die Einrichtung einiger regionaler Tribunale, doch schon 1495 ist das Land mit einigen Ausnahmen von Tribunalen überzogen.[121] Das Augenmerk gilt den Conversos, den vom Juden- zum Christentum Übergetretenen. Das Hauptargument für die Vertreibung der Juden 1492 lautete denn auch, daß Conversos und Juden getrennt werden müßten. Nach dem Beginn der Reformation, ab den 30er Jahren des 16. Jahrhunderts, kommen verstärkt humanistische Tendenzen in den Blick der Inquisition. Der *Erasmismo*, von Karl V. selbst in Spanien begünstigt, galt zunehmend als Wegbereiter des Luthertums. Die Gebildeten Spaniens geraten damit, nach den Conversos, in den Terror der Inquisition. Aber erst mit den Autodafés von 1559 und 1560, mit der realen Präsenz eines wie immer auch gearteten Luthertums, legt sich der Terror über das ganze Land.[122] Denn auch die große Masse der Altchristen könnte von den protestantischen Häresien angesteckt worden sein. Spanien aber sollte katholisch bleiben.

In Fällen von Glaubensabweichungen – Conversos und Moriskos, die geheim den alten Glauben, das Judentum oder den Islam praktizieren, Humanisten, die in gefährlicher Nähe zum Protestantismus stehen könnten, Lutheraner und Calvinisten, sonstige offene Ketzer – greift die Inquisition erbarmungslos zu. Um Einflüsse von außen zu verhindern, wird Spanien nach 1560 richtiggehend abgeriegelt: Genaueste Kontrolle der Besucher und der eingeführten Bücher, strenge Zensur der Buchproduktion und vor allem der Übersetzungen, Verbot des traditionell praktizierten Besuchs ausländischer Universitäten durch Studenten sowie strikte Überwachung theologischer und wissenschaftlicher Auseinandersetzungen. Die Weltoffenheit Spaniens kommt zum Erliegen; die fruchtbare Diskussion der Drei-Kulturen-Gesellschaft, die der Humanismus weitergeführt hatte, weicht affirmativer Rhetorik.

Die Inquisition interessiert sich auch für das Alltagsverhalten und das religiöse Leben der „kleinen Leute". Blasphemien, falsch gesprochene Gebete, geschlechtliche Abweichung, abergläubisches Handeln sind Delikte, die verfolgt und genau untersucht werden. In vielen dieser Fälle aber ist das Vorgehen der Inquisition fast milde und folgt einer erzieherischen Strategie. Wer die Gebete nicht richtig kann, lernt sie und führt das öffentlich vor; wer sich in einem Punkt des katholischen Katechismus aus Unwissenheit irrt, der wird zurechtgewiesen, schwört öffentlich seinem Irrtum ab: Die Öffentlichkeit des Geständnisses wie des Sich-Einfindens auf dem rechten Weg ist für die Masse der Zuschauer abschrekkend und instruktiv zugleich. „Überwachen, berichtigen, anweisen, diese drei Worte fassen alles zusammen."[123]

Eines aber will die Inquisition unterbinden: Räsonieren in Glaubenssachen. Alonso del Moral, ein reicher Bauer, Altchrist mit nachweisbarer christlicher Lebensführung, wird denunziert, er habe Frauen aufgefordert, sie sollten doch auf die Gräber weder Brot noch Wein noch Wachstörtchen stellen. Das Wachs wäre besser vor dem Sakrament. Man kann ihm nichts nachweisen, seine Argumentation gegen den Totenbeschenkungskult verletzt in keiner Weise die katholische Doktrin, sondern deckt Spuren von Aberglauben auf. Dennoch wird er zu einer Strafe von sechs Dukaten verurteilt. Warum? „Er hat sich in Sachen eingemischt, die ihn nichts angehen; er hat Aufsehen erregt."[124]

Dies ist ein interessanter Fall, der uns zu den Stierläufen zurückführen wird. Bestraft wird das Hinterfragen, das Überdenken der „abergläubischen" Handlung, nicht das Tun selbst. Das bedeutet: Das Santo Oficio läßt abergläubisch-volkskulturelle Praktiken zu, wenn diese einerseits nicht mit dogmatischen Grundsätzen kollidieren und anderseits sowohl Ausdruck echter Gläubigkeit als auch in einen größeren Rahmen katholischer Praxis eingebettet sind.

Luis Maldonado hat versucht, „Volksfrömmigkeit" von

einem „Volkskatholizismus“ abzugrenzen. Erstere ist für ihn dann gegeben, wenn das abergläubische Element, sei es einer Naturreligion oder kosmischer Frömmigkeit entnommen, die überwiegende Rolle innehat, während „Volkskatholizismus“ dann zum Tragen komme, wenn die abergläubisch-volkskulturelle Praxis unter eindeutiger Dominanz katholischer Glaubenslehre stattfindet.[125]

Philipp II. wird wohl, ohne die Differenz dieser modernen Begriffe zu kennen, ähnlich gedacht haben; jedenfalls muß er die Corridas als vereinbar mit katholischer Glaubenspraxis betrachtet haben. Denn hätte er in ihnen einen Gegensatz zum oder eine Gefahr für den Katholizismus gesehen, so wäre wahrscheinlich keine wie auch immer geartete strategische Überlegung in der Lage gewesen, ihn von der Notwendigkeit ihrer Ausmerzung – man denke an seine Kompromißlosigkeit in den Niederlanden – abzubringen. Vielleicht hielt er die Stierläufe angesichts des Protestantismus für ein akzeptierbares Übel, vielleicht aber sah er in ihnen, schon ganz Spanier, einfach eine unhinterfragbare Normalität – immerhin hatte schon sein Vater anläßlich seiner Geburt auf der Valladolider *Plaza de la Corredera* einen Stier mit der Lanze erlegt[126], und Philipp selbst hatte die theologisch motivierten Bitten um Aussetzung der Corridas anläßlich der Cortes von Valladolid 1555 und Madrid 1557 negiert.[127]

Philipp lehnt 1567 die Bulle aus Rom, welche die Abschaffung aller Stierspiele dekretiert, ab und unterläßt ihre offizielle Veröffentlichung. Als Grund hierfür wird angegeben: „Angst vor Volksunruhen und vor der Unzufriedenheit des Adels, der die Hauptrolle in der Organisation der Stierspektakel spielte.“[128]

Es mag noch andere Gründe dafür gegeben haben: Pius V., erst seit 1566 Papst, vorher seit 1558 Generalinquisitor der katholischen Kirche, lag mit Philipp im Streit um die Organisationsform der Inquisition in Spanien. Rom hätte gerne das spanische *Santo Oficio* unter seine Kontrolle gebracht; Philipp hielt an ihm als einer staatlichen Institution fest.

Das Tridentinische Konzil (1545–1563), die Formierung der katholischen Reaktion auf den Protestantismus, war gerade zu Ende gegangen. Pius V. war ein entschiedener Vertreter der Gegenreformation, vor allem in zwei ihrer Aspekte: der Reinigung und Erneuerung der katholischen Glaubenspraxis selbst sowie der beginnenden Durchsetzung von Dezenz im öffentlichen Verhalten in den katholischen Gebieten. Offenem Aberglauben und derb-unanständigem Verhalten ist – unter dem Spott und Druck protestantischer Kritik – der Kampf angesagt. Auch Stierspiele wie im heidnisch-römischen Zirkus soll es im Katholizismus nicht mehr geben. Auf diesem Hintergrund muß die gegen die Corridas gerichtete Bulle „De salutis gregis dominici" von 1567, gegeben im vierten Jahr nach Abschluß des Tridentinums, gesehen werden.

Philipp verfolgt ein ähnliches Ziel: Zwar sieht auch er die Notwendigkeit der Erneuerung der römischen Kirche, aber er kann und will es sich wohl auch nicht leisten, die Durchsetzung dieser Erneuerung gegen die Mehrheit seines Volkes durchzuführen, das ihm katholisch, aber in vielen Punkten schlecht unterwiesen erscheint. Daß seine Untertanen Stiere laufen, diese dann töten und gemeinsam aufessen, bedroht in keiner Weise ihre Rechtgläubigkeit. Interessant ist Philipps Antwort nach Rom: „Die Bulle ist gänzlich ohne Wirkung, weil die Stierläufe (*corridas de toros*) eine Gewohnheit darstellen, welche die Spanier im Blut zu tragen scheinen."[129] Was man im Blut trägt, bedarf keines Räsonierens, sondern geschieht unwillkürlich und notwendig. Die Hauptgefahr, die die Inquisition mit Philipp sieht, ist das Hinterfragen, Begründungen-Suchen und Wissen-Wollen von Wahrheiten im Bereich des Glaubens.

Alonso de Moral kostete, wie wir gesehen haben, solch öffentliches Nachdenken sechs Dukaten. Doch alle Stierläufer haben eines gemeinsam: Sie denken nicht darüber nach, warum sie mit den Stieren laufen. Schon die Frage erscheint ihnen überflüssig, wie dem Fragenden die einzig mögliche Antwort nichtssagend ist: „Weil man mit ihnen von jeher gelaufen ist." Es gibt keine Begründung und kein Begründen-Wollen außer der tautologischen Affirmation: „Es ist so, weil es so ist."

Volkskultur ist gerade dadurch gekennzeichnet, daß sie tut und über dieses Tun keine Auskunft geben kann, daß ihr das Tun selbst schon ausreichend ist und sie keine Reflexion braucht und sogar jede Aussage darüber verweigert. Daran hat sich seit den Zeiten Philipps II. bis heute nichts geändert.

Die Leute wußten und wissen nicht, was der Stier bedeutet. Sowohl in Grazalema wie in Pamplona und in anderen Ortschaften mit ähnlichen Festen haben wir nicht eine Antwort, nicht eine Definition erhalten, die uns helfen würde, die Fiesta zu interpretieren. Die Antwort ist fast immer dieselbe: ‚Der Stier ist ein Tier, mit dem man einmal im Jahr auf den Straßen läuft' oder ‚Das Fest wird bei uns im Dorf seit jeher gefeiert'.[130]

Zu Zeiten Philipps II. wurde bei den Corridas keinerlei ideologische Zuschreibung oder eine Einordnung in ein abergläubisch-religiöses System vorgenommen. Anders als zum Beispiel bei den Praktiken des nächtlichen Ausfahrens, denen langsam aber sicher Teufelsbuhlschaft und Teufelspakt, somit Abfall vom Glauben und Bildung einer Sekte, zudiktiert wurden[131], bleiben die – oft nächtlichen – Läufe mit Stieren von derlei „Ideologisierungen" verschont.

Der Stier in Spanien ist ein Tier, das rituell, das heißt in einer außerordentlichen Situation, getötet wird[132]; er wird im Bewußtsein derer, die mit ihm laufen, ihn hetzen und töten, dadurch zu einem außerordentlichen, besonderen Tier, aber er bekommt nie göttlichen Status. Der Stier in Spanien ist kein Gott, sein Sterben ist nicht das Sterben eines

Gottes. Im Bewußtsein der Handelnden klingt kein untergegangener oder verschütteter Gott aus früheren Zeiten nach.[133]

Seitens Philipps II. und der von ihm kontrollierten Staatsbehörde Inquisition erfuhren die Stierläufe trotz des päpstlichen Verdikts von 1567 stillschweigende Duldung.[134] Nach dem Tod von Pius V. erwirkte Philipp von dessen Nachfolger Gregor XIII. 1575 eine weitgehende Aufhebung der Bulle; das Verbot blieb nur für Geistliche und an Sonntagen bestehen. In der Begründung schreibt Gregor XIII., „er sei von Philipp II. davon unterrichtet worden, daß seine Königreiche 'Nutzen aus dem Stiere-Laufen gezogen hätten'".[135] Sixtus V. erneuerte 1583 die Bulle, Clemens VIII. hob sie 1596 endgültig auf. In Fray Hierónimo Románs „Republiken der Welt" von 1595 findet sich der bezeichnende Satz: „In unseren Tagen sahen sich die Spanier in einem ganz trostlosen Zustand, weil man keine Stiere hetzte... aber jetzt sind die Stiere wieder da und man sieht sie, soviel man nur will."[136]

Als Philipp II. 1598 starb, hatte die Corrida, sowohl in Form dörflich-kleinstädtischer Stierhatzen als auch adeliger Stierspiele, bei denen vor Auftritt des Adels immer auch Stiere für die Stadtbevölkerung losgelassen wurden[137], den ersten großen, in ganz Europa im Zuge von Reformation und Gegenreformation stattfindenden Angriff auf die Volkskultur unbeschadet überstanden.[138]

Die kirchliche Hierarchie und Geistlichkeit war hinsichtlich dieses Problems durchaus gespalten; es gab eine große Zahl von Gegnern, darunter Fray Juan de Mariana „De spectaculis" („Traktat gegen die öffentlichen Spiele"; 1609) und Fray Francisco de Alcocer „Tratado del Juego"(„Traktat vom Spiel"; 1559)[139], wie auch von Verteidigern und Befürwortern – darunter kein Geringerer als Fray Luis de León.[140]

Es stellte sich wohl auch die Frage, ob die Corridas für die

Hauptziele der spanischen Habsburger seit Philipp II. nützlich zu machen seien, für die Erhaltung des Landes im Katholizismus sowie die Intensivierung einer nach innen gerichteten Katholisierung. Missionare, die in der Provinz Huelva gegen Ende des 16. Jahrhunderts gepredigt hatten, mußten feststellen, daß die Menschen dort hinsichtlich des Glaubens „eher Indianern glichen als Spaniern"[141]. Und eine solche Charakterisierung dürfte für die Bevölkerung vieler ländlicher und abgelegenerer Gebiete auf der iberischen Halbinsel zutreffend gewesen sein. Da die Institution „Corrida" einerseits ohne Diskurs über ihren Sinn und Zweck stattfand und somit auch in keinerlei „ideologisches" Konkurrenzverhältnis geraten konnte, da aber andererseits die Afición für die Stiere in der Tradition und im Gefühlsleben des spanischen Volkes verwurzelt war – „die Spanier scheinen sie im Blut zu tragen", lautete Philipps Argument –, boten sich die populären Stierläufe für katholische Ziele geradezu an: Geschickt eingesetzt konnte die Begeisterung für sie an die Frömmigkeitspraxis gekoppelt und so für eine christliche Überformung der ungebildeten Massen fruchtbar gemacht werden.

Die Überlegung war nicht neu; die Christianisierung der heidnischen Völker am Ausgang der Antike und im Mittelalter scheint nach diesem Muster abgelaufen zu sein. So schreibt Papst Gregor der Große (ca 540–604) in Jahr 595:

Ganz entschieden sollten die Tempel der Völker nicht zerstört werden, sondern einzig die Idole, die sich in ihnen befinden. ... Und gesetzt den Fall, daß sie üblicherweise den bösen Geistern viele Rinder opferten, so ist es notwendig, auch diesen Brauch umgestaltet beizubehalten. Man ruft zusammen und hält ein Bankett ab, bei dem man Tische und Baumzweige rund um die Kirchen, die früher Tempel waren, aufstellt, und zwar am Tag der Einweihung der Kirche selbst oder am Festtag der heiligen Märtyrer, deren Reliquien sich in den Tabernakeln befinden. Jetzt opfert man die Tiere schon nicht mehr den bösen Geistern, sondern tötet und verzehrt sie zum Lobpreis Gottes und dankt ihm, der alles geschaffen hat, indem man auf diese Weise die irdischen Genüsse durch geistige ersetzt.[142]

Maldonado nennt diese erste Christianisierung eine „Integration“ und „Inkulturation“ heidnischer Vorstellungen in die christliche Glaubenswelt. „Überbleibsel“, „Folgeerscheinungen“ und „Ablagerungen“[143] dieses frühen Prozesses der Christianisierung, welche immer noch nicht als eigentlich christlich empfunden wurden und deren heidnischer Ursprung offenlag, sollten nun im Zuge gegenreformatorischer „Katholisierung“ durch Vereinheitlichung der Lehre, Reinigung und Straffung der Frömmigkeitspraxis sowie Vermittlung theologisch-dogmatischen Wissens an Laien ausgemerzt werden.

Die Schaffung des Katholizismus – vor Reformation und Gegenreformation gab es nur den christlichen Glauben, der mit dem posttridentinischen römischen Glauben nicht ganz zur Deckung zu bringen ist – bedingte einen Zugriff auf volkskulturelle Elemente, der dem in den Protestantismen praktizierten nicht unähnlich war, obgleich er weniger scharf ausfiel.

In Spanien gestaltet sich dieser Zugriff anders als im übrigen Europa; er folgt weiterhin der alten, hier in den Worten Gregors des Großen skizzierten Strategie: Integration und Akkulturation statt Unterdrückung und Ausmerzung. Und zur Intensivierung der katholischen Glaubenspraxis kamen die Stiere gerade recht.

Betrachtet man die Ortsbeschreibungen in diesem Licht, dann scheint Fuentelencina dem Typ zu entsprechen, wie ihn Gregor der Große vorgeschlagen hat, und zwar in ziemlich reiner Form: Der heidnische Brauch ist einfach ins Christliche gewendet. Man schleppt ein Rind zum Hauptplatz, schlachtet es, bereitet die Suppe und das Fleisch zu und verteilt sie an die Anwesenden – all dies geschieht um die Kirche herum. Das Knochenauswerfen, das daraufhin erfolgt, ist zwar durchaus heidnisch, aber das hat bei diesem christlichen Fest bis in die zweite Hälfte unseres Jahrhundert, wie es scheint, niemanden gestört. Das Alte existiert im Neuen weiter, aber das Neue ist schon zufrieden, wenn Kuhlauf, Schlachten und Aufessen sowie die Entfaltung der schützenden Kraft der Knochen im Namen des Hl. Augustinus geschehen.

Pamplona und Grazalema repräsentieren posttridentinische Varianten. Die „Christianisierung des Stierfests"[144] in Grazalema ist ein spätes, dafür aber typisches Beispiel. Erst am Anfang des 18. Jahrhunderts wird von den Karmelitermönchen der Stierlauf organisatorisch übernommen; so wurde aus „dem Stier des Dorfes der Stier der Virgen del Carmel".[145] Im Unterschied zur alten Form, Typ Fuentelencina, hat sich in Grazalema aus der Anbindung des Stiers an die Virgen eine scharf gegliederte Trennung ergeben: Während des Ortsfestes findet sonntags die feierliche Prozession der Virgen del Carmel statt, während der Montag dem Tumult um den angeseilten Stier gehört. Diese Opposition „geordneter Umzug / ungeordnetes Stiertreiben" kennzeichnet eine große Zahl spanischer Ortsfeste; der posttridentinische Katholizismus beansprucht den zentralen Platz im Ortsfest und lehnt die direkte Mischung der Formen ab. Der gemeinsame, in oder bei der Kirche vor sich gehende Verzehr des Stiers findet hier keinen Raum mehr. Zwischen den beiden Ereignissen wird keine Verbindung gesehen, kein Zusammenhang hergestellt: Die Prozession ist heiliger Dienst, der Stierlauf profanes Vergnügen, Ausdruck der Freude, die man bis heute der Bevölkerung zur Festzeit gönnt.

In Soria lassen sich zwei Schichten ausmachen: Die Einteilung der Stadt nach Heiligen, sprich Stadtvierteln, die jeweils ihren eigenen Stier haben, verweisen wie die Anbindung an San Juan als Heiligen der Sommersonnenwende und der gemeinsame Verzehr der Stiere auf eine ältere Schicht, während die Prozessionen aller dieser Heiligen zur und ihre Referenz für die Virgen La Blanca – erst auf der Weide vor der Stadt, dann vor der Hauptkirche – eher auf posttridentinische Einflüsse hinzudeuten scheinen.

Bei der Modellierung des San Fermín zum Stierheiligen im Jahre 1591 – die zweite päpstliche Bulle gegen die Stierläufe war noch in Kraft – wurden ältere, mittelalterliche Stierheilige aus recht profanen Gründen durch den Ortsheiligen Fermín ersetzt. Statt Fermín hätte man genausogut eine Virgen wählen können; sie hätte aufgrund der ihr zugeordneten Stiere ebenfalls die Akzeptanz der Bevölkerung gefunden. Mitte des 18. Jahrhunderts machte sich ein Prior der Kathedrale Pamplonas, Fermín de Lubián, Gedanken über die damals hundertfünfzig Jahre zurückliegende Ankoppelung des San Fermín an die Stiere, Gedanken, die ihn quälten und mit Scham erfüllten, wenn er sich vorstellte, wie seine Mitbürger

vom heiligen Gotteshaus zum profanen Stierlauf rennen und umgekehrt. ... Der spanischen Wildheit entsprechend, besonders der der Pamplonesen, kann kein Fest eines Heiligen ehrenhaft gefeiert werden, sobald sich nicht Stierläufe zu den geheiligten Riten gesellen und ihnen nachfolgen. Die Fiestas vom Juli sind sehr wild, und in dem Maße, in dem die Wildheit wächst, erhöht sich in der leeren Glaubensvorstellung des einfachen Volkes auch die Solemnität der Heiligen.[146]

Die Stierfeste, darüber gibt es in Spanien kaum einen Zweifel, gehören einfach zu den Tagen der Heiligen, zu ihrem Fest, das zugleich das Fest des Ortes ist.

Jungfrau und Bergfrau

Spanien ist das Marienland schlechthin: Nirgendwo hat die Muttergottes fanatischere Verehrung erfahren. Das war nicht immer so; die Blüte der Marienverehrung setzt erst im Spätmittelalter ein; aber erst ab der zweiten Hälfte des 16. Jahrhunderts kann die Virgen als unbestrittene „Herrscherin“ Spaniens gelten.

Dennoch, und das ist erstaunlich, läßt sich in der Praxis der Gläubigen keine einheitliche Auffassung von Maria finden: Sie ist unter verschiedensten Advokationen immer lokal gebundene Figur, die – selbst wenn sie nationale Bedeutung erlangt hat – jeweils als eigenständige Persönlichkeit erlebt und verehrt wird. Nur für Theologen ist die *Pilar* von Zaragoza, „Unsere liebe Frau auf dem Pfeiler“, identisch mit der extremenischen *Virgen de Guadalupe* und diese wiederum mit der katalanischen *Virgen del Montserrat*; den breiten Massen geht dieses Konzept einer Einheitlichkeit der Person „Maria“ völlig ab. Für sie sind die Virgenes unterschiedliche, dadurch auch vergleichbare, immer aber selbständige Figuren mit jeweils spezifischen Eigenschaften. „Fast jeder Ort, aber sicher jede Comarca, jeder Distrito, jede Provinz hat ihr besonderes ‚Santuario mariaño‘. Damit haben die Bewohner die Vorstellung eines ganz bestimmten Marienbildes, eben das ihrer Heimatgemeinde und Provinz.“[147] Der Pfarrer von Grazalema erzählt:

Bei den älteren Leuten des Barrio alto insistiere ich immer wieder, daß sie doch begreifen mögen, daß alle Virgenes gleich sind. Nach der Predigt sagen sie mir, daß sie es völlig verstünden, daß alle gleich seien, aber daß es so eine wie die Virgen del Carmen *nicht noch einmal gäbe.*[148]

Die Virgenes stellen die Mehrzahl aller Ortsheiligen. „In der Mitte des ersten Jahrhunderts nach Chr. brachten uns einige Engel nach Zaragoza das erste Marien-Imagen, samt seiner Säule, und heute stehen wir in Spanien bei 50 000, jedes davon wundertätiger als das andere.“[149] Doch auch die nicht-marianischen Orts- und Stadtviertelheiligen ähneln in Kult und Verehrung derjenigen der Virgen. William A. Christian spricht deshalb für Spanien von „local religion“, „ortsgebundener oder Lokalreligion", was zutreffend und präziser als „Volksreligion" ist.[150]

Die Virgenes sind somit lokale Größen, die ihr zugeschriebene Macht fließt in das Selbstwertgefühl ihrer Gläubigen ein, die Präsenz des jeweiligen Bildes – die *imagines* sind meist kleinere Holzfiguren – wird als reale erlebt und beschrieben: Die Virgen *kommt* in die Stadt, wenn ihr Imagen in die Stadt getragen wird, die Virgen *kleidet sich* in verschiedenen Farben, wenn das Imagen bei der Novene täglich mit einem anderen Gewand geschmückt wird. Diese in ganz Spanien übliche Redeweise verleiht den Virgenes das Profil handelnder Personen und konstituiert ihren lokalen Einzelwert. Was die Virgen des einen Ortes will und tut, will und tut diejenige des Nachbarortes gerade nicht: Lokale Traditionen werden dadurch zum Willen der Lokalheiligen und sind als solche begründet.

Die Virgines, die Imagines, müssen sich jedoch irgendwann ihren Ort erwählt und einen Weg gefunden haben, dorthin zu kommen. William A. Christian hat in verschiedenen Arbeiten unter anderem die verschlungenen Wege diesbezüglicher „marianischer Willensäußerungen" untersucht und konstatiert einen auffälligen Wandel: Zu Beginn des Mittelalters waren fast alle Sanktuarien Heiligen, zumeist lokalen Ursprungs, geweiht, die Verehrung galt Reliquien, während heute die Mehrheit der Sanktuarien einer Virgen und die Verehrung ihrem Imagen zukommen. Die Problematik und Vielschichtigkeit dieses Wandels kann hier nicht einmal angedeutet, nur das Wichtigste für unseren Zusammenhang referiert werden.

Ein erster Schub der Marianisierung in Spanien läßt sich vom 11. bis 13. Jahrhundert feststellen. Die große Welle findet aber erst im 15. und 16. Jahrhundert statt:

Viele Legenden der kleineren Sanktuarien beginnen mit einer Erscheinung oder dem Fund eines Imagen durch einen Bauern oder Hirten, und als Person, der sie als erster gesehen oder gefunden hat, wird dieser zum ersten Eremiten, der sich des Sanktuariums annimmt. ... Die Sanktuarienslegenden nehmen im allgemeinen Bezug auf eine klare Vorliebe des Imagens des Sanktuariums für seinen Platz und sein Dorf.[151]

Joan Prat i Carós charakterisiert die Auffindungsgeschichten der Imagines so:

Diese Legenden ... scheinen Teil einer feststehenden Konfiguration zu bilden, deren zugrunde liegender erzählerischer Kern folgender ist: Ein Hirte *[diese und weitere Hervorhebungen im Orig.], und mit geringerer Häufigkeit eine Hirtin oder ein Hirtenmädchen, bemerken das atypische Verhalten eines* Rindes oder Stieres *ihrer Herde. Das Tier weckt mittels Brüllen, oder indem es die Herde verläßt, mit Nachdruck die Aufmerksamkeit seines Besitzers oder Wächters. Dieser, neugierig geworden oder überrascht, beginnt eine systematische Suche bei einer* Quelle, Höhle, *einem* Felsen, Baum *oder* Busch, *wo sich das angeregte Tier befindet, und entdeckt schließlich das Imagen einer Virgen. Jetzt öffnet sich eine zweifache Möglichkeit. Im ersten Fall, der auch statistisch den häufigeren Fall darstellt, nimmt der Hirte das Imagen in seine Hirtentasche oder wickelt es gut in seinen Mantel ein, verläßt die Weide und macht sich zur nächsten Siedlung auf, wo er dem ganzen Dorf oder den Honoratioren (Bürgermeister und Priester) seinen Fund bekanntgibt. Wenn diese das Imagen sehen (eine andere Subvariante ist: während des Weges ins Dorf entweicht das Imagen aus der Hirtentasche und kehrt an seinen anfänglichen Ort zurück, was zur Verwirrung des Hirten bei der Bekanntgabe führt), beschließen sie, ihm einen Altar im Dorf selbst zu errichten oder überführen es in die Kirche. In allen Fällen flieht und verschwindet das Imagen in der Nacht und kehrt an den ursprünglichen Auffindungsort zurück, das heißt zu ‚seiner' Höhle, Quelle, ‚seinem' Baum, Felsen oder Busch. Das wundersame Ereignis, das sich normalerweise dreimal wiederholt, ist ein mehr als klares Zeichen ... für den Willen der aufgefundenen Ikone, an ihrem anfänglichen Ort zu verbleiben, und zu diesem Zweck hat man ihr eine Kapelle, Einsiedelei oder ein Sanktuarium zu errichten. Die zweite Variante ergibt sich, wenn der Hirte die aufgefundene Figur am ursprünglichen Ort beläßt und, ohne zu zögern, die Einwohner des Ortes informiert, welche beim Fundort zusammenlaufen. Während man die entsprechende Stelle diskutiert, wo das Gebäude zu errichten sei, um ihr Wohnstatt zu schaffen und sie zu verehren, zeigt das Imagen mittels irgendeines Wunders – ein wundersamer Schneefall mitten im Sommer, ein Platzregen aus heiterem Himmel usw. –, wobei der Radius begrenzt ist und mit dessen Hilfe der Umfang der zu errichtenden Einsiedelei oder des Sanktuariums angezeigt wird.*[152]

Die Häufigkeit und Einheitlichkeit dieser Legende, nicht nur für Katalonien, sondern für ganz Spanien, ist erstaunlich; angesichts dieser Dichte darf die Geschichte als signifikante Repräsentation volkstümlicher Glaubensvorstellungen gelten.

Die Jungfrau will sich offenbaren: Ihr Weg in die öffentliche Existenz des Diesseits wird von „Zeichen" und „Rufen" begleitet, für welche die Boviden besonders hellhörig zu sein scheinen; zumeist spielen sie den Vermittler für den menschlichen Finder des Imagens, der irdischen Existenz der Virgen. Der Stier oder, allgemeiner belassen, ein Rind ist der Königsweg der Willensäußerung der Virgen bei der Inbesitznahme „ihres" Ortes, wobei dem „Ort" ein doppelter Sinn zukommt: sowohl des Heiligtums in freier Natur als auch der dazugehörigen menschlichen Ansiedlung. Die meisten aller Marienheiligtümer in Spanien befinden sich außerhalb der Ortschaften, an markanten landschaftlichen Punkten gelegen. Christian hebt hervor und betont, daß sich die Sanktuarien vor dem 12. Jahrhundert im urbanen Raum befanden, während sich diejenigen der Imagenes der Virgen „an

Plätzen der freien Natur“ ansiedelten, „die für die Bauern- oder Hirtengemeinschaft symbolische Bedeutung besaßen, wie zum Beispiel Quellen, Berggipfel, Anhöhen von Wegen sowie Grotten und Höhlen. Man weiß, daß die Christianisierung des offenen Landes ein langsamer Prozeß war.“[153] Doch die Virgenes wollten sich genau dort ansiedeln: Die oftmals dreifach erfolgte Rückkehr an den mit Hilfe von Rindern bestimmten Fundort läßt daran keinen Zweifel aufkommen.

Aber auch die Imagines, die ohne direkte Mithilfe eines Rindes zur Welt gekommen sind, verknüpft die Volksvorstellung mit dem Stier. So soll nach der Legende das von Eremiten im Bergmassiv des Montserrat behütete Imagen von niemand anderem als dem Evangelisten Lukas – ihm kommt in der emblematischen, als allgemein bekannt voraussetzbaren ikonographischen Darstellung der Stier zu – angefertigt worden sein.[154] Derselbe Bildner wird der *Guadalupe*, die von einer Kuh ans Licht der Extremadura gebracht worden war, zugeschrieben.[155]

Die Legende einer Marienerscheinung und die nachfolgende Errichtung einer Kapelle bei der Ortschaft Daimiel in der Provinz Ciudad Real, welche zur Zeit einer Pestepidemie im Jahre 1507 geschah, ist durch dieses Detail gekennzeichnet:

... ein Mädchen behauptete, daß ihr Unsere liebe Frau am Tag des Hl. Bernabe erschienen sei, während in diesem Ort Stiere gelaufen wurden und sie auf das zu dreschende Getreide ihres Vaters aufpaßte und daß die Virgen gesagt habe, sie solle im Ort sagen, daß man ihr hier eine Einsiedelei machen und sie Unsere liebe Frau vom Frieden *nennen sollte und daß das Sterben der Leute ein Ende nehmen würde ...*[156]

Die Jungfrau erscheint, *während* Stiere gelaufen werden, woraus man folgern könnte, daß zwischen der Marienerscheinung und dem Stierlauf ein innerer Zusammenhang besteht. In diesem Fall ruft nicht die Virgen die Stiere, sondern gerade umgekehrt: Der Stierlauf ruft die Virgen, durch ihn stellt sich die Verbindung zur Virgen her – sie erscheint einem jungen, unverheirateten (das wird explizit herausgestellt) Mädchen, befiehlt die Errichtung einer Kapelle und kündigt das Ende der Epidemie an. Sollte der Stierlauf als Bitte um Beendigung der Pest begangen worden sein? Sei es, wie es sei; die Erwähnung der Stiere läßt zumindest an eine Mittlerrolle ihrerseits denken.

In der Volksvorstellung bedient sich die Jungfrau des Stiers bei der „Inkarnation" im Imagen; bei besonderen Anlässen – zum Beispiel einer Bedrohung – kann versucht werden, mittels Stierlauf die Virgen und ihren Beistand zu rufen. Ist nicht auch anzunehmen, daß der jährlich stattfindende Stierlauf einer Ortschaft die rituelle Wiederholung dieser Vermittlung und damit eine Erneuerung der Verbindung zwischen Ortschaft und der meist außerhalb des Ortes residierenden Virgen darstellt? Es gibt eine Vielzahl von Bräuchen, bei der Virgen und Stier aufs engste verknüpft sind. Maldonado berichtet aus einem Ort der Provinz Cáceres:

Man veranstaltet Prozessionen zu Ehren Unserer lieben Frau von der Trostspendung, *wobei die Hirten aus der Umgebung teilnehmen, die am Vorabend einen Stier verspeist haben, welcher zuvor auf folgende Weise getötet wurde: Sie bewaffnen sich mit Spießen, rufen die Virgen an, der Stier greift an und bleibt infolge der unbeweglich gehaltenen Spieße durchbohrt liegen; die Hirten weihen ihren Sieg der Jungfrau.*[157]

In Tordesillas am Duero in der Provinz Valladolid, wo seit 1355 Stierläufe dokumentarisch belegt sind, aber auch für die römische Zeit und später für die 228 Jahre maurischer Herrschaft behauptet werden[158], wird ein Stier aus der Stadt in die Flußauen getrieben und dort vom Pferd aus getötet. Der Stierlauf – früher zu Ehren des Hl. Rochus[159] – findet heutzutage für die Patronin *Virgen de la Vega o de la Peña* statt. Auf der Brücke über den Duero „hat man einen Altar für die Virgen errichtet"[160]. Über diese Brücke verläßt der Stier die Stadt Richtung Flußauen, und über sie kehren auch die berittenen Stiertreiber nach dem Stierlauf zurück, angeführt von demjenigen der jungen Männer, der dem Stier den Todesstoß versetzt hat – auf der Lanze trägt er als Trophäe, am Brücken-Altar der Gottesmutter vorbei, die Hoden des toten Stiers hinauf in die Stadt, wo er von den Zuschauern der Flußau-Corrida empfangen und gefeiert wird.

Ein gemeinsamer Nenner aller dieser Virgenes, die Spanien im Sturm genommen haben, ist – trotz der Unterschiede in Advokation und Verehrung – ihre Existenz als *Inmaculada Concepción*, als „Unbefleckte Empfängnis".

Die Durchsetzung dieses Dogmas, das nach jahrhundertelangem Kampf erst im Jahre 1854 offiziell verkündet wurde, ist am erbittertsten und nachhaltigsten von Spanien aus gefordert und betrieben worden. Schon auf dem Tridentinum wünschte die spanische Krone – unterstützt von Jesuiten und Franziskanern – die Verkündigung als Glaubenssatz. Noch heute läßt sich in ländlichen Gegenden Spaniens vereinzelt die früher weit verbreitete Grußformel, die im 16. Jahrhundert Glaubensbekenntnis und Schlachtruf in einem war, das *Ave Maria Purisima* mit der Antwort *sin pecado concebido* („Gegrüßet sei die allerreinste Maria" – „die ohne Sünde empfangen ist") hören.

Die Forderung, die sich in der Aussage „ohne Sünde empfangen" verbirgt, ist in den theologischen Konsequenzen weitreichend und bietet in konzeptioneller Dogmenauffassung etwas unerhört Neues.

Denn der Glaubenssatz einer Unbefleckten Empfängnis Mariens ist weder in der Heiligen Schrift verankert noch in der frühen Patristik festgeschrieben – es ist also eine neue Methode notwendig, um die Unbefleckte Empfängnis theologisch begründen zu können. Man kann dabei auf nichts zurückgreifen als auf die von Teilen der Kirche geforderte und praktizierte Liturgie zu ihren Ehren und die Akzeptanz, die ihr durch die Gläubigen zuteil wird. Die theologische Unbegründbarkeit der Unbefleckten Empfängnis, welche besonders von den Dominikanern in der Denktradition Thomas von Aquins hervorgehoben wurde, hat zu langen Auseinandersetzungen geführt, die auch durch die Entscheidung des Tridentinums nicht gestoppt werden konnte: „Diskussionsverbot dieser Frage" bei gleichzeitiger Gestattung der sowieso schon fest installierten liturgischen Feier am 8. Dezember.

Das Skandalon war, „daß ... Liturgie und Volksfrömmigkeit mit Ersatzfunktionen im theologischen Beweisgang betraut wurden"[161]. Das liturgische Begehen der Unbefleckten Empfängnis ist jedoch zweitrangig, an erster Stelle steht der Druck, der von der Volksfrömmigkeit ausging. In einem spanischen mariologischen Handbuch wird denn auch eindeutig ausgesagt: „Es steht außer Frage, daß von Anfang an und während des ganzen Prozesses [Durchsetzung des Dogmas, d. Verf.] das populäre religiöse Verständnis voranging."[162]

Was impliziert das Dogma, dessen Formulierung um 700 in der Ostkirche – das erste Dokument darüber stammt vom Hl. Andreas von Kreta[163] – ausging und sich ab Anfang des 11. Jahrhunderts auch in der gesamten Westkirche verbreitete? Wenn Maria beim Geschlechtsakt ihrer Eltern, der Hl. Anna und des Hl. Joachim, ohne den Makel der Erbsünde im Leib der Anna empfangen wurde, also von Anfang an nicht unter der alle Menschen betreffenden Folge des Sündenfalls von Adam und Eva, der Erbsünde, stand, dann heißt die logische Konsequenz, daß Maria einen anderen als den menschlichen Status besitzen muß und dadurch der Erlösung durch Christus nicht nur nicht mehr bedürftig war, sondern sie diese in ihrer Person in gewisser Weise schon vorweggenommen hatte.[164]

Konsequenterweise ist im Zuge der Unbefleckten Empfängnis Maria zur *Corredentora*, zur „Miterlöserin" aufgestiegen; ein Aufstieg, der auf den Konzilien von Ephesos (431) und Chalcedon (451) mit der offiziellen Erhöhung Marias zur Mutter Gottes, zur wirklichen Gottesgebärerin, „Theotokos", seinen – ebenfalls aus volkstümlichen Vorstellungen stammenden – Anfang genommen hatte.[165]

Die Unbefleckte Empfängnis hebt Maria aus allen Menschen heraus und schreibt ihr – ohne daß das je explizit gemacht würde – eine „göttliche" Seinsweise zu. Ob die spanischen Massen, die im 16. Jahrhundert dieses Konzept fanatisch behaupteten, über diese theologischen Belange genau Bescheid wußten, ist eine zweitrangige Frage; wichtig ist, daß sie bereit waren, der Muttergottes eine vom ersten Moment im Mutterleib an völlig sündenfreie Seinsweise und somit eine Herauslösung aus dem Allgemein-Menschlichen zuzugestehen. Und dazu waren sie mehr als bereit.

Die Krone führte, ohne daß eine Dogmatisierung durch Rom erfolgt war, eigenmächtig die Unbefleckte Empfängnis als Glaubenssatz für Spanien ein[166]; Folge davon war, daß die spanische Inquisition als Staatsbehörde „makulistischen" Denkansätzen nachzuspüren hatte.[167]

Das Volk zog bei der Durchsetzung der Unbefleckten Muttergottes begeistert mit. Marienerscheinungen nahmen zu; zur Unterstützung der *Inmaculada* wurden Stierläufe veranstaltet; ein Prozeß der Umgewichtung der weiblichen Namensgebung setzte ein: ab dem 16. Jahrhundert nahmen die Mädchennamen mit marianischer, oft lokal gebundener Advokation[168] ständig zu, bis im 18. und 19. Jahrhundert die Mehrzahl der spanischen Frauen einen Mariennamen trug. Die Universität Alcalá de Henares beschloß 1617, daß die Graduierung an einen Eid, der zur Verteidigung des Glaubenssatzes verpflichtete, gebunden war, und die Universität Salamanca stellte nur Lehrkräfte ein, die bereit waren, auf das Dogma zu schwören.[169] Die Zünfte, religiöse und

Laienbruderschaften,[170] legten ihre Mitglieder ebenfalls auf das Bekenntnis zur Unbefleckten Empfängnis fest. Für das 17. Jahrhundert kann man sogar lesen: „... es gibt niemanden – bis hin zu den Straßenräubern Sevillas – der nicht, falls nötig, bereit wäre, dieses Dogma mit der Waffe in der Hand zu verteidigen."[171]

Der sich abzeichnende Einsatz des Volkes für die Unbefleckte Empfängnis muß für Philipp II. eine Quelle innerer Freude gewesen sein; stellt doch ihre Behauptung eine Provokation für die Schriftgläubigkeit der Protestanten dar. Philipp II. mag die Unbefleckte Empfängnis als Vorbeugemittel und Immunisierung gegen den Protestantismus empfunden haben, aber ähnlich wie bei den Stieren hat er damit alten, heidnischen Glaubensvorstellungen Tür und Tor, allerdings zur gut katholischen Eingangspforte gewandelt, geöffnet. Eine protestantische „Geschichte der Marienverehrung" merkt denn auch zur Unbefleckten Empfängnis an, „daß zwischen dieser Maria und der biblischen Maria nur noch ein loser Zusammenhang ist".[172]

Wer ist nun die fast zur Göttin aufgerückte *Liebe Frau von der Unbefleckten Empfängnis*? Selbstverständlich ist sie die katholische Jungfrau und Muttergottes, zwar vielleicht nicht identisch mit der biblischen, aber doch aus ihr herausgewachsen und geformt von der psychischen Disposition der großen Masse der Gläubigen, die zum einen noch ganz der agrarischen Produktions- und Lebensweise angehörten und deren Vorfahren zum andern in einer Weise christianisiert worden waren, die Raum – man denke an Gregor den Großen – für frühere Glaubensvorstellungen gelassen hatte.

So ist es nicht verwunderlich, daß Elemente offiziell untergegangener, aber eben doch bloß überformter Muttergottheiten in der Marienverehrung im christlichen Gewand wieder an die Oberfläche treten.[173] Für Spanien im 16. Jahrhundert ist gewiß nicht zu verneinen, daß im Kult der Unbefleckten Empfängnis, dessen entscheidende Impulse ländlicher Volksfrömmigkeit entstammen, Züge der Magna Mater oder von ihr abgeleiteter Göttinnen aufzufinden sind.

So ist es vielleicht kein Zufall, daß die Gottesmutterschaft Mariens in *Ephesus*, wo sie der Legende nach verstorben sein soll, beschlossen wurde oder daß die Idee einer Unbefleckten Empfängnis in *Kreta* zum ersten Mal faßbar wird – beides herausragende Orte früherer Magna-Mater-Verehrung. Die synkretistischen Elemente der Marienverehrung in Spanien sind vielfach benannt worden, vor allem die Nähe zu Artemis/Diana.

Heiligtümer und Tempel weiblicher Gottheiten waren in Spanien verbreitet, Ortsnamen wie Denia (Dianium ...) sprechen dafür. Ein Diana-Heiligtum stand in Valencia an Stelle der heutigen Kathedrale... Diana und Maria gleichen sich in vielen Zügen. Diana ist die reine, keusche Jungfrau, die Göttin des Mondes, des Lichtes, der Berge und der Quellen. ... Als ‚tauropolos' ist sie umgeben von Stieren.[174]

Die archäologische Forschung in Spanien aber hat zeigen können, daß die griechisch-römischen Einflüsse bereits eine Überlagerung darstellen und daß vor allem in Lusitanien (der gesamte südwestliche Raum der iberischen Halbinsel) „eine eingeborene Göttin verehrt worden war, welche der griechischen *Artemis* [Hervorheb. im Orig., K.B.] oder römischen Diana angepaßt wurde“[175]. In der „Mythologie der Altspanier“ ist zu lesen: „Mehrere Kleinskulpturen weisen auf die Existenz einer originären hispanischen Muttergottheit hin“[176], wobei betont wird, daß die spanische Artemisverehrung einer Muttergottheit gegolten haben dürfte. Von beeindruckender Intensität sind die prähistorischen Darstellungen weiblicher Gottheiten wie die „Damas“, die „Herrinnen“ von Elx (Alicant), Baza (Granada) oder vom Cerro de Santos (Albacete), bei deren Fundstelle ein keltiberisches Heiligtum stand.[177] Die neun tanzenden Frauen der Höhlenzeichnung von Cogull (Lleida) zählen zu den ältesten figürlichen Darstellungen überhaupt, wobei seltsamerweise der neben der Gruppe laufende Stier oft nicht als Bestandteil des Ensembles betrachtet wird.[178] Die Tradition muttergottheitlicher Vorstellungen ist für Spanien nicht zu bestreiten.

Was über den Artemiskult angeführt wurde – die kleine Holzfigur, welche die ursprüngliche Kultfigur darstellte, die Lage des Heiligtums außerhalb der Stadttore in der Wildnis, ihr „Besuch" in der Stadt, der mit Prozessionen der Kultfigur, mit Taurokathapsien und schließlich der Opferung der Stiere samt Befestigung der Stierhoden an der Figur der Göttin begangen wurde –, erinnert in vieler Hinsicht an die Verehrung der Marien-Imagines: Einmal im Jahr verläßt die Virgen, das heißt ihr jeweiliges Imagen, welche zumeist kleine Figuren aus Holz sind, den Wohnsitz in der freien Natur und „besucht" die menschliche Ansiedlung. Die Virgen zieht in feierlicher Prozession in den Ort und wird vom Bürgermeister – auch sozialistischen – auf der Plaza Mayor begrüßt, dann residiert sie – zum Beispiel in Cáceres – neun Tage lang (die Novene) in der Kirche Santa María, wo ihr fast von der Gesamtheit der Stadt die Reverenz erwiesen wird.

Prozession und Novene finden auch für Imagines statt, die normalerweise im urbanen Raum ihren „festen Wohnsitz" haben. In manchen Orten fällt diese Art der Verehrung mit dem Ortsfest zusammen, in anderen nicht. Aber auch ohne Ortsfest war die Novene häufig Anlaß für Stierläufe, ein Zusammenhang, der sich zunehmend verloren hat. Es ist festzuhalten, daß eine der wichtigsten „Stier-Zeiten" diejenige ist, in der die Virgen oder ein anderer Ortsheiliger seinen angestammten Platz verläßt – sei es aus dem Inneren einer Kirche oder von außerhalb des Ortes kommend – und sich öffentlich auf Straßen und Plätzen zeigt.

Es zeigt sich also, wie in Ephesos, ein Zusammenhang zwischen dem Besuch der Göttin im zivilisierten Raum und dem ebenfalls dort stattfindenden „wilden" Stierereignis.

Auf die Dialektik von Wildheit und Zivilisiertheit und vor allem auf die Grenzen, wo beide zusammenstoßen, wird im Kapitel über das Fest zurückzukommen sein.

Im Artemiskult präsentiert sich eine späte Form der Verehrung der Magna Mater – nicht zufällig liegen die Tempel der Artemisia Ephesia und Metèr/Kybele so nahe beieinander, und vielleicht ebenfalls nicht zufällig hat christliche Legendenbildung den Sterbeort der Gottesgebärerin Maria in eben dieses Gebiet verlegt. Die Linie Maria – Artemis – Metèr führt zurück zu der alten Tierherrin, der Herrin des Draußen – das Draußen als die unbeherrschbare – sowohl Leben gebende wie Leben nehmende – „natura naturans". Die „Große Göttin" mußte den frühen Menschen notwendigerweise ambivalent erschienen sein. Artemis ist nicht nur die schützende, helfende, bei der Geburt beistehende, sondern ebensosehr die gefährlich-bedrohliche, tötende Göttin.

Die Göttin, der das Prinzip der „natura naturans" innewohnt, muß ohne Schuld zur Welt gekommen sein: Sie kann gar nicht anders als ambivalent sein, ambivalent wie die Natur selbst, dabei aber immer im Stande der Unschuld. Und sie kann keinem anderen Prinzip, dem männlichen etwa, untertan sein: In diesem alten Sinne hat sie jungfräulich zu sein.

Daß die Virgen als Inmaculada Concepción in Spanien diese Akzeptenz erhalten und den *fervor mariano* – marianische Glut und Inbrunst – derart hervorrufen konnte, mag ein Zeichen dafür sein, daß im Zuge des Zulassens von Volksfrömmigkeit in katholischem Gewand altes Bewußtsein sich wieder in den Vordergrund gedrängt hat: Die Göttin ist ohne Erbschuld, ohne Sünde. Ist es jedoch möglich, daß die Ambivalenz der Göttin, welche ihr essentiell angehört, völlig verschwunden ist? Denn von einer Ambivalenz ist bei all den unbefleckt empfangenen Virgenes in Spanien nichts zu spüren – sie sind Helferinnen, Retterinnen, (Mit)-Erlöserinnen;

ihrer Absicht und ihrem Wirken haftet in keinem Fall zerstörerische, negative Energie an.

La Serrana (Die Bergfrau)[179]

In der Gegend um Plasencia / da lebt eine Bergfrau,
sie ist groß und üppig, / zugleich blond und dunkel.
Ihr Haar ist gelockt / unter der Montera;
wenn sie Lust auf Männer hat, / dann geht sie hinunter ins Tal.
Es kommt einer vorbei, ein zweiter, / es kommt nicht der, den sie möchte;
schon sieht sie einen Hirten kommen / mit einer Ladung Brennholz.
„Lieber Hirte, lieber Hirte, / willst Du zu mir in die Höhle kommen?"
„Aber ja, ich komm', Bergfrau, / um zu sehen, was Du in ihr hast."
Auf der Hälfte des Weges / stellt er ihr diese Fragen:
„Woher hast Du so viele Gräber, / so viele Kreuze aus Holz?"
„Von den Männern, die ich getötet hab', / wenn ich unten am Fluß war,
von den Männern, die ich getötet hab', / ich hab' sie dort in der Höhle,
und mit Dir werd' ich das Gleiche tun, / wenn Du erst in ihr drin bist."
Der Hirte, als er das hörte, / fiel ohnmächtig zu Boden;
die Bergfrau stieß ihn an, / packt ihn an den Handgelenken.
Der Hirte ist wieder zu sich gekommen, / sie hat ihn in ihre Höhle gebracht
und ihm zu essen gegeben, / aber ein sehr gutes Essen:
Kaninchen und Rebhuhn, / sie heißt auch die „Rebhuhn-Frau".
Schon zieht sie sich aus, macht sich schön, / wäscht sich auch die Schenkel.

Schon legen sie sich ins Bett, / aber ein sehr gutes Bett:
Da gibt's weiße Leintücher, / auch Tücher aus Seide
und als Kopfkissen / das Fell eines wilden Tiers.
Die Bergfrau überfiel der Schlaf, / und der Hirte lief von ihr davon,
die Bergfrau merkte sein Fehlen, / sprang wie ein wildes Tier heraus.
Beim Besteigen eines Hügels, / beim Hinunterlaufen einer Allee,
dort hat sie ihn endlich gesehen, / sie hat hinter ihm hergeschossen,
und ihm die Montera vom Kopf geholt. /
„Kehr um, kehr um, lieber Hirte, / kehr doch um wegen Deiner Montera,
die ist aus bester Seide / und 's wär schade, sie ginge verloren.
„Ich will meine Montera nicht, /selbst wenn sie zu Gold würde;
trag sie Du, Bergfrau / für den Mann, den Du am liebsten hast.

Von dieser Romanze gibt es hauptsächlich in der Heimat der Serrana, in der Vera von Plasencia, dem extremenischen Teil des Südhanges des Gredos-Gebirges, aber auch in anderen Gegenden Spaniens eine Vielzahl von Varianten; die älteste datiert vom Ende des 16. Jahrhunderts. Der Stoff dieser männermordenden „Blaubärtin" hat die Imagination immer wieder zu fesseln gewußt: Lope de Vega (vor 1603) und Velez de Guevara (1613), um nur die bekannntesten zu nennen, haben Dramen daraus gemacht, Roger Vadim mit Brigitte Bardot in der Hauptrolle den Film „Wenn Don Juan Frau gewesen wäre". Die hier vorgestellte Fassung, die das Wesentliche bringt und zugleich von vielem Beiwerk frei ist, das männlicher Sexualphantasie (ausufernde Beschreibung des

Körpers der Serrana zum Beispiel) entstammt oder der langen Geschichte literarischer und künstlerischer Bearbeitung geschuldet ist, hat Joaquín Díaz 1994 in einer Sammlung mündlicher Tradition aus Castilla-León veröffentlicht.[180] Es kann an dieser Stelle weder die Vielfalt der Romanze diskutiert noch eine ausführliche Interpretation vorgelegt werden; das Herausstellen einiger Grundmotive der Romanze sowie deren strukturelle Nähe zur Figur der Virgen müssen genügen.

Die Serrana ist eindeutige Protagonistin; ihr Wille bestimmt den Ablauf der Romanze. Daß der Mann entflieht, folgt einer anderen Logik. Er ist die Ausnahme, derjenige, der, da er entkommt, das Tun der Serrana erst bekanntmachen kann: Er ist ihr Verkünder. Die Serrana, obwohl sie Lust auf Männer hat, nimmt sich keineswegs den erstbesten. Ihre Wahl folgt auch nicht Kriterien wie Schönheit, Stärke, Jugend, sondern sie interessiert die Lebensweise des Mannes, sie wartet auf einen Hirten, den sie querfeldein zu ihrem Ort, einer Höhle, führt. Der Hirte, so scheint es, ist erfreut über das Angebot und kommt zunächst gerne mit.

Ebenso war bei den Legenden um die Marienerscheinungen die Virgen eindeutige Protagonistin der Szene. Der mit Hilfe der Rinder gerufene Mann war zumeist Hirte, der bereitwillig ihr Bote wurde; der Ort, den sich die Virgen wünscht, war fast immer eine besonders markante Stelle in freier Natur: Baum, Quelle, Höhle.

Verschiedene Momente stimmen, abgesehen vom jeweiligen Gang der Handlung und bei allen Unterschieden, für beide Frauenfiguren – Virgen wie Serrana – überein: Sie haben die Führungsrolle inne, ihr Wirkungskreis liegt „außen" – außerhalb des Kulturraumes – und in großer Nähe zur Natur, sie wählen sich einen Hirten als männliches Gegenüber, sei es nun als Partner oder als Agenten, und sie sind beide – in der Differenz antiker und christlicher Bedeutung – jungfräulich.

Nun hat Julio Caro Baroja, mit dem ihm eigenen feinen

Gespür für das Wesentliche der spanischen Kultur, alle Versuche, der Serrana ein historisches Vorbild zuordnen zu wollen, verneint und betont, daß es sich hierbei „um ein mythisches Thema handelt, welches sich in der Folklore einer Region unter bestimmten Formen erhalten hat, von dem sich jedoch ebenfalls Spuren in der Folklore anderer Gegenden auffinden lassen".[181] Für Caro Baroja stellt die Serrana die späte und verspätete Nachfahrin einer der Artemis oder baskischen Mari ähnlichen weiblichen Gottheit dar. Die Legende um die Serrana folgt, laut Caro Baroja, soziokulturell „veralteten Konzepten und Symbolen"[182], die es zu entschlüsseln gilt.

Es gibt ein Element, das stutzig macht. Der Hirte fragt nach den Gräbern und Kreuzen am Weg. Nicht genug, daß die männermordende Liebhaberin ihre Opfer christlich bestattet – Kreuze! –, sondern sie klärt ihr Opfer über ihre unchristlichen Absichten im voraus und bis ins Detail auf. Den Mann wirft das zunächst völlig um; in der Höhle aber scheint er die Bedrohung vergessen zu haben und staunt – welch große und reiche Dame! – und läßt sich's, das kann vermutet werden, bei der „Rebhuhn-Frau" schmecken.

Die Kreuze motivieren die Frage des Hirten, die Frage motiviert die Absichtserklärung der Serrana. Ist die Ohnmacht vorbei und die Höhle erreicht, wirkt diese Episode wie vergessen. Das scheinbar absurde Motiv der Grabkreuze könnte eine doppelte Funktion erfüllen: Zum einen „christianisiert" es das Lied, ähnlich wie der Ruf nach dem Beichtvater die „Burschen von Monleón"; zum anderen drängt sich der Verdacht auf, daß die ganze Kreuzgeschichte nur deswegen auftaucht, weil der Hirte vor Eintritt in die Höhle wissen *muß*, was ihn in der Höhle erwartet. Dann wäre das „christliche" Motiv einerseits zur Motivierung der notwendigen Information verwendet worden, anderseits aber zum Verbergen eines anderen, tieferen Motivs: Auf christlichem Hintergrund wird der Gang zur Höhle zum Horrortrip, der

Hirte reagiert entsprechend und fällt in Ohnmacht. Die Kreuze und das Gespräch darüber weisen nicht nur darauf hin, daß der Hirte im voraus wissen muß, was geschieht, sondern sie verbergen auch, daß er es von Anfang wußte. Der Fortgang der Erzählung in der Höhle legt das offen.

Erzähltechnisch sehen wir den gleichen Mechanismus wie bei den „Burschen von Monleón" am Werk. Folgte dort auf das älteste Motiv – drei Taschentücher und ein viertes – direkt ein christliches – der Ruf nach dem Beichtvater –, so ist es hier ähnlich: Den Grabkreuzen folgt die Information über die Tötung in der Höhle, die notwendig ausgesprochen werden muß, weil sie der Erzählung erst den eigentlichen Sinn verleiht.

Die Serrana trägt alle Züge der Tierherrin. Als Jägerin und Verschlingerin der Tiere trägt sie den Tiernamen, ihr Haupt bettet sie auf das Fell eines wilden Tiers. Sie ist unabhängig und frei und sucht sich manchmal, wenn sie voller Lust auf Männer ist, einen ihr entsprechenden Partner, einen Hirten. Die Viehzüchter-Gesellschaft braucht die Tierherrin ebenfalls: Sie garantiert die Prokreation, sie braucht ein Opfer. Damit Leben kommt, muß Leben gehen. Die Liebe mit der Tierherrin ist eine notwendige und kann eine tödliche Angelegenheit sein.

Im Fall der Romanze geht sie gut aus; die Gräber aber oder die Totenschädel in der Höhle, die in anderen Versionen der Romanze anzutreffen sind und paradoxerweise trotz der Gräber auch in dieser Version – „ich hab' sie dort in der Höhle" – weiterexistieren, scheinen eine andere Sprache zu sprechen. Mordet die Serrana normalerweise ihre Liebhaber?

Handelt es sich bei dem Einnicken der Serrana um die Entspannung im Schlaf nach dem Liebesakt? Das kann zumindest vermutet werden: Sie macht sich schön für die Liebe, und die beiden verschwinden im Bett. Seltsam, daß sie bei all ihren Mordabsichten nach vollzogener Liebe in Schlaf fällt. Das paßt nicht zur eigentlichen Absicht. Bei so vielen

Lied-Varianten und davongekommenen Helden, weil die mordlustige Bergfrau nach der Liebe ein Nickerchen zu machen pflegt, scheint das Entspringen-Können eher die Regel zu sein als das Abgemurkst-Werden.

Spielt hier das Motiv des schlauen, sich der Gefahr der Tötung aussetzenden, sie aber überwindenden Schamanen herein?[183]

Sollte es sich beim Besuch des Hirten in der Höhle der Bergfrau um die Erzählung eines *hierós gamós* handeln, um den Weg eines Schamanen zur Tierherrin, in die Höhle der Löwin? Der *hierós gamós* wurde vorher als kulturelles Mitwirken an der Erneuerung von Fruchtbarkeit definiert.

Die Bewegung und die Tötung eines Opfers beim Stierlauf mit dem Ausgerichtetsein auf eine Magna-Mater-Figur war in der Interpretation der „Mozos de Monleón“ als eine mögliche Form des *hierós gamós* entschlüsselt worden. Die „Serrana“ bietet eine andere Form: die sexuelle Liebe zwischen Göttin und einem Hirten, der in Paredros-Funktion – Geliebter, der getötet werden soll – auftritt. Dem christlichen Denken ist diese Form des Opfers – die Bewegung tritt hier als körperliche Liebe auf – sehr fern; es kann sie nur als systematischen Männermord begreifen.

Sollte die Serrana als eine spanische Tierherrin, ganz ohne Stiere auskommen? Das Stiermotiv, das in der Romanze nicht aufzutauchen pflegt, ist in der Volksvorstellung um die Figur der Serrana dennoch präsent.

Der Stier hatte acht Jahre, / die Serrana zog ihn auf;
mit der Milch aus ihrer Brust / nährte sie ihn.[184]

Der in Spanien so verbreitete Vers, dem wir aus dem Munde des Mayorals schon begegnet sind: „Denn die Milch, die er trank, die hab' ich mit eigener Hand gegeben“, bekommt auf diesem Hintergrund eine andere Tiefe. Die Stellvertretung der Stieraufziehung, die Milch gebende Hand, ist durch die Brust ersetzt: Die Serrana nimmt beim Stier eine mütterliche Rolle wahr: „Mit der Milch ihrer Brust ernährte sie ihn.“

Corrida mit der Virgen von Puiglagulla, die, assistiert von zwei Hunden, einer Corrida beiwohnt. Exvoto von Luciano Romeu um 1830.

Konsequent wird sie als *torera*[185] bezeichnet: Wie die Artemis, wie die Metèr ist auch die Serrana „tauropolos", von Stieren umgeben. „Die Große Göttin, die Tauropolos, ist die Stierherrin"[186], schreibt Erich Neumann.

Selbst wer, wie Timothy Mitchell, den Zusammenhang der christlichen Muttergottes mit der antiken Großen Mutter zurückweist, muß einräumen, daß zwischen Corrida und Marienkult enge Verbindungen bestehen: „Spanish sanctuaries are full of bull-fighters' *exvotos*."[187] Das muß beim unfallgefährdeten Beruf der Stierkämpfer noch nichts heißen. Aber sehen wir eines der Exvotos genauer an.[188]

Man sieht den Stadtplatz mit improvisierter Arena, rundherum Zuschauer, der Stierlauf ist in vollem Gange und hat einen dramatischen Höhepunkt. Der Stier, mit Wurfpfeilen gespickt, steht über einem der Stierläufer. Andere Stierläufer flüchten, wieder andere versuchen den Stier mit der Capa abzulenken. Die eigentliche Hilfe aber kommt aus himm-

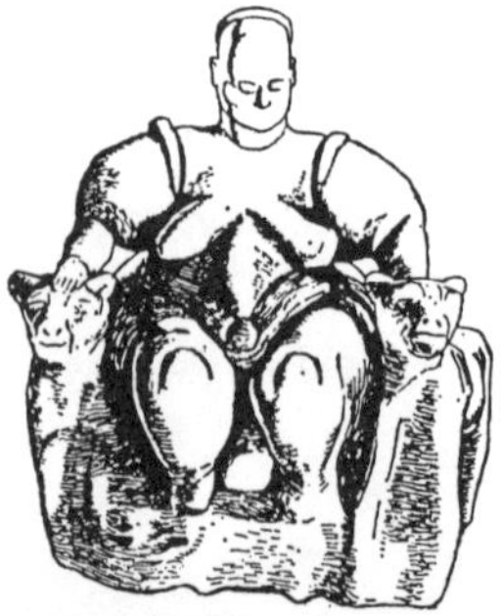

Ein kurzer Rückblick in die Ikonographie der von Tieren flankierten Göttin: Gebärende Göttin aus Catal Hüyük (ca. 6000 v. Chr.); kretische Tierherrin mit Zepter (ca. 1600 v. Chr.); die Dama de Galera, Provinz Granada (ca. 500 v. Chr.).

lischen Gefilden: Im linken oberen Eck erscheint die für die Region zuständige Virgen, *Nuestra Señora de Puiglagulla*, in der Rechten das Zepter, das göttliche Kind auf dem linken Arm, ihr zur Seite sitzen zwei wild wirkende Tiere – wahrscheinlich große Hunde. Diese Darstellung der Gottesmutter besitzt lange Tradition: Die Große Göttin, die Tierherrin, flankiert von einem Tierpaar, ist für den ganzen Mittelmeerraum und den Vorderen Orient belegt.

Die Hunde blicken zur Gottesmutter auf, als warteten sie auf einen Befehl – vielleicht den Befehl loszustürzen und Tod zu bringen; aber der Stierläufer, schon unter dem Stier, wird gerettet. Das muß mit der Dreiergruppe neben der von Tieren flankierten Gottesmutter zusammenhängen: Die beiden Ortspatrone von Vic, San Luciano und San Marciano, brennen da in den Flammen eines Scheiterhaufens, zwischen ihnen schwebt ein Putto und setzt den beiden Opfern die Krone des Märtyrertums und der Heiligkeit auf. Es zeigt sich etwas von der Funktion der Heiligen: Sie sind, man beachte die parallele Anordnung hinsichtlich der Hunde, Agenten der überirdischen Macht. Die Bestien können töten; die Heiligen, werden sie angerufen, können mittels der Himmelskönigin rettend eingreifen. Ihr Märtyrertum, ihre „Opferung", wirkt stellvertretend auf die Geschehnisse der Menschen zurück. Die Entscheidung aber wird von der Virgen getroffen.

Die Virgen ist gut; sie ist Wohltäterin, Beschützerin, Helferin in der Not, eine Gestalt, die aufgrund ihres Charakters Schlimmes weder tun will noch kann. Im Exvoto aus Vic blitzt – durch ihre Darstellung in der Tradition vorchristlicher Göttinnen – etwas von der Ambivalenz der alten Tierherrin auf: Beschützerin und Zerstörerin in einem.

Ihre christliche Festlegung auf die helfende und schützende Rolle negiert aber keineswegs ihre Neigung zu Corridas. Die ersten außerhalb des urbanen Raums und eigens für Corridas angelegten Plätze sind an Marien-Sanktuarien angeschlossen. Schöne Beispiele hierfür – Kapelle und viereckige Arena sind direkt zusammengebaut – sind die Plaza de toros bei der Kapelle *Unserer lieben Frau von Bethlehem* bei der Ortschaft Puebla de Sancho Pérez (Badajoz), die Plaza de toros beim Heiligtum *Unserer lieben Frau von den Tugenden* am Ortsrand von Santa Cruz de Mudela (Ciudad Real). Für erstere sind Corridas seit dem 14. Jahrhundert belegt.[189] Die erste runde Arena außerhalb des urbanen Raumes soll die Plaza de toros von Béjar (Salamanca) sein, die sich in allernächster Nähe zum Marien-Sanktuarium *Nuestra Señora del Castañar* befindet und die zwischen 1711 und 1714 konstru-

Das Heiligtum Unserer lieben Frau von den Tugenden mit Plaza de Toros in Santa Cruz de Mudela (Ciudad Real). Das Heiligtum stammt aus dem 16. Jahrhundert, die Plaza de Toros wurde 1641 errichtet.

iert wurde.[190] Bei allen dreien dieser Kapellen-Arenen findet eine Corrida zum 8. September, Mariä Geburt, statt.

Auf dem Hintergrund der Serrana-Legende zeichnet sich die Trennung der vormals ambivalenten Gestalt der Magna Mater in zwei zwar strukturell ähnliche, aber in Wirkung und Funktion jedoch entgegengesetzte Figuren ab.

Die Virgen als christliche Gottesmutter ist gut, muß gut sein. Die Serrana als übriggebliebene Figur einer untergegangenen Lebensauffassung – Schwestern von ihr sind zum Beispiel die baskische „Mari" oder die „Marina" in den Alpujarras[191] – kann nur Zerstörerisches wollen und muß böse sein.

Heute ist die Virgen die Virgen und die Serrana die Serrana: zwei Figuren, die nichts mehr miteinander zu tun haben, deren Stellenwert in der spanischen Kultur ein gänzlich unterschiedlicher ist, aber deren ursprüngliche Einheit in gewissen strukturellen Ähnlichkeiten noch immer aufgehoben ist.

Beide rufen Männer zu Liebesdiensten – die Serrana zu körperlicher Liebe, die Virgen zur Organisation von Verehrung und Anbetung, das heißt: eines öffentlichen Liebesbeweises für sie. Beide wünschen das „Opfer" der ihnen nahen Stiere.

Der *Virgen de Salceda* aus Tendilla (Guadalajara) zu Ehren singt man:

Alle wollen, daß es Stiere gibt, / denn gäbe es sie nicht, würde die Virgen de la Salceda / *sehr traurig sein.*[192]

Der Hauptunterschied von Jung- und Bergfrau, beide Nachfahrinnen der Großen Göttin, – die eine die Gute, die Furchtbare die andere – besteht in folgendem: Bei der „kulturfernen" Bergfrau kann der Stier durch einen Mann ersetzt werden, was ihr als sexuelle Lust zugeschrieben wird, während die durch Kult und Verehrung, resultierend aus dem Opfertod ihres Sohnes am Kreuz, in die Kultur eingebundene Jungfrau diese Ersetzung ablehnt, wundertätig verhindert und, falls sie dennoch geschieht, betrauert. So kann es geschehen, daß die Virgenes bei einem Arena-Tod „ihrer", d.h. ihrem lokalen oder regionalen Herrschaftsbereich entstammender Toreros, zum Zeichen ihrer Trauer Schwarz anlegen, wie dies die *Macarena*, die Dame von Sevilla, beim Tode Paquirris im September 1984 öffentlich getan hat.

„Uchronia" oder die erneuernde Kraft der Fiesta

Die historische Verortung des Überlebens der Corrida im 16. Jahrhundert und die Ausrichtung des Stieropfers auf eine weibliche Figur, die in ihrer Genese mit Bildern der ambivalenten *natura naturans* verknüpft ist, muß – will man die Zählebig- und Wandelbarkeit der Corrida verstehen – um ein weiteres Element ergänzt werden, das leicht übersehen wird: Das ganze Stiertreiben ergibt nur dann einen Sinn, wenn es nicht isoliert als einzelnes Geschehen, sondern im größeren Rahmen eines Festes betrachtet wird.

Es gibt gar keine Corrida, die nicht Teil, wenn nicht sogar Herzstück einer Fiesta wäre. Fiesta in Spanien meint jedoch etwas anderes, als es die uns geläufige Bedeutung von „Fest" auszudrücken vermag. Festgeschehen im Sinne einer *fiesta* sind in Deutschland noch am ehesten im Treiben auf den Straßen beim rheinischen Karneval oder der alemannischen Fasnacht zu erleben.

Sicherlich gibt es, was die Totalität des Festgeschehens anbelangt, bei den mannigfachen Ereignissen der spanischen Festkultur[193] vielerlei graduelle Unterschiede. Setzt man eine Unterscheidung von *fiesta mayor* und *fiesta menor*, von Haupt- und kleinerem Fest, dann sind für das Hauptfest neben anderem, religiösem Geschehen „eine weitere grundlegende Komponente die Stiere".[194] Vor allem Orts- und Patronatsfeste bilden das Gros der „großen", der Hauptfeste. „In vielen der sehr kleinen Dörfer – weniger als 500 bis 2000 Einwohner – sind die Fiestas und die Stiere fast als identisch zu betrachten: ... Die Fiestas *sind* die Stiere."[195] Das mag mit der finanziellen Situation in den kleinen Dörfern und dem daraus resultierenden geringeren Festbudget zusammenhängen; aber auch in größeren Ortschaften mit besserer Ausstattung der Fiesta – breites Kulturprogramm – sind im gefühlsmäßigen Erleben die Stiere nach wie vor eines der ganz großen, wenn nicht sogar das wichtigste Ereignis der Fiesta. Ein Unterschied ist zu bedenken. Die skizzierten Feste der größeren Ortschaften wie Coria, Soria, Pamplona haben eine Gemeinsamkeit: Ihr Stierereignis spielt sich nicht nur auf der *plaza de toros*, sondern insbesondere auf den Straßen und Plätzen der Stadt ab. Auf die „Rivalität" zwischen beiden Corridas ist für Pamplona und Soria hingewiesen worden. Viele der spanischen Städte kennen jedoch bei ihren Fiestas solche für alle Teilnahmewilligen offenen Ereignisse kaum mehr: Die Stiere sind auf die Corrida in der Arena reduziert. Aber ist diese überhaupt ein Fest?

Für mich ist offensichtlich, daß die fiesta de toros *ein Stierspektakel darstellt; die* fiesta de toros *hat wenig von einer Fiesta; sie ist ein Spektakel, bei dem Menschen und Stiere auftreten; aber es ist keine Fiesta: Die Leute kommen, um zu sehen, was da gemacht wird, sie kommen, um es zu sehen wie andere künstlerische Darbietungen bei irgendeiner Gelegenheit, aber im allgemeinen nehmen die Leute nicht direkt daran teil. Als Fiestas jedoch können* becerradas *(Jungstierlaufen),* encierros, *am Seil geführte Stiere usw. angesehen werden.*[196]

Obwohl hier Salvador Rodríguez Becerra Stierereignis und Fiesta einerseits voneinander trennt und andererseits in eins setzt, indem er statt von *corrida de toros* von *fiesta de toros* spricht, führt seine Problemstellung zu einem entscheidenden Punkt hinsichtlich der Einschätzung der Fiesta: Ist die aktive Teilnahme am Stiergeschehen konstituierendes Element für die Fiesta? Was macht die Fiesta zur Fiesta?

Daß der Stierlauf (oder manchmal auch ein anderes traditionelles Geschehen) den wichtigsten Platz innehat, steht außer Zweifel. Aber nicht einmal der Behauptung von einer Fast-Identität von Stier und Fiesta für Dörfer darf entnommen werden, daß das Fest im Stierlauf völlig aufgehen würde. „Die Fiesta *sind* die Stiere" ist nur die zugespitzte Formulierung dessen, was der Bürgermeister von Grazalema meint, wenn er sagt, daß es ohne Stier keine Fiesta gäbe. Eine Fiesta ohne Stier wäre zwar denkbar und könnte wohl auch stattfinden, aber es wäre eine tote Veranstaltung, ein hoch entwickelter Organismus, aber ohne schlagendes Herz.

Der Stierlauf als solcher ist nur eine Seite dessen, was mit dem Stier während der Fiesta geschieht. Die Teilnahme am

Stierlauf war immer auf eine bestimmte Gruppe der Fiesta feiernden Ortschaft beschränkt: die Gruppe der Männer, vor allem der jugendlichen und jungen Männer. Pedro Romero de Solis hat in seiner Beschreibung der Fiesta zu Ehren des Hl. Rochus von Siles (Jaen) herausgestellt, daß es sich für die Burschen um eine Initiation handelt: „... sie sind definitiv in die Gesellschaft integriert."[197]

Zur Fiesta gehört aber nicht nur das Stierlaufen, an dessen Endpunkt die Tötung des Stiers steht, sondern ebensosehr die Verwertung des Opfers: die Verteilung der Schlachtreste sowie die Zubereitung und der Verzehr des Fleisches im gemeinsamen Mahl. Der öffentliche Umgang mit den Schlachtresten ist fast verschwunden: In Fuentelencina ersetzen Anisbrote die ausgekochten Knochen, in Soria haben die Angriffe auf die früher wüsten und unanständigen Versteigerungen der Schlachtabfälle die heutigen *Agés* dem modernen Geschmack nähergebracht.

Das gemeinsame Aufessen des Stiers im „volkstümlich-festlichen"[198] Bankett ist in den Dörfern und Kleinstädten Spaniens noch weiter verbreitet, als man aufgrund der Information und des Bekanntheitsgrades – auch in Spanien selbst – annehmen könnte. Wo kein gemeinsames Mahl stattfindet, wird das Fleisch des Stiers nach einem gewissen Schlüssel verteilt und im Familienkreis gegessen.[199] Wo aber öffentliche Zubereitung und Verspeisung noch stattfinden, ist beides ein Fest innerhalb der Fiesta.

In Siles richten Männer die Küche in einem Nebentrakt der Kapelle des Hl. Rochus ein. Bevor das Fleisch an die Menge verteilt wird, segnet der Ortspriester den Riesentopf und erbittet für die Esser dieser Liebesgabe „das Wohlergehen des Körpers und den Schutz der Seele".[200] Die Art des Verzehrs, nicht nur in Siles, sondern auch in Soria und anderswo, kommt dieser Bitte durchaus entgegen: Er geschieht in gelockerter, heiterer, festlicher Atmosphäre, unter Scherzen, Lachen, Wechselreden, Anspielungen, Gelächter, und natürlich mit viel Essen, mit noch mehr Trinken. Essen und exzessiv betriebenes Trinken gehören zu jeder Fiesta. Die Fiesta ist eine Zeit oraler Unmäßigkeit und oralen Über-die-Stränge-Schlagens, wobei Selbst- wie Fremdkontrolle ausgesetzt sind. Roger Callois nennt „Essen und Trinken Kennzeichen des Festes. Man will den Rausch bis zur Erschöpfung, bis zum Umfallen. Das ist das eigentliche Wesen des Festes."[201]

Der Rausch setzt die gelernten Zwänge und Bewegungsabläufe aus: Im Herumfuchteln, Schwanken, Lallen, Hinfallen gewinnt unwillkürliches Bewegtsein die Oberhand über die Anforderungen zivilisierter Dezenz; der allgemeine Hemmungsverlust im Reden, in der Interaktion und bei den körperlichen Ausscheidungen bricht das sonst herrschende System der Verkneifungen auf. Es sind ja nicht alle sturzbetrunken; so scheint im allgemeinen Klima erlaubten „Zuviel-Trinkens" Freiheit, heißt freiere Handlungsmöglichkeit im Raum sonst strenger eingeschränkten oder gar verbotenen Tuns, auf. Die Fiesta stellt eine Zeit höherer Permissivität im sexuellen Bereich, der Nichtbeachtung sozialer Schranken und Unterschiede, aber auch das Ausleben-Können irgendwelcher, sonst scheel angesehener Ticks dar.

Die „Entzivilisierung", die „Chaotisierung" der berauschten, angetrunkenen Menschen überträgt sich auf die Gesamtheit. Chaos-Produzent ist aber nicht allein der Alkohol; er ist eher individuelle Spiegelung und Vervielfältigung eines andernorts hergestellten Chaos. Publio Hurtados plötzlich ausbrechender Irrsinn ist dem Eintritt der Carantoñas, Tiermasken, in den Ort Acehuche geschuldet. Wenn der Stier oder auch die Masken „wilder Tiere" die Straßen der Ortschaft betreten, ist die normal gültige Ordnung des öffentlichen Raums aufgehoben: Es herrscht, da die Bewegungen der wilden Tiere unberechenbar sind, Durcheinander, plötzliche Zusammenballung, plötzliches Auseinanderstieben von Leuten; das langsame und zielgerichtete Gehen oder ziellose Schlendern ist durch den Wechsel von Loslaufen und Stoppen, durch wildes Hin- und Herlaufen ersetzt; alle diese abrupten Bewegungen folgen nicht dem Wollen der Leute, sondern der Notwendigkeit, der Gewalt des Wilden und Fremden auszuweichen, das von außen in den zivilisierten Raum eingebrochen ist. Die Notwendigkeit des Ausweichens aber entsteht aus der Lust, dieses Wilde – meist als Stier – herauszufordern, sich ihm zu stellen. Man sucht die Nähe des Stiers, man flieht ihn: Dieses Zusammenspiel von Annäherung und Entfernung präsentiert sich durch die Plötzlichkeit des Moments und die Unwägbarkeit der Richtung als Tumult und Chaos.

Die Auflösung der gewohnten Ordnung im Tumult ist das Kernstück der Fiesta, die nach Hemingway „ausbricht". Der Stier auf der Straße, die Fiesta ist da! Die ständige Herausforderung erschöpft den Stier, bis er ein leichtes Opfer geworden ist und getötet wird. Das Chaos, der Tumult ist aber nicht zu Ende, im Gegenteil. Der den Tumult auslösende Stier ist zwar getötet, seine Gewalt ist durch Gewalt überwunden, aber es scheint, daß das Von-keiner-Zivilisation-Gebändigte, das Wilde und die Gewalttätigkeit, die er verkörpert und die mit ihm in den Ort eingebrochen sind, sich jetzt derjenigen, die ihn überwunden haben, bemächtigt und sich in ihrem Verhalten festgesetzt hat. An dieser Stelle gewinnt der Alkoholkonsum Bedeutung. Der Wein, dem Blut des geopferten Tiers so ähnlich, ist das Hilfsmittel, den „Virus" des Tumultes lebendig zu erhalten, ihn den Körpern und Sinnen einzupflanzen und so Fortsetzung des Chaos zu schaffen. Der Wein garantiert nach dem Tod des Stiers die Kontinuität des Tumultes, der auflösenden Kraft. Hierin mag die heilige Bedeutung des Weines, die die Antike kennt und feiert, die Doppelrolle des Dionysos – Stier und Rebstock in einem – als kulturell vermittelter Zivilisationsauflöser und -erneuerer begründet sein.[202]

Der Stier verkörpert beim Eintritt in die Ortschaft das Ungebändigte, Wilde – die Natur vor dem „Sündenfall" der Zivilisation. Dieses Wilde samt seiner Gewalt wird im Gewaltakt, der Demütigung und Tötung, überwunden, springt aber gleichzeitig – die entzivilisierende Kraft des Gewaltaktes – auf die tötende Gemeinschaft über und wird künstlich im exzessiven Trinken am Leben erhalten. Die Gemeinschaft versetzt sich in den ursprünglichen Zustand des Stieres: Sie kehrt – ein simulierter, aber real erlebter Zustand – in vorzivilisatorische Zeiten zurück. Diese „Reise" in eine unbekannte Vergangenheit – man kennt das Draußen, die wilde Natur und den Stier als Symbol dieses Weltzustandes – endet damit, daß man sich diese Welt einverleibt, sie verschlingt. Essen ist immer Aufnahme von äußerer Welt in den eigenen Körper. Und dabei gewinnt Zivilisation wieder die Oberhand: Das Fleisch des Stieres wird ja nicht einfach roh verschlungen, sondern in komplizierter Kochkultur zubereitet und in der Mahlzeit, dem gemeinsamen Essen ohne Gewalt, verspeist. Der Wein ist aus einem komplexen Prozeß von Kultur, von *Bodenbearbeitung*, entstanden: Man hat sich entschieden, ihn zu genießen, man hat sich freiwillig und lustvoll der entzivilisierenden Wirkung im Rausch überlassen, aber man weiß um die Begrenztheit der Dauer und um die Rückkehr der Normalität.

Das gemeinsame Mahl bedeutet eine Umkehrung, die Reinigung und Erneuerung beinhaltet. Das Fleisch des Stieres wird als gekochtes, als kulturell bearbeitetes Gut verzehrt. Die, die es verzehren, befinden sich als Gemeinschaft (der Tumult auf den Straßen, der in der Tötung endet) und als einzelne (die Verlängerung des Tumults im Rausch) in einem Zustand des Chaos, in einem Zustand der Entzivilisierung. Der Stier ist als unzivilisiertes Element in den Bereich der Zivilisation eingebrochen; als Fleisch, das zivilisierter Zubereitung unterworfen war, wird es von den entzivilisierten Teilnehmern der Fiesta verschlungen.

Der Einbruch des Stiers hat entzivilisierende, das Verspeisen des Fleisches zivilisierende Wirkung. Bruchstelle dieser Umdrehung ist der Moment des Tötens, der, da er rituell geschieht, ein Opfern ist. Das Opfer ist Frevel (Entzivilisierung) und heilige Tat (Zivilisierung) zugleich. René Girards Theorie des Opfers als Gewalt freisetzende und zugleich bannende, versöhnende Kraft findet hier Bestätigung.[203] Die durch den Tötungsakt freigegebene Gewalt richtet sich, da sie einem rachelosen Opfer gilt, nicht gegen die Gemeinschaft. Die Gewalttätigkeit des Festes sind Verausgabung und Exzeß, die aber sind bei jedem Festteilnehmer gegen sich selbst gerichtet, sind eine Art Selbstopfer. Die freigesetzte Gewalt wird im festlichen Taumel abgeleitet, die angesammelte Aggression folgenlos abgebaut. Aus Opfernden werden wild Feiernde und schließlich gemeinsam Essende. Verausgabung und Exzess bewirken generelle Reinigung und Katharsis, die Wiederherstellung der Kräfte im gemeinsamen Mahl erzeugt Übereinstimmung und Stärkung des Zusammenhalts.

Man hat gemeinsam getötet, man hat gemeinsam die Freisetzung der Gewalt überwunden, man hat das Fleisch des Opfers gemeinsam genossen, man hat so die Gewißheit gewonnen, daß in dieser *Civitas* ein gemeinsames Leben möglich und sinnvoll ist, denn man gehört durch die gemeinsam bestandenen Abenteuer der Fiesta zueinander. Die Fiesta ist die immer neue Erschaffung der Identität des Ortes, der die Fiesta feiert. Die Gruppe der zusammenlebenden Menschen wird so immer wieder zur Gemeinschaft, zur *Civitas*.

Will die Fiesta ihr Ziel erreichen, muß sie ein totales Ereignis sein, total in zweierlei Hinsicht: Die Festzeit muß erstens klar und eindeutig vom Alltag geschieden sein und mehrere, mindestens aber zwei Tage umfassen, um dem Prozeß der „Ent- und Rezivilisierung“ Raum geben zu können. Und sie muß zweitens nicht nur einen Teil der Einwohner des Ortes, sondern die Gesamtheit einbeziehen und mitreißen.

Das Zweitgenannte stellt die wichtigere Notwendigkeit

dar, denn falls die Fiesta nur einen Teil der Einwohnerschaft betrifft, geht sie ins Leere, da das Anliegen der Erneuerung lokaler Identität und Solidarität nicht von einer Gruppe allein (und sei diese noch so repräsentativ) erreicht werden kann. Die Organisationsform der Fiesta muß folglich auf die Einbeziehung aller Einheimischen gerichtet sein, während einer Mobilisierung von Auswärtigen keinerlei Gewicht zukommt. Die Einheimischen aber haben keine Wahl: Sie sind bei der Fiesta dabei.

Für die spanische Fiesta gilt, was Konrad Ehlich für ländliche Feste behauptet:

In jener Gesellschaft ist die Feier selbstverständlich und – selbstverständlich verpflichtend. ... Teilnahme und Teilhabe an der Feier werden einfach und selbstverständlich praktiziert; Alternativen stehen nicht einmal als Option *offen. ... Sie ist eine Praxis der Allgemeinheit, der jeweiligen Allgemeinheit.*[204]

Die Fiesta in Spanien ist im Kern eine endolokale Institution und versteht sich nicht als publikumswirksames, touristisches Ereignis, obwohl gerade für größere Städte – so erlebt Pamplona jährlich die Konsequenzen der Hemingwayschen Bücher – dieser Prozeß unumkehrbar eingesetzt hat.

Man sieht hier das Modell des *pueblo*, der *patria chica*: Heimat als Verankerung in der lokalen, ortsgebundenen *Civitas*, deren Lebensgefühl und Zeitablauf von der Fiesta bestimmt ist. Spanier, die zwanzig oder mehr Jahre in einer der Großstädte leben, geben auf die Frage, woher sie denn kämen, wie selbstverständlich ihr *pueblo*, das Dorf oder die Kleinstadt, wo sie aufgewachsen sind, an. Und gerade dieses Pueblo hat, da kann man sicher sein, die tollste Fiesta und die schönste Virgen. Denn es ist „ihre" Fiesta, „ihre" Virgen; da gehören sie hin.

Das Konzept örtlich gebundener Frömmigkeit, die *local religion*, von der Christian spricht, muß – will man die Pueblo-Mentalität, *sociocentrico*/gemeinschaftszentriert hat sie Pitt-Rivers genannt[205], erfassen – um das örtlicher Fest-Eingebundenheit erweitert werden.

Ein Soriano bleibt, ob er nun seit Jahrzehnten in Madrid, Bilbao, Paris oder Düsseldorf lebt, Soriano, hauptsächlich deswegen, weil es in Soria die *fiesta del común* gibt und weil seine Identität an die Erfahrung dieser Fiesta gekoppelt ist. Er wird seinen Urlaub so legen, daß er bei der Fiesta in Soria bei seiner Cuadrilla sein kann; kann er nicht kommen, wird seine Abwesenheit von der Cuadrilla als Fehlen, als schmerzliche Leerstelle empfunden und bedauert.

Viele der Ortschaften, in denen die Arbeitsemigration besonders spürbar war, haben ihre Fiesta ohne jede Rücksicht auf den Ehrentag der Patronin oder des Patrons in den traditionellen Urlaubsmonat August verlegt, um allen Ortsangehörigen die Möglichkeit zu verschaffen, an der Fiesta teilzunehmen. Dennoch weicht Emigration – neue Bindungsgeflechte, vor allem der nachwachsenden Generationen, Verstädterung, wachsendes Freizeitbedürfnis – das alte System der im Jahresrhythmus wiederkehrenden Fiesta gerade für kleinere Ortschaften nach und nach auf.

Der größte Schaden für eine Fiesta rührt von der Abwesenheit der Leute her. Die Entvölkerung ländlicher Gemeinden führte den Hauptschlag beim Verschwindenlassen traditioneller Fiestas. Die Emigration, von der vor allem bestimmte demographische Schichten (Jugend) betroffen waren, hat die Landgemeinden um die – nach traditionellem Konzept – begeistertsten und wichtigsten Handlungsträger der Fiestas gebracht. Tatsächlich macht sich jede Abwesenheit bemerkbar und stört und beschädigt die Fiesta. Jede ‚Verstümmelung' der Gemeinschaft macht traurig und wirkt dämpfend: die Verstorbenen, die Kranken, die Abwesenden, die Emigrierten.[206]

Trotz erzwungener oder selbstgesuchter Landflucht und allgemeiner Modernisierung Spaniens in den letzten zwanzig

Jahren existieren die Fiestas in spanischen Pueblos noch immer in erstaunlicher Varietät und Dichte. Das hängt sicher nicht zuletzt an dem Bewußtsein, daß die Fiesta den Leuten, dem Pueblo, gehört. Was Goethe als Besonderheit und als Grundelement des römischen Karnevals herausgestellt hat: „Der römische Karneval ist ein Fest, das dem Volk eigentlich nicht gegeben wird, sondern das sich das Volk selbst gibt“[207], hat für die spanischen Fiestas noch immer Gültigkeit. Die Fiesta gibt sich jedes *pueblo* – im Doppelsinn von Ort und Volk – selbst. Deswegen weiß man sich im Gegensatz zum „inneren Zerfall“ durch Bevölkerungsverlust gegen Eingriffe von außen mit Unbotmäßigkeit und Aufruhr – Beispiel Soria 1954 – durchaus zu wehren, deswegen greifen Verbote – Beispiel Grazalema – so schlecht.

Joan F. Mira hat die In-Szene-Setzung eines verbotenen Stierlaufs in Tales (Valencia) beschrieben. Er wartet im Ort, es ist ihm von einem guten Bekannten versichert worden,

‚es wird einen Stier geben‘ ... Die Zeit verging – der halbe Nachmittag war schon vorüber – und nirgendwo gab es Anzeichen für irgendwelche Vorbereitungen. ... Meine drängenden Fragen danach, wer sich wann und wie des (in meinen Augen) ‚Problems‘ annehmen würde, wurden mit ironischen Bemerkungen, Ausdruck von Gleichgültigkeit oder Schulterzucken beantwortet. Und ... irgendwann holte ‚irgendeiner‘ aus einem Sägewerk Pfosten und Bretter, zog ‚irgendeiner‘ ein paar alte Türen hervor, andere einen halbkaputten Karren, und es tauchten genau zu dem Zeitpunkt Rollen mit Seilen, Sägen, große Steine auf, und an jeder Straßeneinmündung, die abgesperrt werden mußte, begann eine Gruppe von jungen und älteren Männern eifrig mit der Errichtung der Barrieren. ... als der Stier kam, waren – eine Frage von Minuten – die Absperrungen aufgebaut. ... Ist einmal alles fertig, hat sich der Bürgermeister dorthin zu begeben, um förmlicherweise die Erlaubnis zum Loslassen des Stieres zu geben. Und – selbstverständlich – erteilt er sie;

obwohl mitunter zähneknirschend, denn recht häufig steht er vor vollendeten Tatsachen: Niemand hat weder auf ihn noch die Stadtverwaltung beim Einbringen des Stiers und bei all den Vorbereitungen zählen können. Dann läßt man die drei Knallkörper als Ankündigung los, der Stierzwinger geht auf und die prova *(Erprobung des Stiers) beginnt.*[208]

Die Verbote von Stierläufen und Karnevals der frankistischen Zeit, antitumultuarischer Absicht geschuldet, sind längst demokratischer Wiederbelebung gewichen; doch heute sehen sich viele Kommunen mit einem anderen Problem konfrontiert: internationalen Medienkampagnen, die vor allem in Europa und Nordamerika aus Gründen der Tierliebe und des Tierschutzes ein Image einzelner Städte – Coria ist davon sehr betroffen – und Spaniens im allgemeinen als einer barbarischen Gegend entwerfen. Das führt zum ersten Punkt zurück: zur Intensität und Totalität des Festgeschehens selbst.

Die Annahme, die Fiesta ließe sich nach Beseitigung von Stierlauf und Stiertötung einfach weiterfeiern, als sei nichts geschehen, da sie ja mehr Elemente umfasse als nur das Stiergeschehen, geht von einem falschen Verständnis des Kulturphänomens Fiesta aus. Denn trennt man das den Tumult auslösende Moment des Stiers aus dem Netz des ganzen Festgeschehens heraus, bleibt zwar die Musik der umherziehenden Kapellen, die Umzüge der *cabezudos* und *gigantes* (Großköpfe und Riesen) und andere Maskenauftritte, die Tanzvergnügungen und der allgemeine Durst, aber es wäre so, als solle Karneval oder Fastnacht ohne Verkleidung gefeiert werden.

Diese Elemente, die an den Karneval erinnern, gehören zur Fiesta; sie markieren den Zeitbruch, der mit dem „Ausbrechen“ der Fiesta einsetzt, sie begleiten die Aussetzung des Alltags. In heutiger Zeit, in der Musik und Bilder technisch reproduzierbar und jederzeit verfügbar sind, kann man sich überhaupt nicht mehr vorstellen, was für ein Ereignis das

Auftreten von Maskierten, Stelzenläufern, Gauklern und öffentliches Musikmachen – nach langer musikloser Zeit – darstellen kann. Außerdem ruht alle Arbeit und der normale Tageslauf: Die Fiesta findet zu einem Gutteil nachts statt – die Nacht ist zum Tage gemacht, die „Arbeit" der Fiesta ist das Feiern, das Stierlaufen, das Zuschauen beim Stierspiel, das gemeinsame Plaudern, Essen, Trinken. Auch diese Umkehrungen, die nicht explizit gemacht werden, sind im Grunde karnevaleske Elemente. Sogar im Stierlauf selbst ist ein karnevaleskes Motiv versteckt: Der Stier, ein sonst Respekt gebietendes, mächtiges Tier, wird in einem Prozeß von Verspottung und Verhöhnung – *burlar el toro* (den Stier verhöhnen, verspotten, sich über ihn lustig machen) – all dieser Attribute entkleidet: Der Stierlauf gehört auch in die Tradition karnevalesker Herabwürdigungs- und Entthronungsszenen.

Michail Bachtin schreibt in „Rabelais und seine Welt": „Wir gebrauchen das Wort ‚karnevalesk' im weiten Sinn. Der Karneval als ein bestimmtes Fest hat bis heute überlebt, während andere Bestandteile des volkstümlich-festlichen Lebens, die ihm in Charakter und Stil (und auch von der Genese her) ähnlich sind, schon lange ausgestorben oder bis zur Unkenntlichkeit degeneriert sind. ... Als relativ gut erhaltenes Fragment dieser großen, reichen Welt repräsentiert er für uns das ganze volkstümlich-festliche Milieu. Wir benutzen es [das Epitheton ‚karnevalesk', Anm. K. B.] in bezug auf das ganze reiche und vielfältige volkstümlich-festliche Leben des Mittelalters und der Renaissance."[209] Es kann ebenso Geltung für die heutigen spanischen Fiestas beanspruchen. Die Vielfalt der Fiestas repräsentiert bis heute unter verschiedensten Namen – jede Fiesta hat ihre eigene Bezeichnung – und über das ganze Jahr verstreut ein breites Spektrum dieses volkstümlich-festlichen Milieus. Im restlichen Europa dagegen, wie Bachtin betont, „übertrugen verschiedene absterbende und degenerierende volkstümlich-festliche Formen einen Teil ihres Programms – Riten, Accessoires, Motive, Masken – auf den Karneval."[210] Auf diesem Hintergrund erstaunt es nicht, daß die Fiesta in Ciudad Rodrigo[211] im Südwesten der Provinz Salamanca der sogenannte „Karneval des Stiers" ist und Stierläufe das Herzstück dieses Fiesta-Karnevals bilden, während andererseits eines der großen Ereignisse des Gargantua-Romans in einem „Rinderschlachtfest samt heiterem Gastmahl"[212] besteht.

Die Fiesta hebt eine weitere Beschränkung, die den Alltag konstituiert, auf: die sozialen Schranken. Was Bachtin für den Karneval betont, gilt in gleicher Weise für die Fiesta; die Organisationsform der *fiesta del común* in Soria mag als Musterbeispiel stehen. „Die Volksmenge auf den Straßen und Plätzen ... ist nicht einfach bloß Menge. Sie ist das jenseits aller sozioökonomischen und politischen Zwänge ganz eigenwillig organisierte gesamte Volk."[213]

Das Laufen der Stiere, das Zuschauen dabei und das anschließende gemeinsame Mahl faßt zum einen die Gruppe der jungen Männer und inzwischen auch die der jungen Frauen und zum anderen Familien, Freundeskreise, Nachbarschaften zusammen. Die Intensität dieser Festbeteiligung ist sehr stark; Pitt-Rivers berichtet nicht ohne Erstaunen von einem fünftägigen Patronatsfest aus einem kleinen stierbegeisterten Dorf in der Levante:

Auswärts lebende Familien sind wegen der Fiesta zurück in ihr Pueblo gekommen, wo sie immer noch ein Haus haben. Männer jeden Alters laufen vor dem Stier, von jungen Burschen bis zu Großvätern; der Grad ihres Wagemuts läßt sich an der Distanz messen, der sie von den burladeros [der sichernden Vorrichtung, Anm. K. B.] trennt. Ganze Familien nehmen als Zuschauer teil, dabei auch ein drei Monate altes Mädchen, das aufgrund seines zarten Alters nicht viel von Stieren verstehen dürfte, obwohl seine ‚Stier'-Erziehung schon begonnen hat; kommt der Stier an den Burladero, zeigt man ihn dem Mädchen. Die ganze Familie hat sie nach-

einander im Arm. Die, die sie im Arm hatten, sind... insgesamt 22 Personen, davon 9 männliche und 13 weibliche; es waren in der Mehrzahl Männer, die sie im Arm hatten, um ihr den Stier hinter dem Burladero vor dem Haus, einem Hauptgebäude am Platz, zu zeigen. Das Mädchen mußte alle Geräusche der Fiesta aushalten; die Knaller, Pasodobles und Werbesprüche über Lautsprecher, alle Gerüche des Platzes und der Personen, die sie in den Arm genommen und auf verschiedene Weise liebkost hatten: Parfüms verschiedener Damen, unterschiedliche Schweißausdünstungen und Mundgerüche, angereichert mit Tabak, Knoblauch, Zwiebel, Alkohol und Bier, während sie wahrscheinlich nur Lust auf die Brust ihrer Mutter hatte. So hat unser drei Monate altes Mädchen schon eine umfassendere Erfahrung sozialen Lebens als ein dreijähriges Kind in anderen Ländern.[214]

Die Kinder lernen es von klein auf: Die Zeit der Allgemeinheit und des Nicht-Alltags ist die Zeit des Stieres; wenn der Stier kommt, ist auch die Fiesta da. Die Fiesta ist die stärkste Erfahrung des Pueblo und seines sozialen Lebens. Die Fiesta ist das Pueblo im reinen, im „heilig"-außerordentlichen Zustand. Das Außerordentliche besteht in der Aufhebung des Rhythmus der normalen Zeit, in Übertretung – angeführt vom gemeinsamen Herabwürdigen, Töten und Essen eines Symbols, das Stärke und Macht repräsentiert – und in allgemeinem Exzeß. Die gemeinsam erlebte Erregung wird Teil des Pueblo und bestätigt jeden und jede als dazugehörig, schafft so die Identität des Pueblo als eine Gesamtheit. Die Fiesta ist eine Sozialisationsinstanz erster Ordnung.

Robertson Smiths Studie „The Religion of the Semites" – obschon heute in den Hintergrund getreten – bedeutete an der Wende vom 19. ins 20. Jahrhundert für alle Wissenschaften vom Menschen, vor allem für Soziologie, Ethnologie und Religionswissenschaft, einen entscheidenden Paradigmenwechsel: Sie markiert hinsichtlich der Theoriebildung über das Opfer einen Einschnitt, den Beginn eines Umdenkens.

Smith sieht im Opfer nicht „nur eine Art von verpflichtendem oder freiwilligem Tribut oder eine Huldigung, ähnlich jener, die die Untertanen ihrem Fürsten schuldig sind“[215], sondern er erkennt das Opfer einerseits als vorbereitenden Schritt für eine Mahlzeit, und andererseits hebt er den Zusammengehörigkeit stiftenden Charakter dieses Mahles hervor: „Eine gemeinsame Mahlzeit kann also die gleichen Wirkungen haben wie ein gemeinsamer Ursprung.“[216]

Opfermahl und Fest sind identisch; die opfernde Gruppe will laut Henri Hubert/Marcel Mauss zur Erneuerung der Fruchtbarkeit beitragen. Beim Opferfest müssen drei Handlungsstränge unterschieden werden: der Tod des Opfers, die Kommunion der Opferer, die Auferstehung des Opfers. Eine agrarische Opferhandlung stelle auf symbolische Weise immer auch die Felder und ihre Produkte dar.[217]

Spätere Arbeiten haben diesen eingeschränkten Begriff der Erneuerung – Fruchtbarkeit von Vieh und Feldern – erweitert. Die Erneuerung und Sicherstellung von Fruchtbarkeit ist ein zwar wichtiger, aber dennoch nachgeordneter Akt der Regeneration. Denn die ganze Welt bedarf von Zeit zu Zeit der Erneuerung. Bei Roger Callois liest man:

Die Zeit erschöpft und entkräftet. Ihr ist das Altern anzulasten, sie führt auf den Tod zu, nutzt ab*: Das ist die Grundbedeutung der Wurzel, aus der sich sowohl im Griechischen als auch im Iranischen die Bezeichnungen für ‚Zeit‘ ableiten. Die Vegetation erneuert sich jedes Jahr, und das soziale Leben sieht wie die Natur einem neuen Zyklus entgegen. Alles Lebendige braucht dann Verjüngung. Die Schöpfung der Welt muß sich aufs neue vollziehen ... Das Fest ist in der Tat eine Aktualisierung der Frühzeit des Universums, seiner* Urzeit, *des ursprünglichen, im höchsten Grade schöpferischen Zeitalters, in welchem alle Dinge, alle Wesen, alle Institutionen sich in ihrer überlieferten, endgültigen Form gefestigt haben.*[218]

„Schöpfung der Welt“ meint in diesem Sinn nicht nur die

Naturgeschichte, sondern ebensosehr die Kulturgebung am Anfang der Zeit. Naturzyklus und Kulturtradition sind ungeschieden; beider Abnutzung muß entgegengetreten werden. Das Fest leistet mit Hilfe der zyklischen Wiederkehr seiner Riten die – wie Mircea Eliade sagt – „fortdauernde Erneuerung der Zeit“[219]: Das Kontinuum der kulturell geordneten Welt geht in Chaos und Tumult unter, woraus dann die erneuerte Welt hervorgeht.

Beachtung verdienen die beiden Bruchstellen, die Übergänge von einem Zustand in den anderen. Denn sie öffnen die Schöpfung, lassen die normalerweise gültigen Grenzen verschwinden. Der erste Übergang ist durch *Bewegung* markiert: Sie zerschlägt die geordnete Setzung ins wilde Durcheinander des Chaos. Die normal gültigen Beziehungen der Menschen untereinander wie auch die Ordnung des Raumes sind aufgehoben, es können sogar Diesseits und Jenseits, das Totenreich und die Welt der Lebenden gemischt werden. In den Masken tauchen Zwitter, halb animalische, halb menschliche Gestalten, verunstaltete Menschen mit Riesenköpfen, Zwerge, Riesen, vertierte Personen auf: selbst „die von maskierten Tänzern verkörperten Ahnen oder Götter mischen sich unter die Menschen“.[220] All diese „revenants“, wie Callois sie im Fortgang nennt, sind nur ein Aspekt des Niederreißens, der Nicht-Existenz dieser Grenze: Nicht nur der Weg aus dem Jenseits ins Diesseits ist offen, sondern auch umgekehrt. Das ist der Weg des Opfers, die Fahrt des Schamanen, die Höllenfahrt und Auferstehung des Kulturheros.

Betrachten wir das Opfertier: Die Grenzaufhebung des Festes ist es, die das Opfer erst heiligt. Indem es getötet wird, ist es zum Leben bestimmt. All das Denken der Erneuerung von Fruchtbarkeit greift hier. Die Vorstellung vom „Knochenwunder“ der nächtlichen Fahrt im Alpengebiet,[221] bei dem ein nächtlich gefressener Ochse durch Sammeln der Knochen am nächsten Morgen wieder im Stall steht und hinkt, weil ein Knöchelchen gefehlt hat,[222] gehört hierher wie der Kuhlauf und das Knochenauswerfen in Fuentelencina.

Der zweite Übergang, die Rückführung des Chaos in das geordnete Sein, besteht in der *Erfüllung der Aufgabe des Sarkophages.* Sarkophag heißt Fleischfresser; das Fest nach der Tötung ist eine einzige „sarkophage Maschinerie" zur Ablösung der Knochen vom Fleisch und zum Verschwindenlassen des Fleisches. Der Sarkophag des Grabes erfüllt beim Leichnam die gleiche Funktion. Das Festessen aber ist ein Triumph des Lebens: Das tote, zubereitete Fleisch verschwindet im lebenden Fleisch der Festteilnehmer, die fröhlich sind, lachen, scherzen und mit Vorliebe, wie Bachtin für das volkstümlich-festliche Geschehen insgesamt gezeigt hat, als Thema obszöne Körperlichkeit wählen.[223] „Die Körper verflechten sich miteinander", kommentiert Bachtin die Geburtsepisode des Gargantua, „und fließen zum *umfassenden grotesken Motiv der eßbaren und essenden Welt zusammen.* Es entsteht eine konzentrierte Körperatmosphäre, ein *riesiger Leib.* Um ihn herum konzentrieren sich die zentralen Ereignisse... Essen, Austritt des Darms, Entbindung."[224] Diese drei Elemente charakterisieren nicht nur die Geburt von Rabelais' Helden, sondern dürfen allgemeine Gültigkeit im Fest beanspruchen. „... das Ende muß einen neuen Anfang in sich tragen wie der Tod eine neue Geburt."[225]

Der riesige Leib des Festes gebiert die erneuerte Schöpfung; die Welt – der Kosmos der *tierra chica* – in allen Aspekten ist wiederhergestellt.

Alan Dundes und Alessandro Falassi haben in einer genauen Studie den Palio, das Fest von Siena, in dessen Zentrum ein genau reglementiertes, kurzes, aber mit langen und die ganze Stadt einbeziehenden Vorbereitungen umgebenes Pferderennen auf dem Hauptplatz steht, dargestellt und interpretiert. Der Sieger des Palio bekommt das Palio-Banner, ein Tuch mit dem Bild der Gottesmutter. „Wie überraschend es auch immer erscheinen mag, der Palio wird, wenn das Rennen zu Ende ist, als *il cittino poppante*, wörtlich ‚der kleine Säugling' bezeichnet."[226] Das Ergebnis des tumultuösen Palio-Rennens – jeder Palio erschüttert die Sieneser Welt[227] – mündet in eine Geburt, in Neuschöpfung, Neuordnung. Das Mahl ist als symbolisch-groteske Geste ebenfalls präsent: „Nach dem Rennen lutscht der Sieger am Schnuller, die Verlierer trinken ein Abführmittel."[228] Der Dreischritt von Essen, Verdauung, Neugeburt ist in Siena entsprechend dem Wettbewerbscharakter des Rennens aufgeteilt: Der Sieger ißt in der *ursprünglichsten* Form – „viele... des siegreichen Stadtteils lutschen am Schnuller, an Babyflaschen und ähnlichem"[229], während die Verlierer den eher unangenehmen Teil, die Ausscheidung zu übernehmen haben; der neugeborene Palio als Symbol Sienas aber betrifft die ganze Stadt.

Es ist nicht uninteressant und führt nach Spanien zurück, daß die *nerbo* genannte Reitgerte, mit der die Jockeys die Pferde und sich gegenseitig schlagen, traditionell aus dem Penis eines noch saugenden Jungstieres hergestellt wird.[230]

So ist in Siena der Stier sowohl als Auslöser des Tumultes beim Rennen in Form der Peitsche als auch bei der Geburt des erneuerten Sienas in der versteckten Koinzidenz von Palio-Säugling und saugendem Stierkalb untergründig dabei: Die Penis-Gerte des Milchstieres macht, neben dem Pferd, den Sieger erst zum Sieger und läßt ihn als solchen zum Säugling regredieren. In Siena ist, zwar unsichtbar, aber dennoch an prominenter Stelle, der Stier in medialer Funktion bei der Gestaltgebung des Festes als Aufhebung der Zeit, als Zeitbruch präsent.

Jean Duvignaud hat hierfür das Wort „Uchronia", „Nicht-Zeit" als „a return to the source, to the origins"[231] eingeführt. Die zeitliche Koinzidenz vom Niedergang des volkstümlich-festlichen Milieus im reformatorischen und gegenreformatorischen Europa des 16. Jahrhunderts – die

Sonderstellung Spaniens haben wir gesehen – mit dem Auftreten der ersten „Utopien" läßt aufmerken. Ist die Möglichkeit der Uchronie, der Nicht-Zeit und damit verbunden der zeitweiligen „Wiederherstellung" der glücklichen Ursprungszeit, nicht mehr gegeben, so wendet sich die menschliche Sehnsucht nach dem paradiesischen Zustand der räumlichen Entfernung, der Utopie, dem Nicht-Ort zu. Die moderne abendländische Gesellschaft hat die zyklische wiederkehrende Nicht-Zeit durch die Suche nach dem Nicht-Ort ersetzt. Beide haben ohne Zweifel das gleiche Ziel: „Wiederherstellung" des harmonischen Goldenen Zeitalters durch Aufhebung der sozialen Zwänge und Schranken und Einrichtung einer eigenen sozialen und politischen Organisation, in der alle gleich sind und Befriedigung ihrer Bedürfnisse finden.

Die uchronische Fiesta leistet dies für die *tierra chica*, die kleine Lebenswelt des Pueblo. Es wird verständlich, daß Menschen, die in einem volkstümlich-festlichen Milieu aufgewachsen sind und von klein auf durch das Fest sozialisiert wurden, nicht leicht davon ablassen können. Die zweite große Welle europäischer Festvernichtung, das Ordnungs- und Effizienzdenken der Aufklärung, hat zum Beispiel in dem englischen Ort Stamford gut ein halbes Jahrhundert, von 1788 bis 1839, gebraucht, um mit Hilfe großer Kampagnen, Serien von Gerichtsprozessen und sogar Einsatz von Militär den Stamfordern ihr Bullenrennen, ihren Stierlauf auszutreiben.[232]

Die spanische Fest- und Stierbegeisterung hat auf die Herausforderung der Aufklärung mit Bildung eines überregionalen und ganz eigenständigen Rituals, der Corrida in der Arena, dem „Stierkampf" reagiert. Für viele Spanier ist dieser Stierlauf noch immer die *fiesta nacional*, das Nationalfest. Es bleibt zu untersuchen, inwieweit dieses nationale und von Anfang an kommerzialisierte Stierereignis mit den alten lokalen Fiestas zusammenhängt und ob es – Rodriguez

Becerras Frage ist schon zitiert – überhaupt den Status einer Fiesta beanspruchen darf. Anders gesagt: Transportiert die Corrida in der Arena in irgendeiner Weise den Gehalt der ländlich-lokalen Stierfeste oder ist sie nichts weiter als ein profitträchtiges und publikumswirksames Spektakel.[233]

VI
Corrida in der Arena

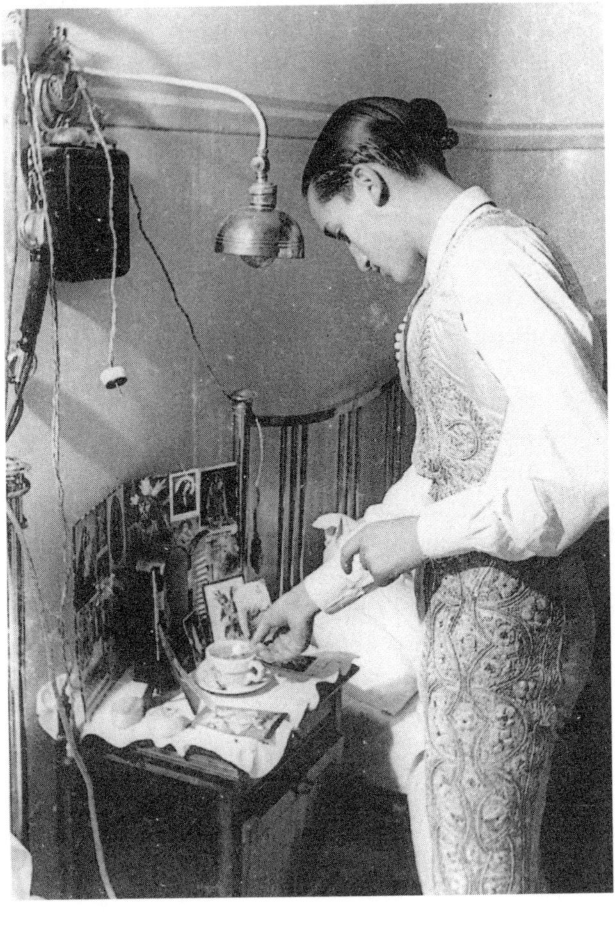

„A las cinco de la tarde.“ Fünf Uhr am Nachmittag: „‚6 Toros 6‘, wenn Gott und das Wetter es erlauben“[234]. Sie erlauben es meist; die Corrida pflegt pünktlich zu beginnen. Jedoch hat die Sommerzeit den Beginn um eine Stunde nach hinten verschoben. Wenn also Punkt sechs der Präsident der Corrida, flankiert von seinen zwei Beratern, meist einem Kenner der Welt der Stiere, einem ehemaligen Torero, Züchter oder Journalisten, und einem Tierarzt, das weiße Tuch über die Brüstung seiner Loge hängt, reiten unter der einsetzenden Musik eines *pasodobles* die zwei *alguaciles* (Amtsdiener) in die Arena ein und begrüßen den Präsidenten. Dieser Beginn der Corrida heißt *despejo de plaza*, die Räumung des Platzes. Dann erfolgt, angeführt von den Alguaciles, der feierliche Einzug der drei *cuadrillas*. Jeder *matador*, Haupttorero, der den Todesstoß zu führen weiß, hat seine Cuadrilla aus *banderilleros* und *picadores* dabei. Dann kommen die Pferdeburschen, nach ihnen die *areneros*, die nach jedem Stier den Sand ebnen oder mit Wasser anfeuchten, und als letzte die *mulilleros*, die Metzgergehilfen, die mit einem Mauleselgespann die getöteten Stiere aus der Arena schleifen werden. Alle, denen in der Arena eine Aufgabe, und sei diese noch so gering, zukommt, sind beim *paseillo*, dem Einzug, dabei, der damit endet, daß der Präsident den Alguaciles den Schlüssel zum *toril*, zum Stierzwinger, zuwirft oder aushändigen läßt: Der Stier kann kommen. Sechsmal.

Das Zeremoniell hat aber längst vor diesem offiziellen Eröffnungsritual begonnen. Die Stiere mußten zur Arena gebracht und unter den drei Toreros verlost werden, die Toreros wurden angekleidet und haben die Gebete vor „ihrer“ Gottesmutter oder sonst einem Schutzheiligen verrichtet. Noch sind Karten im Verkauf zu haben, oder es blüht schon der Schwarzmarkt; die feierliche Stimmung, die über die ganze Stadt zerstreut war, beginnt sich auf die Umgebung der *plaza de toros* zu konzentrieren. José Antonio del Moral schreibt in „Wie eine Corrida de Toros zu sehen ist" über diese Stimmung: „Improvisierte Gesprächsrunden unter Unbekannten, die jedoch Freunde von jeher zu sein scheinen, Begrüßungen zwischen Altbekannten, allgemeine Fachsimpelei, leidenschaftliche Diskussionen, das Kommen und Gehen von Stierbegeisterten und Neugierigen."[235]

Dann öffnet sich der Toril: Der Stier stürmt in die Arena. Sein Name, Alter und Gewicht wird an der Anzeigentafel bekanntgegeben; die echten Aficionados haben sich die Stiere bei der Verlosung bereits angesehen und seine Fähigkeiten und Reaktionsweisen einzuschätzen versucht. Der Stier, geblendet vom Licht – die Tür des Toril öffnet sich immer nach Westen –, nimmt zuerst keine Notiz vom Torero und seinen *peones*, die den Stier rufen und „herbeizitieren". Dann sind nur der Matador und der Stier in der Arena. Mit der gelb-lila *capa*, die im Schnitt einem ärmellosen Umhang ähnelt, erprobt der Torero den Stier, sowohl seine *bravura*, Tapferkeit und Kampflust, als auch seine Reaktionsweisen wie Durchstarten, Schnelligkeit, Art der Kopfbewegung, Stoßrichtung, Stoßhöhe. Dieses Testen des Stiers heißt *brega*, was von doppelter Bedeutung ist und *foppen* sowie *harte Arbeit leisten* heißt. Der Torero führt den Stier eng am Körper vorbei, lehrt ihn, der Capa zu folgen und zuzustoßen, läßt ihn ins Leere laufen; alles geschieht mit großer Geschwindigkeit, denn der Stier ist noch bei voller Kraft und unverletzt.

Mit dem *aviso*, dem vom Präsidenten angeordneten Trompeten- und Trommelsignal, reiten, während der Torero weiterhin den Stier mit *verónicas* und anderen Capa-Figuren vorführt, die Picadores in die Arena ein. Erst jetzt beginnt das eigentliche erste *tercio* (Drittel), die *suerte de varas*, die Lanzenphase, bei der die Picadores, meist schwere, starke Männer, mit ihren Lanzen, die in den *puya* genannten Metallspitzen mit Querstab enden, darauf warten, daß der

Torero den Stier so stellt, daß ihn die Rufe des Picadors und das Klappern der blechernen Steigbügel erreichen können. Irgendwann fixiert der Stier Pferd und Reiter und beginnt loszugaloppieren, um anzugreifen. Beim Anprall des Stiers auf das Pferd bohrt der Picador die Puya in den Nacken des Angreifers. 1928 wurde in der offiziellen Stierordnung, dem *reglamento*, festgeschrieben, daß die Pferde in der Arena in einem Körperschutz, dem *peto*, wie er schon seit je bei der Erprobung der Stiere auf den Weiden benützt worden war, eingehüllt sein müssen.[236] Vor diesem Zeitpunkt stürzte sich der Stier auf die ungeschützten Pferde, die Verletzung des Pferdes und der Sturz des Reiters war die Regel, gehörte zum Kalkül. Del Moral betont, daß ein heutiger Puyastoß durch die Panzerung des Pferdes wesentlich stärker ausfällt, als dies bei ungeschützten Tieren der Fall war.[237]

Die Aktion des Picadors wird *castigar* genannt: Züchtigen im Doppelaspekt von Verbessern durch Abstrafen. Länge und Wiederholung dieser „Züchtigung" hängen vom Matador ab; läßt er den Stier zu oft oder zu fest vom Picador bearbeiten, können sich beide der Beschimpfung durch das Publikum sicher sein. „Den Stier zerstören" lauten dann die Kommentare oder einfach: „*Ya no hay toro*" („Da gibt's schon keinen Stier mehr"). Die Nackenwunde dient zum einen zur Schwächung des Stiers und zwingt ihn zur Senkung von Hals und Kopf, was für die *faena*, die Arbeit mit der *muleta*, dem roten Tuch, notwendig ist, zum anderen erweist sich nochmals die *bravura* des Stiers: Wie er angreift und der Lanze standhält, gerade so wird er sich auch vor der Muleta verhalten. Es kommt auch heute noch vor, daß das Pferd samt Picador unter der Wucht des Anpralls stürzt oder daß es dem Stier gelingt, es in die Höhe zu stemmen. Da stockt dann den Zuschauern der Atem vor Schrecken, während sie sonst beim Tun des Picadors eher böswillig zu ihm sind. Die Picadores sind die „bösen Buben" der Corrida; mit Genuß läßt sich der Volkszorn an ihnen aus.

In der Erzürnung des Publikums kann den Picadores höchstens der Präsident, wenn er sich weigert, einen hinkenden Stier aus der Arena abzuziehen, oder ein Matador, der aus Feigheit beim Töten versagt, den Rang ablaufen. In diesen Fällen ist die Antriebskraft echte Wut, während es sich bei den Picadores eher um ein ritualisiertes Spiel zu handeln scheint. Jedenfalls müssen die Picadores trotz guter Erfüllung ihrer Aufgabe oft unter allgemeiner Mißbilligung und Schimpfworten davonreiten.

Dauert das Lanzendrittel zu lang, wird es – wie alle anderen Phasen auch – vom Aviso, das vom Präsidenten veranlaßt wird, abgebrochen. Manchmal bittet auch der Matador um Überleitung in die nächste Phase: das Setzen der *banderillas*. Die Banderillas sind 70–80 cm lange, bunt geschmückte Spieße, die an der Spitze mit Widerhaken versehen sind. Die Banderilleros, in seltenen Fällen der Torero selbst, meist aber seine Gehilfen plazieren bei dieser Suerte nacheinander drei Paare dieser Spieße im Rücken des Stiers. In jeder Hand eine der Banderillas, am oberen Ende angefaßt, mit hocherhobenen Armen und durchgebogenem Rükken ruft der Banderillero den Stier und läuft, wenn der Stier startet, seitwärts oder in einem tänzerischen Zickzack direkt auf diesen zu, stoppt knapp vor ihm und setzt, mit beiden Beinen gleichzeitig abspringend, beide Spieße in die vordere Rückenpartie des Stiers und dreht sich noch im Sprung aus der Reichweite des Horns. Bedächtig, beherrscht und langsam ausgeführt, kann diese Suerte einem Tanz ähneln; sie wird aber oft als risikogemindertes mechanisches Abschnurren eines dreimaligen Spieß-Einsteckens betrieben. Wieder ertönt, manchmal schon bei den zweiten Banderillas, das Zeichen zum Wechsel des Drittels.

Das letzte Drittel, die *suerte de matar o de la estocada*, des Todesstoßes, zu dem das Toreo mit der Muleta zählt, hat begonnen. Während die Gehilfen des Matadors den Stier zu der Stelle zu bringen versuchen, wo dieser ihn – aus Gründen von Eigenheiten des Stiers, der Lichtverhältnisse oder des Vermeidens von Windeinfluß – haben will, bittet der Matador, wenn es sich um den ersten Stier der Corrida handelt, den Präsidenten um die Erlaubnis zum Töten, dann kann er, wenn er das will, den Stier jemandem widmen: der Gesamtheit des Publikums, seinem Vater, dem Präsidenten als Vertreter der Autorität, einer ihm unbekannten oder bekannten Frau, jedoch nicht der Mutter oder der Gattin. Denn es ist höchst unüblich, daß Mutter oder Gattin eines Toreros mit in die Arena kommen; sie sind während der Corrida meist zu Hause. Selbst wenn die Corrida übertragen wird, sitzen sie meist nicht vor dem Fernsehgerät, sondern vor dem Bild der Virgen, „nur den allerheiligsten Rosenkranz in Händen, und sonst nichts“[238], wie Conchita Spínola, Gattin von Litri Vater und Mutter von Litri Sohn in einem Interview erzählt.

Nach der Widmung übergibt der Matador einem der Gehilfen die *montera*, die übliche Kopfbedeckung eines Toreros – Romero de Solis[239] hat sie als stilisierte hörnerlose Stirnpartie eines Stiers im Modestil des ausgehenden 18. Jahrhunderts zu entschlüsseln versucht. Öfters jedoch wirft der Torero die Montera lässig hinter sich, wobei er aus der Reaktion des Publikums erfährt, wie sie gefallen ist. Ist ein Aufseufzen zu hören, so weiß er, daß sie mit der offenen Seite nach oben liegengeblieben ist: Dies gilt als schlechtes Vorzeichen. Niemals jedoch wird sich der Torero nach der am Boden liegenden Mütze umdrehen, sondern – ganz egal, wie sie gefallen ist – an der Barriere Degen und Muleta entgegennehmen, um den Stier herbeizuzitieren, und mit dem Toreo beginnen. Während des letzten Drittels behält der Torero im Gegensatz zu den Peones praktisch nie die Kopfbedeckung auf.

Jetzt stehen sich der Torero, ausgerüstet mit Degenattrappe und Muleta, und der durch Nackenwunde und Banderillas aufs höchste gereizte und zum Angriff getriebene Stier allein gegenüber. Während beim spanischen Publikum die freudige Erwartung auf das nun Kommende steigt, sehen Nicht-Spanier oft nur noch den blutigen Nacken des Stiers. Wer aber nur die Wunde und das Blut sieht und auf dieses – aus welchen Gründen auch immer – fixiert ist, kann die Interaktion, die zwischen Torero und Stier stattfindet, nicht wahrnehmen. Wer sie aber sieht, für den kann die Phase der Muleta eine Schule des Sehens sein. Man kann erkennen, wie kulturelles Handeln natürlich-instinktives Reagieren zu überformen und zu formen vermag, wie mächtig Kultur sein kann und gleichzeitig auch auf welch schwankendem Gleichgewicht sie aufgebaut ist.

Durch drei Verben ist das Vorgehen des Toreros gekennzeichnet: *parar* – innehalten, stoppen, *templar* – abkühlen, mäßigen, *mandar* – in den Griff kriegen, befehlen.

Der Torero muß stillstehen: Er erwartet in ruhiger Haltung, ohne die Füße zu bewegen, den Stier. ... Er muß ihn mäßigen: Dazu muß er alle Veränderungen, die der Stier im Laufe der Lidia zeigt, wahrnehmen und angemessen darauf reagieren. Nur so wird es ihm gelingen, ihn über die ganze Dauer im Bann des Tuchs zu halten. ... Er muß also nicht nur den Stier, sondern auch sich selbst unter Kontrolle haben. Er muß schließlich dem Stier befehlen: ihn dazu bringen, sich unter der Führung des Tuchs zu bewegen und zu stoppen, sich also dem ... von ihm gewollten Rhythmus anzupassen.[240]

Lauf und Angriff des Stiers werden durch das Geschick des Toreros geformt, der Stier in seiner natürlichen Wildheit und Stärke, die durch die vorausgangenen Suertes zwar abgedämpft, aber durchaus noch präsent ist, wird zum plastischen Element, an welchem menschliche Naturbeherrschung durch Arbeit vorgeführt wird und triumphiert.

Wenn der Torero den Stier eng an sich vorbeiführt, ihn zurückruft, erneut vorbeiführt, ihn also um das fast bewegungslose Zentrum, das er selbst bildet, in linksseitiger Bewegung auf relativ engem Raum kreisen läßt, dann erfüllt sich der Wunsch der Zuschauer, das zu sehen, weswegen sie gekommen sind: eine Serie von *naturales* genannten Schrittfolgen, bei denen der Torero mit der Muleta in der Linken den Stier dirigiert, beherrscht, zum Laufen zwingt. Natürlich gibt es neben den Naturales und ihren Spezialformen jede Menge anderer *pases*, den mit der rechten Hand geführten, den des Handwechsels und verschiedene, die oft als *pases de adorno*, als Schmuck-Schrittfolgen bezeichnet werden, aber für das Publikum besteht der Grundstock und die Krönung einer guten Faena in *naturales*.

Wenn die Corrida-Begeisterten für das Geschehen in der Arena die Ausdrücke *faena*/Arbeit und *arte*/Kunst verwenden, so haben beide ihre Berechtigung: *faena* kommt von *facere*, was im Lateinischen menschliche Auseinandersetzung mit der Welt und auf Naturbeherrschung gerichtetes Tun im allgemeinen bezeichnet; von Kunst kann die Rede sein, da das feste Regelsystem der Corrida einerseits und die plastischen Möglichkeiten sowie die sich daraus ergebenden Unterschiede in der jeweiligen Realisierung andererseits diesem Tun den ästhetischen Charakter – Vergleich- und Bewertbarkeit – aller ephemeren, nur dem augenblicklichen Bewegungsablauf verpflichteten Kunstformen verleihen.

Die Corrida ist kein Kampf, nicht einmal ein Wettkampf. All die Klagen, daß der Stier keine Chance habe – er hat keine, aber er kann sie nutzen und den Torero töten oder verletzen –, gehen von einer falschen Vorstellung der Corrida aus, die oft irreführenden Bezeichnungen, wie sie außerhalb Spaniens üblich wurden – Stier*kampf*, bull*fighting* – geschuldet sind. Es ist kein Treffen zweier gleichwertiger Gegner; der Stier ist Mittel zu einem einzigen Zweck: die mit Risiko verbundene Fähigkeit des Menschen, sich ungebändigte Natur zu unterwerfen, und diese Fähigkeit nicht theoretisch zu fassen, sondern im Tun selbst zu zeigen.

Gelingt diese Interaktion, beherrscht der Torero den Stier, dann kommt Feststimmung auf und einzelne Rufe nach Musik „¡*Mú-si-ca*!“ „¡*Mú-si-ca*!“ werden laut, bis die Kapelle das Bewegungsspiel in der Arena mit Pasodobles zu begleiten beginnt. Anfeuernde *Olé*-Rufe begleiten die Schrittfolgen und füllen die Arena. Die mitgebrachten Sachen werden ausgepackt: *Botas*, mit Wein oder Cognac gefüllte Lederschläuche, beginnen zu kreisen, hier werden Schinkenstücke angeschnitten und verteilt, dort dicke Zigarren angesteckt und überall bewundernde Kommentare ausgetauscht. Der Torero hat den Stier im Griff: die Fiesta ist in Gang gekommen.

Mißlingt die Faena, hält der Torero zuviel Abstand vom Stier oder kann ihm nicht seinen Willen aufzwingen, dann wird im Publikum über die Gründe dafür gefachsimpelt, die Qualitäten des Stiers und die Fehler des Toreros werden durchgegangen, es wird grob gescherzt, der Torero bekommt höhnische oder ernst gemeinte Ratschläge zugerufen, und man tröstet sich mit Schlucken aus den Botas über diesen Fehlschlag hinweg: Die Erwartung hat der Hochstimmung noch nicht das Feld überlassen. Doch auch diese allgemeine Erwartung ist freudig erregt, festlich gespannt: Die nächste Faena wird's bringen.

In beiden Fällen fehlt der zweite Teil dieses Drittels, der Todesstoß. Wenn der Matador den stumpfen Degen gegen den scharfen tauscht, steigert sich die Spannung im Publikum – die schlechteste Faena ist vergessen, bei einer guten hofft man auf ihre Vollendung: Wird dem Matador der Todesstoß auf Anhieb und sauber gelingen? Der Torero plaziert den Stier und steht dann direkt vor ihm. Der Stier ist erschöpft, schnauft und kann jeden Moment losbrechen, da hebt der Torero – in der Linken die Muleta am Boden schleifen lassend, damit der Stier den Kopf senkt – den Degen, der sich zur Gänze und auf einen Stoß in die nur münzgroße, *cruz* (Kreuz) genannte Stelle zwischen den Schulterblättern des Stiers senken soll.

Zwei Möglichkeiten, den Stoß auszuführen, stehen dem

Matador offen und müssen abgewogen werden: Stehenbleiben und warten, daß der Stier losläuft und den Degen im Lauf empfängt (diese Art heißt *matar recibiendo*), oder selbst loslaufen und aus dem Lauf heraus den Stich ausführen (was *volapié* genannt wird).

Wie immer sich der Torero entscheidet, es handelt sich um eine höchst gefährliche Aktion. Der Stier kann eine plötzliche Bewegung machen, den Kopf heben, der Degen kann das Schulterblatt treffen, dabei abspringen und durch die Wucht dieses Abpralls die Sprungbewegung des Toreros verreißen und ihn so ins Horn stürzen. Im Moment vor dem Todesstoß herrscht in der Arena Schweigen, das sich im Moment des Zustoßens in Beifall oder in ein enttäuschtes Aufstöhnen auflöst.

Das Publikum will einen schnellen, gekonnt ausgeführten Todesstoß am Ende einer jeden Faena; je mehr Versuche ein Matador braucht, desto größer wird die Unruhe und Empörung im Publikum. Eine schlecht ausgeführte Tötung macht normalerweise größeren Beifall, die Vergabe irgendwelcher Trophäen oder eine Ehrenrunde unmöglich. Unter Schweigen tritt der Torero hinter die Barriere. Somit ist auch beim Akt der Tötung, wie beim sonstigen Ablauf in der Arena, von seiten des Publikums nichts von Blutlust oder sadistischer Gier zu spüren. Der Tod des Stiers gehört für das Publikum als etwas Notwendiges dazu: Der Stier ist für die Arena gezüchtet worden, dort soll er ehrenhaft kämpfen, dort soll er aber auch ehrenhaft sterben können, das heißt von einem einzigen Degenstoß getroffen werden, kurz taumeln, zusammenbrechen und von einem der Gehilfen umgehend den Fangstoß erhalten.

Gelingt die Tötung und war die vorhergegangene Faena gut, dann verlangt das Publikum Trophäen für den Torero, indem es mit kleinen weißen Tüchern in Richtung Präsident winkt. Ist der Präsident samt Beratern einverstanden und teilt die Meinung des Publikums hinsichtlich der Durchführung des *parar*, *templar*, *mandar* oder aus Gründen populistischer Anbiederung, dann hängt er in lässiger Geste ebenfalls ein weißes Tüchlein über die Brüstung seiner Loge. Einer der Alguaciles trennt nun dem toten Stier ein Ohr ab, wartet, ob das zweite Ohr eingefordert und gewährt wird, und übergibt die Trophäe dem Matador. Als besondere Ehrung kann auch der Schwanz abgetrennt und überreicht werden. Mit einem oder zwei Ohren in der Hand und unter den Rufen „¡*To-re-ro*!“ „¡*To-re-ro*!“ beginnt der Matador die *vuelta al rueda*, den Rundgang durch die Arena, wobei ihm die Fans Blumen, Hüte, Hemden, Botas voll Wein, Schuhe zuwerfen. Diese Gegenstände werden entweder von ihm selbst oder von seinen Gehilfen in die Ränge zurückgeworfen. Manchmal schleudert er auch die Ohren in die Menge oder übergibt sie der Person, der er den Kampf gewidmet hat.

Während dieses Rundgangs oder, nach einem schlechten Kampf, vor leerer Arena wird von den Mulilleros der tote Stier aus der Arena geschleift – hat er Tapferkeit und Mut bewiesen, erhält er Sonderbeifall. Die Areneros ebnen den Sand für den nächsten Stier.

Die Zeit, die etwa für die Lidia eines Stieres anzusetzen ist, beträgt ungefähr zwanzig Minuten; eine Corrida dauert also circa zwei Stunden.

Bemerkenswert ist, daß das Geschehen um einen jeden Stier als in sich abgeschlossene Einheit begriffen wird. Ein Torero kann bei seinem ersten Stier völlig versagt haben – sobald er aber mit dem zweiten beginnt, ist die erste Lidia ganz und gar vergessen, es gibt keine Summierung von Plus- oder Minuspunkten. Ein Torero kann noch so schlecht sein, kann beim zweiten Stier genauso versagen wie beim ersten und nacheinander zwei äußerst schlechte Leistungen bieten, dennoch bleibt ein Gedanke, wie er von Gerhild, einer von der Corrida beeindruckten Deutschen, zu Papier gebracht wurde, hinsichtlich eines Toreros für Spanien völlig undenkbar: „Das Publikum schreit ihn mitleidlos nieder, verhöhnt ihn als Schwächling und würde es nur als gerecht ansehen, wenn so einer dem Stier zum Opfer fallen würde.“[241] Niederschreien und verhöhnen ja, aber ausgleichende Gerechtigkeit durch Tötungswunsch kennt man in spanischen Arenen nicht; eine solche Äußerung in der Arena würde als die eines Verrückten angesehen werden. Der Tod eines Menschen in der Arena ist immer ein Unglück, das von Entsetzen und Schrecken begleitet ist, kein zum Kalkül gehörendes Ereignis. Die Lidia ist und will kein Kampf zwischen gleichen Gegnern sein.

Die zwanzig Minuten eines jeden Stiers umfassen drei Suertes; *suerte* bedeutet hier sowohl Glück im Sinne von *„sein Glück probieren“* – es kann gut, es kann schlecht ausgehen – als inzwischen auch einfach die Benennung der jeweiligen Phase. Die drei Phasen – es sei hier wiederholt – sind: Lanzen-, Banderillas- und Tötungs-Suerte.

Ein Ritual entsteht

Die Corrida, wie sie heute praktiziert wird, war in dieser Form plötzlich und äußerst erfolgreich gegen Ende des 18. Jahrhunderts da. Eine Interpretation hat sie sogar als „die unterirdische und tiefgehende authentische spanische Aufklärung“[242] bezeichnet. Das spanische Nationalfest, *la fiesta nacional,* ein aufgeklärtes, dem Geist der Moderne entstammendes Ritual?

Die akzeptierte Theorie über den Ursprung der modernen Corrida lautet: Beim Niedergang der adeligen Reiter-Corrida habe das Fußvolk, die Gehilfen und Lakaien des Adels, erst die Rolle des Protagonisten und später sogar die gesamte Veranstaltung übernommen.[243] Aus dem adeligen Stierspiel sei ein Spektakel für das einfache Volk geworden, eine Umwandlung, die Walter Falk wie folgt charakterisiert: „So wurde nun aus dem Stierkampf eine chaotische und vielfach plebeische Volksbelustigung, das genaue Gegenteil des Festes der Repräsentation."[244] Nach Jahrzehnten des tumultuarischen Spektakels sei dieser einem Reglement unterworfen und damit die wohlgeordnete Corrida in der Arena zur Welt gebracht worden.

„Der Adel tritt ab, die Plebs übernimmt das Fest" ist eine vereinfachte und griffige Formel für einen äußerst komplexen Vorgang, der eigentlich aus zwei Umwandlungen besteht, von denen die erstere, wichtiger scheinende – Plebs statt Adel – dennoch die einfachere darstellt. Denn die Transformation von der adeligen Repräsentation zum Volkstumult ist, falls sie überhaupt als einfache Ersetzung stattgefunden hat, weniger erstaunlich als der Übergang vom allgemeinen Tumult des Volkes, das um den Stier herum ist, zur Ordnung der Corrida mit dem stillsitzenden Volk auf den *gradas* der Arena, das den professionellen Toreros bei der Arbeit am Stier begeistert und fasziniert zusieht.

An Tagen der adeligen Stierfeste gab es wohl beides: den repräsentativen Kampf des Adels und den Tumult des Volkes.

Der massive Druck der Leidenschaft des Volkes auf das aristokratisch sich gebende Theater des barocken Toreo erzwang es, daß die ständischen Grenzen des Toreo bei den großen Festen erweitert wurden. Es mußte für einen ersten Stier gesorgt werden, damit dieser vom Volk zu Fuß geneckt, erschöpft und getötet werden konnte. Direkt danach, sobald der Sand des Platzes von solch plebeischem Eindringen gereinigt war, begann der Kampf vom Pferd aus, alleiniges Recht der Adeligen.[245]

Es bleibt unklar, wann Moya diesen „Volksstier" bei den Festen des Adels zeitlich ansetzt. Er führt ein Beispiel aus Sevilla, 16. Jahrhundert, an; dort wurde von der Bruderschaft Santa Ana eine große Corrida organisiert mit „‚sechs oder zwölf Stieren an Stricken und Seilen zur Vergnügung des Volkes.‘ Aus solchen parallelen Lokalwelten ... rührt der freie Umgang mit dem Stier her, der mit der Partizipation der Volksmasse in die Stierkämpfe zu Pferd ... einbricht.“[246]

Die Adelscorridas waren immer, ob sie nun vom Hof oder von einzelnen Noblen in der Öffentlichkeit veranstaltet wurden, Repräsentation der Machtposition und Bestätigung sozialer Reputation. Daß bei solch einem Fest auch immer etwas für das Volk „abfiel“, dürfte eher die Regel gewesen sein als eine bloße Vorführung der adeligen Künste.

Ist also die Plebs in das Gehege des Adels zu irgendeinem Zeitpunkt eingedrungen, wie Moya zu vermuten nahelegt, oder ist es nicht eher wahrscheinlich, daß innerhalb höfischer Feste neben der Adelscorrida immer auch Corridas für das Volk existiert haben, die aber in das offizielle Gedächtnis, da sie nicht weiter bestaunenswert waren, keinen Eingang finden konnten?

Eine Antwort auf diese Frage können vielleicht solche Städte liefern, die einerseits zu groß für Dorffeste alten Stils sind, anderseits aber weit ab von höfischer und Adelskultur leben. Welche Form nimmt in ihnen die Stierbegeisterung an, die ja, wenn es sich dabei um ein allgemeines und durchgängiges Phänomen in Spanien handeln soll, irgendeinen Ausdruck finden und die Stadtvogteien und Stadtverwaltungen zur Ausrichtung irgendwelcher Stierereignisse veranlassen mußte?

Von den Stierschauspielen auf dem Hauptplatz von Pamplona des 17. und 18. Jahrhunderts ist schon die Rede gewesen.

Obwohl León den Ruf einer Stadt ohne Stierbegeisterung besitzt, ließen sich – bei fehlender Dokumentation für vier Jahre und einigen Aussetzungen wegen Staatstrauer – für das 17. Jahrhundert einhunderteinundfünfzig Corridas nachweisen. Vierundsiebzig dieser Corridas wurden an einem 15. August, Mariä Himmelfahrt, dem damaligen Hauptfest der Stadt, dreiunddreißig an einem 8. September,

Mariä Geburt, und weitere zwanzig – zwischen 1622 und 1650 – am Tag des Hl. Isidor begangen.[247] Die Suertes dieser Corridas wurden sowohl zu Fuß wie vom Pferd aus durchgeführt; Viforcos Marinas betont „das völlige Fehlen von Erwähnungen über das Eingreifen von Noblen und hohen Herren" und folgert daraus „den plebeischen Charakter der Stierkämpfer, die bei Stierfesten der Stadt auftraten."[248]

Für Valladolid gilt ähnliches: „Es kann als fast sicher gelten, daß die Corridas in Valladolid einen außerordentlich volksmäßigen Charakter besaßen. Nur in seltenen Fällen dürften sie sich durch die Teilnahme von Adeligen aufgewertet gesehen haben."[249]

Sollte die Adelscorrida vor allem ein Hauptstadtphänomen sein, welches – wegen der genaueren Erforschung der Feste in Madrid – als Modell und zudem im Rückgriff auf die höfische Kultur vor der Zeit Madrids als Hauptstadt einfach für das ganze Land behauptet wurde? [250] Dann wären die Madrider Stierfeste mit dem Adel als Protagonisten nur die Spitze eines Eisberges einer in den größeren Städten des Landes allgemein verbreiteten, nicht vom Adel abhängigen Stierfestkultur: der *espectaculos de toros*, der Stierschauspiele.

Anlaß zur dörflichen Corrida wie zum städtischen Stierschauspiel sind vor allem die Patronatsfeste, lokale Feierlichkeiten und in geringerem Maße nationale Ereignisse wie Krönungen, königliche Hochzeiten und Geburten oder Heiligsprechungen wie im Fall der Hl. Theresa von Avila. Im Gegensatz zu den dörflichen Corridas sind die städtischen Stierfeste unterteilt; den direkten Kontakt mit den Stieren haben sowohl die Leute aus dem Volk, die dies wünschen, wie auch – schon lange vor dem 18. Jahrhundert – mehr oder weniger professionalisierte Toreros.[251] Denn vor dem eigentlichen Stierfest werden Stiere oder Novillos für das Volk losgelassen; der dabei entstehende Tumult wird durch den *despejo*, die militärische Räumung des Platzes beendet, und das Schauspiel von Stieren und Toreros vor Publikum kann seinen Anfang nehmen.

Beide Ereignisse, die chaotische Stierhatz der Menge wie das Vorführen von Kunstfertigkeiten, finden auf dem zur Arena umgebauten Hauptplatz der Stadt statt und ziehen mit diesen auf die neuerrichteten *plazas* vor den Toren der Stadt um. Das zeigt ein Bericht des 1775 geborenen Sevillaners José Blanco White in den um das Jahr 1820 verfaßten „Letters from Spain":

Es ist Brauch in dieser Stadt (Sevilla, K. B.), daß sogleich nach dem Encierro ein Stier für den Pöbel losgelassen wird. Die irreguläre Lidia, die dann statthat, ist unerfreulich und berührt peinlich. Das einzige Mal, wo ich daran teilgenommen habe, war die Plaza voll von Leuten zu Fuß und zu Pferd. Zum Glück lenkte die Menge selbst ständig die Aufmerksamkeit des Tieres ab, das sonst leicht, wohin auch immer es sich anzugreifen entschieden haben würde, eine große Schlächterei hätte anrichten können.[252]

Der Volkstumult geht also auch noch der modernen Corrida in der Entstehungsphase voran; der heute noch *despejo* – Platzräumung – genannte Beginn der Corrida ist zwar inzwischen ganz funktionslos, erinnert aber noch an den historischen Hintergrund dieser „Volksstiere", bei denen nicht nur der Stier, sondern auch die Plaza der Volksmenge gehört hat. Die Blütezeit, in der Volksmengen die Plazas der Städte dominiert haben, stellt ohne Zweifel das 18. Jahrhundert dar.

Hier wohnen wir, in paralleler Entwicklung zum Jahrhundert, der Restauration der Tauromaquie als Fest bei und erkennen diese geglückte Wiederherstellung an dem fröhlichen Getümmel wieder, das die Invasion des Platzes durch eine vergnügte Kollektivität begleitet, deren Tumult die Barrieren, die sie nach außen hin ausgeschlossen und an den Rand gedrängt ... hielt, niederreißt. Die Fiesta kann im Grunde ihre Wahrheit nur dann erreichen, wenn die soziale

Kollektivität, die sich daran macht, sie zu genießen, die Gesamtheit der Ausgeschlossenen zur Vergnügung mit einlädt, das heißt, wenn sie sich symbolisch als Gemeinschaft ohne Unterschiede und Brüche wiederherstellt.[253]

Die Hypostasierung dieses Volksdominiums, wie sie hier das Team García-Baquero, Romero de Solis und Vázquez Parladé geliefert haben, ist einerseits angesichts der parallelen Existenz von Adelscorrida und Volksstier sowie der bei den Suertes der Stierschauspiele ebenfalls notwendigen Trennung in Akteure und Zuschauer mit Vorsicht zu genießen, sie ist aber anderseits für das Verständnis der modernen Corrida heuristisch von großem Wert. Auch Tierno Galván behauptet für die Arena-Corrida – in anderer Terminologie – ähnlich eine Gleichheit herstellende Funktion des Stieres:

Die plaza de toros *stellt sich, besonders in Kleinstädten, als der physische, soziale und psychologische Ort heraus, an dem die Gesamtheit des Bevölkerung intensiv die gleiche psychologische Situation durchlebt, in welcher die der Tiefenstruktur zugehörigen Einstellungen ihrer Substanz nach übereinstimmend sind. Bei welch anderem Ereignis geschieht dies?*[254]

Im Zitat Tierno Galváns fällt auf, daß er den sonst üblichen Begriff *plebeyismo* sowie die Theorie vom „Eindringen des Plebeyismus"[255] vermeidet; an anderer Stelle wendet er sich kritisch gegen ihn mit dem Argument, daß „Spanien ein Land ohne Mittelklasse"[256] gewesen sei und daß deshalb *plebeyismo*, der von José Ortega y Gasset in die Diskussion gebrachte Begriff, zu kurz greife.

Was wir corrida de toros *nennen, hat so gut wie nichts mit der alten Tradition der Stierfeste zu tun, bei denen der Adel auftrat. Genau in diesen letzten Jahren des 17. Jahrhunderts, in denen sich meiner Meinung nach das spanische Volk entscheidet, aus der eigenen Substanz heraus zu leben, ist es, daß man erstmals mit einiger Häufigkeit in Schriften und Dokumenten auf das Wort* torero *stößt, womit gewisse ple-*

bejische Männer bezeichnet werden, die in noch nicht ganz professionalisierten Gruppen Kleinstädte und Dörfer durchziehen.[257]

Im Laufe des 18. Jahrhunderts zeigt sich in Spanien ein äußerst seltsames Phänomen, das in keinem anderen Land zutage getreten ist. Die Begeisterung für das Volksmäßige (lo popular) reißt nicht nur in der Malerei, sondern in den Formen des täglichen Lebens die höheren Klassen mit sich. Das heißt, daß sich zu der Neugier und dem philanthropischen Mitfühlen, die der Volkstümlichkeit (popularismo) überall Auftrieb gegeben haben, in Spanien eine äußerst starke Strömung, die wir plebeyismo nennen müssen, hinzugesellt.[258]

Plebe ist im Spanischen nicht in gleicher Weise pejorativ wie im Deutschen; es meint zuerst die große Masse des Volkes, den – man denke an Soria – *estado común,* den undifferenzierten dritten Stand des mittelalterlichen Weltbildes, der am besten mit *das gemeine Volk* im Doppelsinn von allgemein und gemein zu übersetzen wäre. Gemein meint niedrig und bezieht sich auf die ungebildetsten und von daher den Gebildeteren und in feineren Sitten Erzogenen ungezogen, gefühlsmäßig roh, derb und hinterhältig erscheinenden Schichten.

Der *plebeyismo* Ortega y Gassets entpuppt sich als das, was in deutscher Tradition mit dem Begriff *Volkskultur* gefaßt wird. Ortegas *plebeyismo* meint vor allem die Unterschichten städtischer Ballungsräume, aber auch die Massen in den ländlichen Gebieten, die alter agrarischer Kultur und Tradition entstammen. Die städtischen Unterschichten rekrutierten sich ständig aus verarmten oder seit je besitzlosen Menschen der ländlichen Gebiete, die auf diesem Weg wiederum die Lebensform der Plebs in den Städten prägten. So geht die zentrale Bedeutung der Ortsfeste, die diese in der agrarischen Lebensweise Spaniens innehatten, mit der zuerst zur Adelscorrida parallelen und dann selbständigen Tradition der Stierschauspiele in die Kultur der Städte ein.

Als mit Philipp V. der erste Bourbone auf den spanischen Thron kam, kann er zwar zuerst die höfischen Corridas nicht ganz vermeiden, ein Freund von ihnen ist er jedoch – wie die ganze Dynastie, die er begründet – nie geworden. 1725 fand das letzte vom Königshaus ausgerichtete Stierspiel in Spanien statt. Der Hof und mit ihm der Hofadel ziehen sich aus der Corrida zurück; dieses Datum markiert den endgültigen Niedergang der adeligen Corrida.

Nicht den des Stierspiels selbst: Die große Zeit der Corrida im städtischen Raum unter Führung des *gemeinen Volkes* hat damit erst begonnen. Das halbe Jahrhundert, das folgt, ist von einer ungeheuren Begeisterung für Stierschauspiele gekennzeichnet; aus einigen der dort aufgeführten Suertes beginnt sich etwa zwischen 1775 und 1800 die moderne Corrida herauszukristallisieren.

Für Álvarez de Miranda bedeuten die Stierschauspiele die Rückkehr des Volkes auf die Plaza, die Wiederherstellung des ländlichen Umgangs mit den Stieren.

Die Historiker des Toreo sprechen von einer Ersetzung des Adels durch das Volk in den Corridas des 18. Jahrhunderts; sie stellen es als eine Revolution in der Kunst des Toreo vor. Genau genommen war es gerade das Gegenteil; indem die Dekadenz des usurpatorischen Adels-Toreos genutzt wird, vollzieht sich eine Restauration des alten volkskulturellen Brauches, sich dem Stier mit der Capa in der Hand zu nähern.[259]

Die Capa war auch aus den adeligen Stierkämpfen nie ganz verschwunden; denn die Reiter hatten immer Peones um sich, die mit der Capa arbeiteten, indem sie die Stiere für die Adeligen an der richtigen Stelle postierten oder sie ablenkten, falls der Reiter gestürzt war. Die Capa war in der Adelscorrida technisches Hilfsmittel sekundären Ranges und ist dies auch geblieben: beim Stierschauspiel des 18. Jahrhunderts genauso wie bei der modernen Corrida, wo die Peones mit der Capa in der Hand dem Matador zuarbeiten.

Aber sie ist darüber hinaus auch in den Kanon der modernen Corrida eingegangen: Die erste Phase jedes Stiers bestreitet der Matador mit der Capa.

Doch von der Capa aus läßt sich die Innovation im Umgang mit dem Stier, wie sie seit dem 18. Jahrhundert stattgefunden hat, nicht fassen. Um die Dynamik dieser Transformation zu verstehen, müssen die einzelnen Elemente des neu enstandenen Rituals, ihre Anordnung und innere Bezogenheit aus ihrer Entstehung, aus ihrer morphologischen Geschichte heraus untersucht und begriffen werden.

Der offiziellen Lesart nach besteht die Arena-Corrida aus drei Suertes: der der Lanze, der Banderillas und des Todesstoßes. Bedenkenswert ist, daß weder die Arbeit mit der Capa noch die mit der Muleta innerhalb dieses Ordnungsschemas einen eigenen Platz zugewiesen bekommen hat.

Der Picador führt die Lanze, die die klassische Waffe des adeligen Stierspiels war. Ob nun, wie eher im 16. Jahrhundert vorherrschend, der Ritter mit aufgepflanzter Lanze und fest stehendem Pferd den Angriff des Stiers erwartete, oder ob er, wie ab dem 17. Jahrhundert, mit der Kurzlanze, dem *rejón*, und im Galopp den Stier angreift[260], das Hantieren mit der Lanze zu Pferde war durch Jahrhunderte Adelsangelegenheit, obwohl schon im 17. Jahrhundert – Beispiel León – auch Nicht-Adelige die Lanze führen.

Diese bilden als *Varilagueros*, berittene Toreros mit langer Lanze, im 18. Jahrhundert einen zentralen und unverzichtbaren Teil der Stierspektakel. Der Varilarguero hatte den Part des Adeligen übernommen und versuchte vom Pferd aus den Stier zu töten; aufgrund dieser Rolle fungiert er oft als Chef einer Cuadrilla. Man sieht, wie die Ästhetik und Hierarchie der Adelscorrida nachwirkt. José Daza, ein in seiner Zeit sehr bekannter Varilarguero, der eine wichtige, dennoch ziemlich unbekannt gebliebene Schrift über die „Tauromaquie" des 18. Jahrhunderts verfaßt hat, wird in der Literatur auch als Picador bezeichnet.[261] Der Übergang vom Varilarguero zum Picador ist fließend; mit dem Einsetzen der modernen Corrida hat der Nicht-Adelige zu Pferd bereits das Recht auf die Stiertötung verloren. Seit jeher war es eine der Aufgaben des Fußvolks gewesen, im Falle des Versagens des Reiters bei der Tötung diese zu Ende zu bringen. Dies geschah entweder mittels Loslassen der eigens auf Stiere abgerichteten Hunde[262] oder mit der Aktion des *desjarrete*, bei welcher mit einem halbmondförmigen, auf eine Stange aufgesetzten Messer dem Stier die Kniekehlen von hinten durchtrennt wurden, so daß er stürzte und getötet werden konnte. Es scheint, daß bei diesen Tötungsaktionen die Toreros zu Fuß bisweilen Unterstützung aus dem Publikum bekamen – einer der Momente, an dem Adelscorrida wie Stierschauspiel in Volkstumult übergehen und zusammenfließen.

Mit zunehmendem 18. Jahrhundert wurde den Varilargueros überhaupt das Recht genommen, den Todesstoß zu führen; ihre Aufgabe bestand nun in der Aktion des *picar*, Zustechens, in der Ausführung von Lanzenstößen in den Nacken des Stiers.

„Die Stellung der Picadores schafft es nicht, die Arena zu beherrschen: Sie sieht sich vom Druck des Volkes zu Fuß deplaziert."[263] Das Interesse der Varilargueros, welche die Tradition des Adels in volkstümlicher Form fortsetzen, muß sich gegen das Erscheinen der Volksmasse in der Arena wenden.

José Daza, der Varilarguero schlechthin und der bekannteste von all denen, die auf der Plaza von Sevilla mit der Vara den Stierkampf ausgeführt haben, ... denunziert mit harten Worten die Anarchie, die sich der Plaza von Sevilla endgültig bemächtigt habe, wo die Direktion – wie er schreibt –, die die Autorität auszuüben hat, so wenig Achtung gebietet, daß die Plaza ein Bordell zu sein scheint, denn sie läßt dort, während die Stierspiele stattfinden, fast noch einmal so viele Leute herumlaufen wie schon die Tribünen einnehmen. Und wer sind diese Leute? Das Vulgärste und Primitivste aus al-

len Teilen der Stadt zum Schaden und Betrug derjenigen Leute, die beitragen, um die Corrida zu sehen; denn Ihre Exzellenz [die Direktion der Plaza, K. B.] *läßt jenes pöbelhafte Lumpenpack aus Gaunern, aus Gesindel zu, die sich über die prächtigen Vorkehrungen der achtbaren Truppe, ausgerüstet für das Festereignis, lustig machen.*[264]

Im Tumult, der das Töten zu Fuß umgibt, geht die Form der Adelscorrida endgültig unter; der ehemals achtungsgebietende Reiter – Dazas Klage ist eindeutig – tritt hinter der Macht des Plebs zurück. Das Volk eignet sich das Recht auf die Tötung des Stiers an, aber in dem tumultuösen Geschehen taucht schon der neue Held mit dem Degen in der Hand, der Matador, auf.

In der Kanonisierung der neuen Form bleibt der Lanzenreiter als Picador zwar auf dem Platz; doch wird er, degradiert von der Haupt- zu einer Nebenfigur, zum Ziel der Aggression und des Spottes der Zuschauer. In den Beschimpfungen und den Anklagen gegen den Picador scheint etwas von der Volkswut gegen die einstmals den Ton angebenden Noblen fortzuleben; Gerhild, die deutsche Studentin, hat dies fein beobachtet und erfühlt.

„Dick und feist, gemein sitzt der picador im Sattel und hält lauernd die grobschlächtige pica von oben auf den Nakken des Stiers gerichtet … Was widerwillig macht, ist nicht das Blut, das aus der Nackenwunde strömt, … das macht höchstens betroffen –; es ist die Von-oben-herab-Position des picador, die allzu bekannte symbolische Geste von Herrschaft, die abstößt.“[265]

Die „Herrschaftlichkeit“ des Picadors aber ist nur theatralische Geste; er weiß, daß er gestürzt wird, daß er in Spott und in verbaler Aggression „untergeht“. Vor 1928 stürzte er wirklich.

Wie schon erwähnt, müssen die Pferde des Picadors seit der Reform der Stierordnung von 1928 einen Schutzmantel, *peto* genannt, tragen. Bei den Angriffen des Stiers blieben zu viele der ungeschützten Pferde verletzt oder tot in der Arena, waren beim Sturz der Pferde die Picadores zu sehr gefährdet.

Wie groß die Begeisterung und der Enthusiasmus für die Fiesta auch sei, man muß gezwungenermaßen zugeben, daß die Vorwürfe der Grausamkeit und Barbarei, die sie immer begleitet haben, im unvermeidbar blutigen Ablauf der suerte de picar immer volle Berechtigung hatten. Die Stierordnungen selbst schätzen das Schauspiel der in der Arena getöteten Pferde ... ausdrücklich als abstoßend ein.

Die Statistiken der jedes Jahr in der Arena getöteten Pferde waren, für sich selbst genommen, schon allein beeindruckend. So stellt zum Beispiel eine über jeden Verdacht erhabene Persönlichkeit wie Cossío ... aus einer damaligen Zeitung die entsprechenden Daten für die Madrider Saison von 1855 zusammen, in der 412 Pferde zugrunde gingen, mehr als zwei für einen jeden der bekämpften Stiere.[266]

Ein Teil der Aficionados fürchtete damals, daß durch die Einführung des Schutzmantels das Gleichgewicht der Corrida insgesamt durcheinandergebracht würde. Die geäußerten Argumente bezogen sich hauptsächlich auf die „Qualität" des Stieres für die Faena, soll heißen auf die je unterschiedliche Wirkung des Lanzenstoßes vom geschützten und ungeschützten Pferd aus. Da die Beunruhigung der Aficionados kaum den Schutz der Picadores und der Pferde, sondern vielmehr eine eher „technische" Frage betraf, so steht zu vermuten, daß sich ihre Angst auf die innere Dynamik der Corrida selbst bezog.

Die moderne Corrida beginnt mit der Degradierung der Rolle des berittenen Toreros, die Form dieser Degradierung ist der Tumult. In dem Treffen des Stiers mit dem Picador auf einem ungeschützten Pferd hatte sich etwas dieses Tumultes in die Ordnung der modernen Corrida hinübergerettet.

Tod des Picadors. Zeichnung von Goya, 1793.

Der Reiter auf stehendem Pferd, der früher den Stier mit der Lanze tödlich zu treffen suchte, darf in der modernen Corrida nur noch einige, nicht allzu tiefe Stöße in den Nakken anbringen. Damit ist der Stier im Vorteil, der Sturz von Pferd und Reiter wahrscheinlich. Im Sturz verschlingen sich die Leiber von Stier, Pferd und Reiter, ein einziges großes Durcheinander. Blut fließt, das Körperinnere kann sichtbar werden, dem Pferd können die Därme heraushängen, der Picador kann durchbohrt werden, die Peones versuchen den Stier abzulenken oder wegzuziehen, ziehen vielleicht, während der auf den Picador einstößt, an seinem Schwanz, schlagen, falls das Pferd noch laufen und sich dem Stier nochmals stellen kann, auf dieses ein, um es neu zu positionieren und ein neues Treffen von Stier und Reiter zu arrangieren. Goya hat 1793/1794 – in der ihm eigenen Schonungslosigkeit – solch ein tumultuöses Ereignis, das Aufgespießtwerden eines Picadors, festgehalten.

Im Tumult war die führende Rolle der berittenen Toreros während des 18. Jahrhunderts untergegangen. In den Picadores auf ungeschütztem Pferd blieb etwas vom Ursprung dieser Figur und damit auch von der Herabwürdigung des Reiters und der Negierung der sozialen Hierarchie im Prozeß der Herausbildung der modernen Corrida erhalten. Der Sturz des Adels vollzog sich in dem des Picadors in jeder Corrida von neuem.

Das Chaos der Lanzenphase aktualisierte bei den Zuschauern auch andere Emotionen, die in der kulturellen Erinnerung eng mit tumultuösem Geschehen assoziiert waren: Die Auslösung des Ortsfestes durch den Einbruch des Stiers in den kulturellen Raum und die damit verbundene Aufhebung der Ordnung des öffentlichen und sozialen Raumes in den Dörfern und Kleinstädten.

Für die Zuschauer – jede Generation von neuem bei Ortsfesten und/oder in der Arena und in Gesprächen über das Geschehen mit den Stieren für die moderne Corrida sozialisiert – geschah emotionell zweierlei: Zum einen setzte mit dem Tumult für sie das Fest ein, beim Fest war die normale Ordnung (Intaktheit der Körper) zugunsten des Außerordentlichen (Aufreißen der Körper der Opfer, das, weil rituell, auch erlaubt war) aufgehoben; zum anderen verbot wohl auch der dahinterstehende soziale Konflikt, tradiert in den Reaktionen auf den Picador, jede gefühlsmäßige Solidarisierung mit dem Reittier des zu stürzenden Noblen. Die Pferde der Picadores, alte Tiere, die statt zum Abdecker in die Arena gebracht worden waren, starben auch als Symbole von ausgeübter Herrschaft und Unterwerfung.

Die Ängste der Aficionados bei der Einführung des Petos meinten somit gar nicht das „technische" Detail, das zur Sprache gebracht wurde, sondern vielmehr den Verlust des Tumultes. Dieser jedoch war argumentativ schlecht zu verteidigen, da er dem Dominium des guten Geschmacks und der sauberen Ordnung damals wie heute grundsätzlich entgegenläuft. Der Schutz der Pferde gefährdete den letzten, aus dem 18. Jahrhundert überkommenen Rest des Tumultes. Was in Frage stand, war das Sich-in-Bewegung-Setzen der Fiesta selbst.

1854 schrieb Julius Freyherr von Minutoli hinsichtlich des Getötetwerdens der Pferde in der Arena:

Man kann nicht behaupten, daß der Spanier im Allgemeinen grausam, unmenschlich oder blutdürstig wäre. Er hat ein Mitgefühl für die Leiden Anderer, er wendet seine Augen nicht ab von den Schmerzen der Tiere – aber er hat bei dem Stiergefecht nur den Zweck im Auge.[267]

Der Zweck des Stiergefechtes aber ist für die, die hingehen, das Stiergefecht selbst: die Corrida, die Fiesta.

In der modernen Corrida folgt auf die Lanzensuerte die der Banderillas. Es läßt sich fragen, warum aus dem reichen Programm gerade das Setzen der Banderillas und nicht irgendeine der anderen Suertes in den Kanon der modernen Corrida Eingang gefunden hat: das Springen über den Stier mit Hilfe eines Stabes, das Springen über ihn von einem Stuhl aus, all die Formen der *quiebros*, der geschickten Körperdrehungen, um den Angriff des Stiers ins Leere laufen zu lassen, das Spiel mit den *dominguillos*, eine Art von Stehaufmännchen, die den Stier immer wütender auf die Puppe einstoßen ließen, Lachnummern, wie die des wundersam „geheilten“ Krüppels, die in Pamplona zu sehen war, oder der Liliput-Toreo, Tumultnummern wie das Hetzen der Stiere durch Hunde – die Unterschiedlichkeit und Vielfalt, der Witz und die brutale Naivität der Suertes ist erstaunlich.

Dank Goya sind einige dieser Suertes aus der Umbruchszeit vor Entstehung der modernen Corrida dem kollektiven visuellen Gedächtnis, nicht nur Spaniens, erhalten geblieben. Doch das ist nichts als ein kleiner Ausschnitt: Eine gründliche Beschreibung und Untersuchung dieser großen Menge von Suertes des 18. Jahrhunderts steht leider aus, würde aber in vielfacher Hinsicht – Geschmack, schöpferische Energie, Lachanlässe und Lachen – lohnen.

Eine dieser Suertes der Stierschauspiele waren die Banderillas. Warum haben gerade sie überlebt? Das Setzen dieser Spieße erfordert Mut und Eleganz, aber viele der anderen, untergegangenen Suertes taten dies ebenfalls. Haben die Banderilleras sich direkt im Anschluß an die Picadores – Reminiszenz an die Adelscorrida – installieren können, weil sie die klarste, die am wenigsten verwaschene Aktualisierung dörflichen Stierlaufens darstellten?

Die erste Notiz der Banderillas findet man zuerst im Brauchtum ländlicher Polterabende: Die Braut fertigt den Spieß an, der Bräutigam stößt ihn dem Hochzeitsstier in den Nacken. Beim Encierro in Coria wartete die Gruppe der jungen Männer mit von ihren *novias*, anverlobten Bräuten oder Auserwählten, gefertigten Banderillas auf den Stier. Die geglückte Plazierung der Banderilla versprach Glück für die Verbindung.

Kein Wunder also, daß die Banderillas als Zeichen einer derart wichtigen *rite de passage*, wie sie das Öffentlichmachen oder die Feier einer Partnerwahl darstellt, aus der Kultur der Dörfer in die Stierspektakel der Städte gefunden haben; auch wenn auf den dortigen Straßen der Brauch eines

Stiers am Vorabend der Hochzeit sich nicht etablieren konnte.

Einer der ersten großen Matadore und Verfasser einer „Tauromaquie oder Kunst des Stierspiels" von 1796, José Delgado, bekannter unter seinem Torero-Namen Pepe Illo, schreibt: „Dies ist eine der verdienstvollsten Suertes, die man bei den Stieren anbringen kann, und von besonderer Größe dann, wenn sie paarweise gesetzt werden."[268]

In der sich herausbildenden modernen Corrida erfahren die Dorf-Banderillas eine Verfeinerung: Ging es dort einfach darum, dem Stier einen Spieß in den Nacken zu bringen, so soll dies jetzt kunstvoll geschehen, mit gewissen Schritten, mit verschiedenen Formen der Annäherung, aber vor allem mit zwei Spießen auf einmal. Der Banderillero mit den beiden Spießen in den hocherhobenen Händen imitiert die Hörner, die Waffen des Stiers, und überwindet sie, indem er seine Waffen an denen des Stiers vorbei in dessen Nacken bringt. Das Von-oben-Herab des Reiters ist ersetzt durch die Gleichheit zu Fuß und die Ähnlichkeit der Waffen, doch die Kunstfertigkeit und Zielgerichtetheit des Menschen ist geschickter als der Instinkt des Tieres, der es wild, aber ins Leere zustoßen läßt.

Die Feinheit und Eleganz der Bewegung des Banderilleros demütigt nicht nur den Stier, sondern deplaziert ebenso den plumpen Kraftakt des Picadors zu Pferd. Das Setzen der Banderillas ist so für das Publikum die bei jedem Stier neu erfolgende Bestätigung und Bekräftigung des Toreo zu Fuß: Selbstdarstellung und Feier der ländlichen Tradition.

Die Stadt aber tritt im Matador auf. Die *suerte de matar*, die des Todesstoßes, ist das eigentlich wirklich Neue der modernen Corrida. Nicht, daß auch Picador und Banderillero in der Form ihres Auftretens nicht ebenfalls neu wären, aber sie haben sich aus alten und zudem opponierenden Traditionen herausgestaltet; die moderne Corrida ordnet sie als solche neu an: Neben der plumpen Karikatur der einst stilvollen Adelscorrida triumphiert die ins Elegante gesteigerte Verfeinerung der derb-rohen Dorfcorrida. Das Neuarrangement der alten entgegengesetzten Traditionen in Karikatur und Erhebung dienen aber nur der Vorbereitung, der Einstimmung auf das neue Element, auf die Darstellung städtischer Meisterschaft.

Die Figur des Matadors stammt aus dem Schlachthaus und müßte im Ursprung eher als Schlachter, als Metzger denn als Töter übersetzt werden – bezeichnenderweise ist der vor dem 18. Jahrhundert verwendete Begriff *matatoros*, Stiertöter, einfach verschwunden.

Der Siegeslauf des Matadors beginnt, so scheint es, in der Schlachthof-Vorstadt San Bernardo, einer Suburb, vor den Toren des alten Sevilla gelegen. Die These der Sevillaner Schlachthof-Fiesta als eine der Keimzellen der *fiesta nacional*, die – angeregt von Cossío – zuerst von Toro Buiza und später von García-Baquero und Romero de Solis entworfen wurde – kann heute als unbestritten gelten. Corrida im Schlachthof? Schlachthof-Fiesta? Wo Rindvieh ist, besonders Stiere, da strömen – ein Grundelement der spanischen Kultur – die Leute zusammen und versuchen mit ihnen zu laufen.

Die Zeugnisse über den Stierlauf im Schlachthof datieren bis ins 16. Jahrhundert zurück; Notizen über die Beschädigung der dortigen Dachziegel haben sich erhalten. García-Baquero zitiert aus einem Bericht an die Sevillaner Stadtverwaltung vom 17. Mai 1546:

Außerdem müssen Ihre Hoheit wissen, daß man im Schlachthof hinter verschlossenen Türen jeden Tag zu Fuß *Stiere läuft, woraus an allen Dächern und andern Gebäuden des genannten Schlachthofes großer Schaden entsteht. Ihre Hoheit möge befehlen, daß man die genannten Stiere nicht laufen solle; wenn die Hohen Herrn einige zu Pferd hetzen (correr a cavallo) möchten, dann sollen sie sie da hetzen, wo man dies zu tun pflegt.*[269]

Am Ende des Jahres ist das Problem noch immer nicht gelöst; Toro Buiza zitiert vom 5. Dezember 1546:

... Sie müssen wissen, daß aufgrund des Stierspielens (torear los toros) innerhalb des Schlachhofes und wegen der so niederen Zugänge zu den Dächern eine Menge junger Männer auf diese hinaufgestiegen sind und noch hinaufsteigen, so daß sie schon mehr als 6000 Ziegel kaputtgemacht haben ...[270]

Der Versuch von 1546, die Stierspiele zu unterbinden, scheint ebenso gescheitert zu sein wie die Androhung von Strafe vom 31. Mai 1535:

... man erlege den Metzgern, die im Schlachhof Siere laufen oder anderen Anordnungen zuwiderhandeln, eine Strafe auf.[271]

Verbote durchziehen die folgenden 150 Jahre; die Corrida im Sevillaner Schlachthof läßt sich jedoch nicht stoppen.[272] Im 18. Jahrhundert ändert sich die Einstellung. Ein Beschluß des Stadtrats vom 2. Mai 1748 lautet:

„Er beschloß angesichts des Bescheidwissens der Stadt über die Stierfeste (fiestas de toros), die man im Amtsbereich des Schlachthofs ausführt und von denen etliche Tumulte und Tote herrühren, seine Zustimmung dazu zu geben.“ Der Verantwortliche für den Schlachthof müsse dafür Sorge tragen, „daß genannte Tumulte verhindert würden und daß es dementsprechend nicht erlaubt sei, daß es an Feiertagen vormittags Stiere gebe wegen des Schadens, der aus Unterlassung des Messe-Hörens an diesen Tagen entstehen könne, und wegen der Lehrlinge, Studenten und Schüler auch nicht an Werktagen ... und daß man den eingefaßten Bezirk des Schlachthofs nicht verlassen solle und daß keine Banderillas gesetzt werden dürften.“[273]

Aus dieser mehr oder weniger erzwungenen Zulassung wird im Fortgang des Jahrhunderts eine Institution, ein Ausbildungsort für professionelle Toreros, der den Ausschluß der großen Masse bedingt. Blanco White beschreibt für die

Wende vom 18. zum 19. Jahrhundert die Corrida *vor* und *im* Sevillaner Schlachthof so:

Sie müssen wissen, daß die Stadtverwaltung (Ayuntamiento) von Sevilla das Privileg besitzt, der einzige und ausschließliche Schlachter der Stadt zu sein. Sie allein hat das Recht, Rinder zu schlachten und das Fleisch zu verkaufen. ... Jede Woche führt man zwei Herden dürrer Tiere zum großen Schlachthof, der zwischen einem der Stadttore und der Vorstadt San Bernardo gelegen ist. Es ist gefährlich, während des Auftriebs dort herumzulaufen, weil trotz des unansehnlichen Zustandes des Viehs und obwohl die Mehrzahl davon nichts anderes ist als Kühe und Ochsen, sich auf dem freien Platz dort doch jedesmal eine große Zahl von Leuten zusammenfindet, die ihre Capas schwenken und mit schrillen Pfiffen, die sie mittels der in den Mund gesteckten Finger herstellen, es häufig schaffen, die Herde aufzusprengen und das wildeste Rind abzusondern, um sich mit ihm zu vergnügen. Für diese Stiernummern kommt nichts anderes als die spanische Capa zum Einsatz.[274]

Es folgt eine detaillierte Beschreibung der Arbeit mit der Capa, besonders des Pase, der irgendwann um diese Zeit mit dem Namen der Hl. Veronica belegt worden sein muß.[275]

Es ist ein fröhliches und wirkungsvolles Spiel, und selten gestaltet es sich gefährlich, wenn es von denen, die es können, ausgeführt wird. Es heißt mit passendem Namen capeo. *Alle Anwohner des San-Bernardo-Viertels, Männer, Frauen und Kinder, sind große Aficionados davon. Aber es ist auf den Weiden des Schlachthofs selbst, wo die professionellen Toreros unter dem Vorsitz eines Stadtrats, der Freunde von sich zum Anschauen des Spektakels einzuladen pflegt ..., trainieren. Der Schlachthof ist solcherart als Schule der Tauromaquie anerkannt, daß er den Spitznamen* Kollegium (Colegio) *bekommen hat.*[276]

Die die Capa schwingenden Massen vor dem Schlachthof demonstrieren damit ihr altes Recht des früheren öffentlichen Zugangs zum Schlachthof. Ihre Corrida aber stellt am Ende des 18. Jahrhunderts nichts weiter als eine Anreicherung, eine Zugabe zum Stier-Ereignis im Schlachthof dar, das unter den Augen des Stadtpatriziats vor sich geht und von den Arbeitern und Angestellten des Schlachthofs dominiert wird. Zwar dürften die Übergänge der Corrida vor und hinter den Toren des Schlachthofs, zumindest was das „torierende“ Personal betrifft, fließend gewesen sein, entstammte doch ein Großteil der Schlachthof-Angestellten traditionell dem San-Bernardo-Viertel. Neben die üblichen Suertes und das Stierspiel des Capeo tritt in der Schlachhof-Corrida vor Publikum als eine neue Suerte: das Schlachten mit Kunst.

Der Erfinder des Volapié-Tötens soll Joaquín Rodríguez[277], bekannter als *Costillares,* gewesen sein. 1729 in Sevilla im Barrio San Bernardo geboren, geht er den gleichen Berufen wie sein Großvater und Vater nach: Metzger im Schlachthof und Torero. 1734 erhält der Großvater Juan oder Juan Miguel Rodríguez aufgrund seines Auftretens als Torero bei einer Corrida in Aranjuez von Philipp V. eine Rente auf Lebenszeit in Höhe von 100 Escudos[278], was sicher keine unerwünschte Nebeneinnahme zu der von der Familie im Schlachthof von Sevilla betriebenen *tripería* – Kuttlerei und Vorbereitungsort der Därme für die Wurstproduktion[279] – darstellte. Juan oder Juan Miguel Rodríguez hat sich die genannte Leibrente als *espada*, als Töter mit Degen verdient, er trat aber auch als *capeador* auf, was für 1738 für eine Sevillaner Corrida belegt ist.[280] Mit Capa und Degen, den Instrumenten, mit denen ein moderner Torero die Corrida beginnt und beendet, tritt dieser Juan Miguel Rodríguez aus der Schlachhof-Corrida in die Arena der Stierschauspiele; sein Enkel Joaquín Rodríguez, *Costillares*, schafft es, das Töten mit dem Degen im Volapié zu verfeinern. Die Tradition des öffentlichen Stiertötens im Schlachthof San Bernardo hat in *Costillares* – schon der Spitzname

(*Costilla* heißt Rippe) verweise auf seinen Beruf[281] – den Kulminationspunkt erreicht: *Costillares* wird einer der ersten ganz großen und in ganz Spanien bekannten Matadore, 1777 führt er seine Kunst am Hof vor.

Die Matadore übernehmen die Führung der Cuadrillas, werden zu den zentralen Figuren der Stierspiele. Die Verfeinerung des Tötens, das nach Niedergang der Lanzentötung Beigabe und Tumult war, wird zur *suerte de estocada*, zum Eleganz, Mut und Geschicklichkeit erfordernden Kunststück erhoben.

Somit wird die Figur des Torero-Matadors zum neuen, Helden kreierenden Element der modernen Corrida; ihr Herkunftsort ist weder das Dorf noch der Hof, sondern das Handwerk städtischer Fleischproduktion.

Dieser dem Zukunftwesen zugehörige Hintergrund läßt sich bis heute an der Ausbildung der Matadore und den damit verbundenen Ritualen sehen. Bevor ein Torero richtige, das heißt vier- bis sechsjährige Stiere in der Arena töten darf, muß er als eine Art Geselle, als *novillero*, als Töter von *novillos*, Jungstieren, seine Kunst zeigen und zur Erringung des „Meistergrades" die *alternativa* ablegen. Diese Zeremonie wird, unter öffentlicher Ankündigung, bei einer Corrida begangen,

bei der der berufsälteste Matador des Dreiergespanns den ersten Stier der Festlichkeit dem Anwärter überläßt. In der Praxis findet dieses Überlassen zu Beginn der Corrida statt, obwohl theoretisch das, was der Älteste dem Neuling überläßt, nur die Tötung des Stieres ist, die aufgrund der Rangordnung ihm selbst zukommen würde. ... Der berufsälteste Matador oder ‚Pate' läßt sich Degen und Muleta geben, um sie dem Patenkind oder ‚Primizianten' nach feststehendem Ritual und in Beisein des zweiten Matadors des Dreiergespanns, der in der Zeremonie ausschließlich in der Eigenschaft eines ‚Zeugen' auftritt, auszuhändigen.[282]

Die Alternativa erlaubt dem Neuling, den Beruf des Matadors auszuüben und mit anderen Meistern der Zunft zu alternieren, sich bei der Corrida abzuwechseln. Auch die Reihenfolge des Auftritts, wie die beim Einzug in die Arena, kurz, das ganze Verhältnis der Matadore untereinander, wird stets vom Alter dieser „Meisterprüfung" bestimmt.

Das Alter im Beruf verleiht den höchsten den ersten Rang, nicht Können oder Bekanntheit: auch das ein Element, das eher der Zunftordnung als den Gesetzen des Schaustellergewerbes, die auf die Gunst des Publikums hin orientiert sind und Steigerung der Spannung für den Höhepunkt produzieren, zugerechnet werden muß. Vielleicht hat sich auch die Kleidung der Toreros ursprünglich aus der Galatracht einer zünftigen Kleiderordnung unter dem Einfluß und Einschuß adeliger Kleidungsformen des 18. Jahrhunderts entwickelt.

Das „Meisterstück" der Alternativa besteht einzig und allein in der Ausführung des tödlichen Stoßes, ist Tötungshandwerk. Der Name des letzten Drittels, *suerte de matar,* weist in die gleiche Richtung. Pepe Illo hat sich auf dem Frontispiz seiner „Tauromachie" – den toten Stier zu Füßen, den Degen in der Rechten, eine Uhr in der Linken – in sauber gebliebener und tadellos sitzender Kleidung als Meister der Tötung darstellen lassen. Die Botschaft ist klar: Wir, die Matadore zu Fuß, töten rational, aufgeklärt. Wen diese Zusammenstellung – aufgeklärte Tötung – erstaunen mag, der denke daran, daß auch der Arzt Guillotine die nach ihm benannte Maschine als Beitrag zu diesem Metier erfunden hat. Pepe Illo sagt es im geschichtlichen Teil seines Buches, den er in den neuen Matadoren gipfeln läßt, selbst:

... und in letzter Zeit Juan Romero, Pedro Romero ..., Joaquín Costillares, Juan Conde, José Delgado [das ist er selbst, K. B.] und andere, die mit ihrer Forschung und ihrer Praxis den Beruf zu einem Endpunkt hin, dessen Realisierbarkeit eigentlich unmöglich zu sein schien, aufgeklärt haben.[283]

Die Umstände, unter denen man dieses Spektakel feierte,

Der Matador Pepe Illo (José Delgado). Frontispiz seiner Tauromachie.

ließen es in der gegenwärtigen Zeit sehr verächtlich und unausstehlich werden: Alles war Tumult, Durcheinander, Unheil und frecher Vorwitz, wie es heutzutage bei den Novilladas geschieht: also, als die Reiter den Stier mit der Lanze völlig bearbeitet hatten, griff man zur desgarrete, *was denen zu Fuß zukam, das heißt der Plebs, die voreilig zum Töten des Stiers mit Knüppeln, Stöcken und Spießen lief, und sie ließ selten einmal ihre Fahrlässigkeit und Unbesonnenheit unbezahlt.*[284]

Nur mit Schaudern also denkt Pepe Illo an das frühere Töten zurück. Beim aufgeklärten Tötungsvorgang dagegen ist alles unter Kontrolle: Der Matador ist ruhig, er weiß genau, wohin, wann und wie er zustechen muß, er ist im Zustande konzentriertester Beherrschung, kontrolliert sich selbst und den Stier aufs äußerste, und er muß dabei noch an die Zeit denken können, weil er sich dessen bewußt ist – die Uhr zeigt es an –, daß die ganz große Leistung eine Tötungs-Faena in knapp bemessener Zeit ist. Was der Matador dazu am wenigsten brauchen kann, ist eine Intervention von außen, eine Masse von Leuten in der Arena und um ihn herum.

In der Ablehnung des Tumultes treffen sich, wenn auch nur punktuell, die Interessen der professionellen Toreros mit denen der aufgeklärten, von Frankreich beeinflußten Machtelite am Hof. Wenn Pepe Illo die anderen Matadore und sich selbst als „Aufklärer des Stiertötens" tituliert, ist die Übernahme des Begriffs *Aufklärer* nicht zuletzt eine Vorwärtsverteidigung. Er setzt gegen die spanischen Aufklärer als Gegner der Corrida die neue Figur des Matadors als aufgeklärte, um den Verboten, die verstärkt ab den 80er Jahren alle Stierspiele als tumultuöses und zudem unproduktives und die Produktivität sogar hemmendes Relikt alter Zeiten abschaffen wollen, in eigener Begrifflichkeit entgegenzuarbeiten.

Denn die Serie von Einschränkungen und Verboten durch Karl III. und Karl IV. in den Jahren zwischen 1785 und 1805 stellten nach der päpstlichen Bulle von 1567 die größte Gefährdung der Corrida überhaupt dar.[285] Stoppen allerdings läßt sich dieser Prozeß der Ausbildung der Arena-Corrida nicht mehr; zu vielfältig sind bereits die Interessen, die die Corrida verteidigen.

Der Adel hat sich zwar aus der Arena zurückgezogen, er ist aber auf andere Weise bei der Corrida präsent:

So erholen sich die aus der Arena der plaza *zurückgezoge-*

nen Adeligen auf der Arena des Landes und werden, um weiterhin ihre enge und leidenschaftliche Bindung an die fiesta *aufrechtzuerhalten, zu den Hauptlieferanten der Rinder, die in jener Epoche überall bekämpft werden.*[286]

Landwirtschaftliche Innovation meint im Spanien des ausgehenden 18. Jahrhunderts meist Verbesserung der Zucht von *toros bravos*; alter Adel und Stadtpatriziat mit Landbesitz garantieren durch ihre Latifundien den hohen Bedarf an Kampfstieren und wollen weder die Investition noch die Einnahmequelle verlieren. Den Stierzüchtern liegt an einem geordneten Ablauf der Corrida, bei dem zum einen der Tumult als möglicher Auslöser von Verboten ausgeschlossen bleibt, zum anderen aber die Wildheit ihrer Stiere erst richtig zur Geltung kommen kann.

Die sich neu herausbildende Profession der Matadore besitzt das gleiche Interesse; ihr Wunsch muß es sein, daß auf der Plaza Ordnung herrsche; sie brauchen die Plaza für sich allein. Der Volkstumult in der Arena bedroht ihre Arbeit genauso, wie er schon diejenige der Reiter herabgewürdigt hatte. Die „Tauromaquien", die in dieser Zeit entstehen, die Joséf Dazas oder Pepe Illos, stellen in erster Linie Versuche dar, eine Ordnung auf der Plaza zu begründen. Einerseits knüpfen sie an die städtischen oder höfischen Stierordnungen – *reglamentos* – an, die den reibungslosen Ablauf der Adelscorrida und auch der Stierspektakel nach der Räumung des Platzes garantiert hatten, anderseits aber besitzen sie auch den Charakter von Zunftordnungen, die das Geschehen in der Arena zu kodifizieren versuchen, indem sie Reihenfolge und Art und Weise, wie die Arbeitsschritte, die einzelnen Suertes, durchzuführen sind, festlegen will. Eine der bedeutendsten dieser Schriften mit dem stereotyp feststehenden Namen „Tauromaquia o Arte de Torear" ließ Francisco Montes Reina, mit Torero-Namen Paquiro, 1836 erscheinen. Nach den von Paquiro gegebenen Regeln richten sich im großen und ganzen auch heute noch die Stierordnungen. Paquiros Schrift steht somit an einem Endpunkt dieser Kodifizierung, spätere Tauromaquien reflektieren eher den Stil und die Arbeitsweise einzelner Torero-Persönlichkeiten.

Es illustriert Ortega y Gassets Gedanken, daß sein Projekt über die Stiere in Spanien den Arbeitstitel „*Paquiro ... o de las Corridas de Toros*" trug. Paquiros Schrift steht an dem Übergang, der die endgültige Trennung von Stierspektakel und moderner Corrida, die am besten in dem klaren Unterschied von Akteuren und Zuschauern zu sehen ist, markiert.

Die untere Klasse glaubt bei den Stieren eine unbestreitbare Souveränität zu besitzen, und wir müssen bekennen, daß bis zum heutigen Tag die Volksmenge bei diesen Aufführungen genau das macht, was sie machen will. ... Wenn es sich im Ambiente des Enthusiasmus und der Exaltiertheit, die der Wein und die Lidia in den schlecht organisierten Köpfen des Pöbels schaffen, der überall vulgär ist, darum handelt, ihn mittels der Gewalt zu bremsen und die Mißbräuche im Moment selbst zu unterbinden, steht es außer Zweifel, daß man nichts erreichen wird.[287]

Paquiro sieht eine längerfristige Erziehung durch einschüchternde Erlasse, einschränkende Maßnahmen – zum Beispiel Waffenverbot im Publikum – und exemplarische Bestrafungen für die „Störer der öffentlichen Ordnung" durch die entsprechenden Autoritäten wie Justiz vor und versichert, „daß so sehr bald der Tumult und die Frechheit, die diese Unterhaltung unanständig machen, ein Ende finden würden."[288]

Paquiro begründet seine Attacke gegen die Undisziplinertheit der unteren Klasse wie auch seinen Aufruf zu allgemeiner Ordnung – Sitzenbleiben, Einschränkung des Getränkeverkaufs während der Faena – und der dezenten Plazierung der soldatischen Ordnungsmacht nicht mit der Störung seiner Arbeit als Torero, sondern mit der Belästigung für den „Zuschauer, welcher, weil er Eintritt bezahlt hat, das Recht hat, etwas dafür zu bekommen und daß ihn niemand dabei behindert oder stört".[289]

Er geht also davon aus, daß ein Großteil des Publikums bereits die innere Einstellung hat, sich hinzusetzen, sitzen zu bleiben und dem aufgeklärten Töten sowie dessen Vorbereitung im Picador-Stich und in der Banderilla-Setzung im gebannten Zuschauen zu folgen.

Der aufgeklärte Matador fordert hier nichts weniger als eine fortschreitende Aufklärung des Publikums, die, da es sich um die unteren Schichten handelt, unter Druck und zwangsweise vor sich gehen müsse.

Nur ein paar Jahre nach Paquiros Tauromaquie sind auch die Leute aus den unteren Schichten zu begeisterten Zuschauern geworden. Nur manchmal, und oft zu besonderen Anlässen – Geburt eines Kindes[290] –, juckt es den einen oder anderen an den Füßen, bis er es nicht mehr aushält und als *espontáneo* in die Arena springt. Aber die Masse als solche schaut fasziniert und hingebungsvoll dem Geschehen in der Arena zu. Warum?

Die Ästhetisierung der Corrida

Doch als die ländliche Welt endgültig hinausgedrängt blieb, verlor die Fiesta jenen naiven und chaotischen Charakter, der auf der Stufe des gemeinsamen Rituals die erotische und fröhliche Beziehung zwischen der Gemeinschaft und der Nahrung begründet hatte. Im Gegensatz dazu schafft im neuen Schauspiel, das wir Profil annehmen sehen, die spektakuläre Zurschaustellung der Geschicklichkeit des Matadors bei der Ausführung seiner Aufgabe den entschädigenden Abglanz jener anderen, endlosen, geordneten, abgemessenen und seriellen Wiederholung bei der industriellen Exekution des Rindes.[291]

Man mag dem Sevillaner Autorenteam um García-Baquero bei dieser Feststellung folgen oder nicht; jedenfalls stellt die behauptete Transformation vom ländlich-festlichen Schlachten zur seriell-kalten Stiertötung, die an die Massenabschlachtung im Schlachthof erinnert, weder eine Antwort auf das ruhig-konzentrierte Sehen des Publikums noch eine auf das Erleben dieses Zuschauens als Fiesta dar.

Picador, Banderillero, Matador: Die Reihenfolge reflektiert die Geschichte des Stierlaufs, sie korrespondiert in herabsetzender Form der Adelscorrida, in verfeinerter Form dem ländlichen Stierlauf, in apotheotischer Form den städtischen Stierschauspielen, wobei ständisch-zunftmäßige Organisationsform über die Lust am Tumult die Oberhand gewonnen hat.

Im offiziellen Kanon der Suertes fehlen im Ordnungsschema auffallenderweise sowohl die *brega* mit der Capa wie auch die mit der Muleta, obwohl gerade diese beiden Teile, bei denen der Stier nicht verletzt wird, als die wichtigsten der heutigen Corrida anzusehen sind.

Das Stierspiel mit der Capa war die Kompensation für die Leute, die beim ständischen Stierspiel gegen Ende des 18. Jahrhunderts im Schlachthof Sevillas vor den Toren bleiben mußten. Die Trennung der Schlachthof-Corrida in eine *vor* und eine *hinter* den Toren erfolgt erst relativ spät; als es nur eine gab, und zwar *im* Schlachthof, da hatten die Metzger und sonstigen Stierläufer – ähnlich den Peones bei der Adelscorrida – die Capa zur Hand, mit dem Unterschied, daß sich die Capa hier in der Hand der Protagonisten selbst befand. Die Capa diente seit je zur Ablenkung des Stiers, war Schutzmittel; jetzt beginnt sie – unter dem Druck von Konkurrenz, die dem ruralen Stierspiel fremd war – zu einem Instrument eleganter Stierführung zu werden.

Laut del Moral war, als die moderne Corrida ihren Anfang nahm, „die Muleta nichts weiter als ein weißes Tuch, das an einem Stock hing und bloß als Hilfsmittel beim

Todesstoß für die Stiere diente"[292]. Das letzte Drittel war zuerst identisch mit dem Töten des Stiers, die Muleta ein bloßes Hilfsmittel bei Erledigung dieser Aufgabe. Doch die Suerte der Tötung ging – nicht mehr vom Tumult der Masse gefährdet, sondern allein den zugelassenen Meistern überlassen – schnell, zu schnell, um das Publikum auf Dauer befriedigen zu können. Die Meister mußten, wollten sie das Publikum in Bann halten, mehr bieten. Die Muleta – die Pepe Illo auch *capotillo* nennt[293]– übernimmt dabei die Aufgabe der Capa: den Stier zu führen, um ihn vorzuführen.

An diesem Punkt beginnt das wirklich Neue. Die Matadore hatten eigentlich nur das Prinzip der Adelscorrida fortgesetzt: Töten vor Publikum. Die Adelscorrida ihrerseits hatte den Stier aus der ländlichen Kultur übernommen und ihn dem adeligen Fest eingepaßt. Das Fest des Volkes war *correr los toros,* mit dem Stier zu laufen, und dies tat und probierte die Masse des Volks, wo immer sie nur konnte. In der Übernahme der Adelscorrida durch die städtischen Stierspektakel ist dies Element sofort präsent: die Masse um den Stier, nicht primär um ihn zu töten, sondern um in seiner Nähe zu sein. Die Figur des Matadors, eingebettet in ständische Ordnung, enteignet den Stier der großen Masse von neuem; diese wird durch Militär aus der Arena gehalten.

Das Anliegen des Matadors – wie zuvor das des Adeligen – ist, den Stier zu töten; anders als der Adelige, der qua Stellung in der Hierarchie zum Töten vor Publikum legitimiert war, muß der Matador die Gunst des Publikums stets neu erringen: mit Mut und Eleganz. Der Matador, aus dem Volk stammend, weiß, was dieses will: den Stier in Bewegung sehen. Also *läßt* er den *Stier laufen.*

Läßt ihn mittels der Capa, mittels der Muleta laufen. Die Capa eröffnet – die alte Tradition dörflicher Stierläufe zitierend – den modernen Stierlauf, der Stier ist unverletzt, die Arbeit mit der Capa gestaltet sich räumlich großzügig. Die Arbeit mit der Muleta dagegen versucht den Bewegungsablauf – wie zuvor der Matador den Tötungsvorgang – zu minimalisieren; der Stier soll möglichst nah am Körper, auf möglichst kleinem Raum laufen. Das Laufen des Stiers bekommt einen eigenen Wert, den es weder bei der Adelscorrida noch bei den Stierspektakeln hatte. Der Lauf, das Hauptereignis der Dorffeste, hat in die Arena Eingang gefunden, allerdings mit folgendem gravierenden Unterschied: Bei der Dorfcorrida ist das Entscheidende, *daß* der Stier läuft, bei der modernen Corrida, *wie* er läuft. Das *Wie* aber zieht Beurteilung nach sich; der Matador kann den Stier gut oder schlecht führen, kann beim Laufenlassen des Stiers glänzen oder versagen: Die Arbeit mit der Muleta, von einer bloßen Begleiterscheinung zum Kern und Höhepunkt des Geschehens in der Arena aufgestiegen, unterliegt ästhetischen Kriterien.

Die Figur des Matadors behält zwar den Namen des Töters, gefeiert aber wird er als *Torero*. Die Aufgabe des Zuschauers ist die der Bewertung: Die *direkte Teilnahme am Lauf* ist durch die *kritisch-teilnehmende Beurteilung des Laufes* ersetzt.

... der Stier-Aficionado kritisiert, anstatt daß er auf einen Triumph hin anfeuert und anstachelt. Der echte Aficionado geht zu den Stieren, um sein Urteil abzugeben, um in der Art eines Richters zu handeln, und er richtet sogar den Präsidenten.[294]

Die Meinung, daß bei der modernen Corrida die Aficionados bloße zur Passivität verurteilte Zuschauer seien, erweist sich als falsch. Gegen den Augenschein sind die Aficionados am Lauf, an der Corrida, beteiligt, aber in ganz anderer Weise als erwartet: Der Stier gehört insofern ihnen, als sie die Maßstäbe für den Lauf des Stiers durch den Torero festsetzen. Der Torero in der Arena ist als ihr Delegierter zu betrachten, der für sie den Stier laufen läßt, aber sie entscheiden über seine Faena, die wiederum von der Leistung des Stiers abhängig ist. Die Aficionados wissen, ob ein Torero aus einem schlechten Stier Großes herausgeholt hat, und würdigen dies, selbst wenn diese Faena insgesamt schlechter aussehen sollte als eine mittelmäßige Faena mit einem leichten Stier.

Die Aficionados sind mit ihren Bewertungskriterien die eigentlichen Herren des Stierlaufs in der Arena; der Stier gehört der in der Arena versammelten Volksmenge, die die Civitas im Fest repräsentiert. Der Torero ist Delegierter; erfüllt er die Erwartungen, fließen all die positiven Emotionen der Menge ihm zu: Er wird zum Helden, weil er das tut, was die anderen in direkter Weise gerne ebenfalls täten, aber nur in indirekter, kritischer Weise tun.

Der Präsident ist zwar vorhanden und garantiert den formalen Ablauf, die Bewertung der Aficionados segnet er – wieder eine Art Formalität – nur ab, indem er den Forderungen des Publikums oder Teilen davon nachgibt. Doch läßt die Figur des Präsidenten immer ein wenig an die Bürgermeister denken, die die trotz offiziellen Verbotes organisierten Stierläufe zähneknirschend zu eröffnen haben – soll heißen: Der Präsident ist – wie die musikalische Zitierung der Räumung des Platzes – ein Relikt aus jenen Zeiten, in denen die öffentliche Ordnung sicht- und greifbar repräsentiert werden mußte. Im Erleben der Aficionados stellt der Präsident keine bemerkbare Größe dar; es sei denn, es handelt sich um einen, der seine Rolle nicht richtig spielen, sondern statt dessen seine Muskeln spielen lassen will.

Der Souverän auf der Plaza ist die ästhetisch-kritische und dadurch distanzierte Teilnahme der Volksmenge am Lauf des Stiers. Die Corrida aber soll Fiesta sein. Geht das zusammen?

Die Arenen, die *plazas de toros*, wurden vor den Toren der Stadt errichtet. Dennoch bezieht sich der Begriff *plaza* nur auf städtischen Raum; er ist definiert als Ort alltäglicher Geselligkeit, des Sehens und Gesehenwerdens, der Pflege der Bekanntschaften. Auf der Plaza finden turnusmäßig Märkte, Kirchweih und andere Fiestas statt.

Die *plaza de toros* stellt eine Spezialentwicklung der *plaza* für Festlichkeiten mit Stieren dar, aber sie ist *plaza* im eigentlichen Sinn des Wortes geblieben. Bei Dorffesten wurde und wird eine der zentralen *plazas* der Ortschaft zur Arena umgestaltet – ein gutes Beispiel bietet Coria oder der improvisierte Platz in Riaza (Segovia).

In den Städten des 17. und 18. Jahrhunderts beginnen sich zeitlich begrenzte Improvisation der Arena und städtebauliche Elemente miteinander zu mischen. Die ephemer errichtete *plaza* in Pamplona, deren Rechteck zur einen Hälfte von Tribünen, zur andern von eigens dafür ausgestalteten Wohnhäusern gebildet wurde, kann das illustrieren. Die *plazas mayores* in Madrid (1636) und Salamanca (1729–1788) oder die Plaza de la Corredera in Cordoba (1683) werden bei Umbauten und Renovierungen eigens für die Bedürfnisse der Corrida hergerichtet. Die frühe Einrichtung einer Plaza für Stierspiele in einer Kleinstadt stellt der 1653 mit einer Corrida in Anwesenheit von Philipp IV. eingeweihte Platz in Tembleque (Toledo) dar, wo zwei Häuserreihen durch zwei tribünenartige Umbauungen zu einer rechteckigen Plaza ergänzt wurden.[295]

Während des 18. Jahrhunderts werden in vielen Ortschaften im Zuge von Stadterweiterungen oder Neugründungen Plätze im urbanen Raum so angelegt – oktogonal oder bereits rund –, daß sie *plazas de toros* formen: „Wohnhäuser und *plazas de toros* lagern ihre Struktur aneinander an.“[296] Beispiele für städtische Neugründungen bieten Chodes

Die alte Plaza de Toros aus Wohnhäusern in Tarazona (Zaragoza), die 1797 errichtet wurde.

(Zaragoza) oder La Carolina (Jaén), für Erweiterungen Archidona (Málaga) oder Tarazona (Zaragoza)[297].

Bei der Errichtung dieser „Wohn-Arenen" wird es sich wohl um ein Zusammenspiel von öffentlicher Planung und privater Initiative gehandelt haben; auf jeden Fall zeigt ihre Existenz das Verwurzeltsein der Stierschauspiele bei der Hauptmasse der spanischen Bevölkerung des 18. Jahrhunderts. Die Fiestas boten Anlaß zu tumultuarischen Ereignissen, der festliche Tumult, man kann es sich denken, setzte sich – von der *plaza* und den Stieren ausgehend – in die gesamte Ortschaft hinein fort. Die zyklische Wiederkehr des Tumultes im urbanen Raum mußte den Stadtverwaltungen in der Zeit der aufgeklärten Politik des letzten Drittels des

Die Plaza de Toros von Málaga um 1870.

18. Jahrhunderts ein Dorn im Auge sein; die Abschaffung der Corridas aber, wie sie vom Madrider Hof aus angeordnet worden war, stieß auf der Ebene der Stadtverwaltungen aufgrund eigener Stierbegeisterung durch Sozialisation im Stierfest, sicher aber auch aus Gründen des Opportunismus der breiten Masse gegenüber auf keine große Gegenliebe. Eine Verlagerung der Stierfeste vor die Tore der Stadt bot eine doppelte Möglichkeit: den nötigen Raum für die Zuschauermassen bei gleichzeitiger Annullierung des Tumultes in der Stadt zu schaffen.

Madrid hat mit der Errichtung der Arena vor dem Alcalá-Tor in den Jahren 1749–54 anderen Städten den Weg gewiesen. Das Überleben der Encierros durch die Straßen Pamplonas, hing nicht zuletzt damit zusammen, daß der Stadtverwaltung die Genehmigung für die Errichtung einer Arena nicht erteilt worden war und daß so nach Aufhebung des

Verbotes der Stierspiele im Jahre 1805 die Stiere weiterhin auf eine *plaza* im städtischen Raum gebracht werden mußten.

Aber auch die allein für die Corrida errichtete Plaza behielt die Funktionen eines festlichen Stadt-Platzes bei. Eine Schilderung hiervon gibt Blanco White:

An einem Stiertag (día de toros), *wie man ausdrücklich in Sevilla sagt, kommen alle öffentlichen und privaten Geschäfte zum Erliegen. Am vorausgehenden Nachmittag wird die* plaza de toros *für das Publikum geöffnet. Militärkapellen beleben mit ihrer Musik das unruhig-laute Ambiente, und die Sitzplätze füllen sich mit einer Menge, die kommt, um das Defilee der Wägen in der Arena zu sehen, besetzt mit schönen Frauen, während die Männer lieber zu Fuß dort laufen, wo einige Stunden später der wilde Kampf statthaben wird. Im allgemeinen kann man sagen, daß alle Anwesenden im voraus schon die Gefühle des fröhlichen und gefährlichen Sportes, der vor der Tür steht, auskosten. ... Bei den unteren Volksschichten finden sich nur ganz wenige, die am Vorabend eines Stiertages daheim zu Bett gehen. Ab Mitternacht überschwemmt eine lärmende Masse die der Plaza nächsten Straßen, sie randaliert und vertreibt sich die Zeit, um beim Stierbringen (encierro), das im Morgengrauen stattfindet und kostenlos gesehen werden kann, dabeizusein.*[298]

Schon am Nachmittag des Vortages stoppt die Fiesta die alltägliche Lebensordnung; unter den Klängen von Pasodobles nimmt die Arena städtisches Gepräge an, man flaniert über den Sand, zeigt sich und wird gesehen. Beim frühmorgendlichen Encierro will das Volk möglichst nah bei den Stieren sein, direkt danach bekommt es den schon erwähnten *Volksstier*. Der Auftritt der Cuadrilla ist zwar Höhepunkt, aber längst nicht die ganze Fiesta, die sich in der und um die Plaza entfaltet.

Um 1800 ist das noch klar zu erkennen. Im Fortgang der

Geschichte ist die Fest-Zeit um die Corrida herum immer knapper geworden, das Fest-Erleben bei der Corrida dagegen immer intensiver: Die ganze Gefühlsintensität eines dörflich-ländlichen Stierlaufs samt der dazugehörigen Fiesta hat in gründlicher und kaum mehr erkennbarer Transformation in die moderne Corrida Einzug gehalten. Die spanische Sprache hat diesen synthetischen Charakter der Corrida aufbewahrt und nennt sie einfach und zu Recht *la fiesta*.

Brennpunkt der Transformation ist ästhetisch-kritische, also durchaus aktive Teilnahme der Zuschauer am Lauf des Stiers. Der Tumult, der die ländliche Fiesta als solche überhaupt erst in Gang setzt und von den städtischen Volksmassen, die in Spanien immer ruralen Hintergrund besaßen, bei Adels- und städtischen Corridas mit jahrhundertelanger Zähigkeit stets eingefordert wurde, ist ersetzt durch die kritische Aktivität der Bewertung. Ästhetisches Vermögen ist verstandesmäßige Distanz zum Gegenstand bei gleichzeitig größtmöglicher Nähe im Gefühl. Die Herstellung distanzierter Nähe, die Ersetzung direkten Laufens mit dem Stier durch das kritische Sehen des Laufenlassens des Stiers, diese Transformation vollbracht zu haben, ist eine der großen Leistungen des spanischen Volkes. So gesehen ist die Corrida – was von Aficionados stets und oft begründungslos behauptet wird – *arte*. Aber dieses ästhetische Geschehen ist zugleich Fest, Fiesta.

Man muß unter diesem doppelten Aspekt – *arte* und *fiesta* – die verschiedenen und seltsam scheinenden Handlungen der Zuschauer bei der Corrida zu verstehen suchen: das abwägende Urteil bei gleichzeitigem Trinken, Essen oder Zigarrenrauchen.

Das kritische Urteil hat den Lauf mit dem Stier, welcher im Dorffest den Tumult losbrechen läßt, ersetzt. Der Tumult, der bei der Corrida in der Phase der Picadores auf ungeschütztem Pferd noch real präsent war, ist aus der Arena verschwunden; ein letztes Relikt stellt wohl die rituell anmutende Verhöhnung des Picadors durch das Publikum dar. In dieser Verhöhnung und Beschimpfung läßt sich die symbolische Umformung der einst real stattfindenden Degradierung im Sturz des Pferdes und Fall des Reiters erkennen. Für diese Deutung spricht, daß auf den besten Plätzen der Schattenseite der Tribüne der rüde Umgang mit dem Picador mit Verachtung, als pöbelhafte Entgleisung, betrachtet wird; wie sollten auch die Nachfahren des Adels und die Vertreter der neuen führenden Schichten dieses Tumult-Relikt, das aus sozialer Deklassierung lebt und auf symbolische Einebnung der Klassenunterschiede abzielt, gutfinden können? Dieser Verhöhnung setzen die „besseren Kreise" die Betonung der unbedingten Notwendigkeit der Arbeit des Picadors entgegen. So scheint in der Picador-Suerte soziale Distinguierung als Erinnerung an die geschichtliche Gewordenheit und an unterschiedliche Empfindung hinsichtlich dieses historischen Prozesses auf.

Das Trinken, der festlich gesteigerte Alkoholkonsum beim Dorffest, wurde als Ausdehnung des allgemeinen Tumults, als dessen Erweiterung in jeden einzelnen Festteilnehmer hineininterpretiert. Auf diesem Hintergrund verwundert es kaum, daß die Leute auch heute noch Wein und Cognac zur Corrida mitbringen; es wird auch klar, warum die Getränke kreisen müssen, warum diejenigen, die keine Getränke dabei haben, zum Trinken animiert werden müssen: Der Alkohol zieht sie in die Fiesta hinein, er ist die innere, individuelle Ergänzung des äußeren Festgeschehens.

Die Tötung, die Opferung des Stiers nach dem Lauf war im Dorffest die Sache aller, obwohl es immer einen *matatoros*, einen Stiertöter gab. Die Metzger warteten schon; es sollte doch das Fest im gemeinsamen Mahl den Höhepunkt finden und sich brechen. Der moderne Matador ist der Delegierte der Masse für den Lauf; doch daß er ursprünglich dem Metzgerhandwerk entstammt und mit einer neuen Tötungsmethode in die Arena kam, ist nebensächlich geworden. Es obliegt ihm zwar immer noch die Tötung, seine hauptsächliche Faszination jedoch geht von der Führung des Stiers im Lauf aus. Das Laufenlassen des Stiers im Dorf, gleichgültig ob am Seil oder frei, war immer die eigentliche Opferhandlung und somit auch Vorbereitung des Festmahls. Wenn das Publikum bei der modernen Corrida ißt, stellt es nur die Gleichzeitigkeit für Handlungen her, die früher nacheinander stattfanden: Im Essen während der Corrida lebt das gemeinsame Mahl fort. Eine Fiesta braucht ein Festmahl. Aus diesem Wissen stammt der Brauch, während des Geschehens in der Arena zu essen und das Essen zu verteilen. Die teuren Zigarren stellen nichts anderes dar: Sie zitieren den Abschluß eines Festessens. Ob ein Zuschauer Schinkenstücke verschlingt oder eine dicke Havanna raucht, mag vielleicht über soziale Unterschiede etwas aussagen, bleibt sich aber auf der Ebene der symbolischen Repräsentation gleich. Beide Handlungen sagen nichts anderes, als daß die frevlerische Notwendigkeit des Opfers der versöhnenden Macht des Mahls bedarf. Die Corrida ist somit auch Erinnerung und symbolischer Vollzug des gemeinsamen Aufessens des Stiers.

Die Zuschauer wollen *naturales* sehen, das heißt die Linksführung des Stiers durch den Torero. Was hat der *pase natural* an Natürlichkeit? Die Linksdrehung ist die natürliche Bewegung des Opfers. „In Mitteleuropa war es früher nicht üblich, links herum zu tanzen. Dies tat man erst in unserem Jahrhundert, als die alte, mit dieser Richtung verbundene Bedeutung verblaßt war. Es handelt sich nämlich um die Todesrichtung.“[299]

Und warum darf der Stier nicht hinken, warum erregt ein nicht zurückgezogener hinkender Stier die zuschauenden Massen bis zur Weißglut? Beim schon erwähnten Ochsenwunder in den Alpen wird von der Nachtschar ein Ochse festlich verspeist, danach werden seine Knochen aufgesammelt und zu einem neuen, allerdings hinkenden – ein Knöchelchen ist verlorengegangen – Ochsen zusammengesetzt. Hinken ist ein Zeichen für viele Jenseitsfahrer, deswegen durften Knochen von Opfertieren oft nicht zerbrochen werden. Sollte die in weiten Teilen Eurasiens verbreitete Vorstellung eines Rückkehrers aus dem Totenreich, dessen Zeichen das Hinken ist, bei der Corrida nachwirken und in der Rationalisierung des Hinkens als Kampfunfähigkeit präsent sein? Das „technische" Argument, ein hinkender Stier sei zur Lidia ungeeignet, korrespondiert nicht der mit ihm zutagetretenden Gefühlsintensität. In der Angst vor dem Hinken scheint der eigentliche Zweck des Opfers, die Auferstehung, die Erneuerung des Lebens auf. Der Tod bedingt das Leben, sie gehören zusammen, sind eins. Doch einen Wiedergänger aus dem Jenseits wünscht man sich in der Arena nicht; er wüßte zuviel und könnte also in der Lage sein, den Torero zu töten. Das Opfer aber – dies ist die Basis jeder Corrida – soll der Stier sein, nicht der Mensch.

Die Fiesta der kleineren Ortschaften bestätigt und erneuert die lokale Identität, gewährt den Bewohnern das Glücksgefühl des Gerne-in-ihr-Wohnens. Die starke und langanhaltende Pueblo-Verbundenheit der Spanier ist Ausdruck dieser Erfahrung. Die moderne Corrida sprengt den lokalen Rahmen und öffnet ihn bereits zu Beginn des 19. Jahrhunderts zum nationalen. Denn den großen Namen unter den Torero-Matadoren eilt, egal in welchem Ort sie auftreten, landesweiter Ruhm voraus: Sie sind Nationalhelden, wie es anderswo nur Befreiungskämpfer sind. Die Toreros, die *Meister des Stierführens*, als überregionale Identifikationsfiguren geben der jeweils örtlichen *fiesta* erst die Bedeutung einer *fiesta nacional*.

VII
„¡Toro! Der Stier kommt!"

Die Corrida in der Arena zeigt die Wandelbarkeit innerhalb der Kontinuität von Brauchtum. Sie restituiert einerseits die alte Tradition des ländlichen Stierlaufens in ganz moderner Form, wobei sie die geschichtlichen Verdrängungs- beziehungsweise Ersatzformen zitiert oder aufnimmt. Anderseits entsteht in ihr und repräsentiert sie – während im restlichen Europa die Volkskultur unter dem Druck aufgeklärter Vernünftigkeit in der argumentativen Dreiheit von ökonomischer Effizienz, geordnet-anständigem Verhalten und gutem Geschmack steht und nachgibt – ein ganz neues Ritual, welches es schafft, die Masse der Spanier ab dem Ausgang des 18. Jahrhunderts zu begeistern und gefühlsmäßig zu binden.

Diese gefühlsmäßige Bindung ist in der Tradition der Volkskultur verankert; R. Pérez Delgado schreibt: „... man wohnt dem Triumph des sich selbst überlassenen, ganz und gar Volkstümlichen über eine Aristokratie bei, der, da undiszipliniert und ohne Normen, die Fähigkeit zum Disziplinieren und Norm-Setzen abging.“[300] Im Klartext heißt das: Das Volk zeigt vor allem Interesse am Erleben der überbordenden Feier, an der ständigen Wiederholung des Zeitbruchs beim uchronischen Fest. Ein Spruch der mündlichen Tradition lautet: „‚Wohin des Wegs?‘ ‚Zu den Stieren.‘ ‚Woher des Wegs?‘ ‚Von den Stieren.‘“[301] Das Sprichwort drückt zwar laut Cossío die Enttäuschung über etwas, das viel versprochen und wenig gehalten hatte, aus, aber es steckt ebenso voll neuer Hoffnung. Fernando Savater hat darauf aufmerksam gemacht, daß der Zuschauer der Corrida nie ganz zufrieden sei und sein könne, weil er nie *die* Corrida, sein *Urbild* einer Corrida zu sehen bekäme.[302] Er vergleicht diese Erwartung und die damit verbundene Gefühlsintensität mit dem *Urbild* und dem „belebenden Zauber der Weihnacht in der Kindheit“[303], die später immer erwartet, aber nie mehr in der Intensität der Kindheit erlebt werden wird. Trotz dieser Frustration und voller Hoffnung auf *die* Weihnacht feiert man jedes Jahr Weihnachten von neuem, und ebenso geht man – wenn man kann – immer wieder zur Corrida. Diese tiefinnere Frustration ist der *Preis* für die Ersetzung der realen Teilnahme am Stierlauf durch die kritische Teilnahme auf den Zuschauerbänken und wird beispielsweise durch die exaltierte Verherrlichung oder Verehrung von Toreros kompensiert. Deshalb auch bleibt die Corrida in der Arena, existiert das eigentliche Fest noch wie zum Beispiel in Soria, Coria oder auf den Sol-Rängen voller Stierläufer in Pamplona, Substitut und Draufgabe. Dennoch wird auch die Corrida in der Arena als Fest erlebt, das man immer wieder von neuem erleben möchte.

Das erstaunliche Desinteresse der spanischen Massen an Politik im 19. Jahrhundert, dieser – um es modern zu sagen – Politiküberdruß hängt mit der Festbereitschaft und der ihr innewohnenden Hoffnung auf den uchronischen Zeitbruch zusammen: von den Stieren, zu den Stieren.

Die Teile des spanischen Volkes, die sich von diesem fast süchtig machenden Zirkel aus Frustration und Hoffnung abgewandt hatten, das liberale Bürgertum, die anarchistische Arbeiterbewegung, suchen rationale, utopische Auswege für die Probleme ihres Landes, während die große Masse, manipulier- und benützbar von den Kräften politischer Reaktion, auf dem uchronischen Genießen des Festes beharrt. Hier öffnet sich die Schere zwischen den so oft zitierten zwei Spanien, eine Trennung, die im Bürgerkrieg ihren Höhepunkt findet, wo sich zeigt, daß die große Masse des spanischen Volkes sehr wohl seine Interessen kannte und wahrnehmen konnte, indem es die tiefgreifendste soziale Revolution dieses Jahrhunderts versuchte. Diese spanische Revolution jedoch, geprägt vom Anarchosyndikalismus, trägt in der Ablehnung kleiner Schritte, der Negierung jeglicher Hierarchien und im Beharren auf Verwirklichung des utopischen Modells im Hier und Jetzt des gegebenen historischen Moments völlig uchronische Züge. Daran als innerem Faktor, neben dem äußeren Faktor der weltpolitischen Konstellation der dreißiger Jahre, scheitert die spanische Revolution auf der politischen Ebene.

Der Frankismus wird ein System errichten, bei dem zur Niederhaltung der Massen die Corrida bewußt und zielgerichtet eingesetzt wird. Die exzessive Benennung der Corrida in der Arena – bei gleichzeitiger Unterdrückung der volkskulturellen Stier-Ereignisse – als Fiesta Nacional hat nichts mehr oder nur mehr wenig mit der sozialen Dynamik der *fiesta nacional* am Ende des 18. und in der Entwicklung des 19. Jahrhunderts zu tun.

Die Corrida hat den Franquismus überlebt und sich vom Bild eines bloßen „Herrschaftsinstruments“ freimachen können. Die heutigen Probleme der Corrida sind zum einen die Kommerzialisierung – wie sollte in einer kapitalistisch organisierten Gesellschaft ein derart eng mit dem Gefühlsleben verbundenes Ereignis dem allmächtigen Warencharakter von Beziehungen und Dingen entgehen können – sowie Fragen des Tierschutzes.

Der Ruf „¡Toro!“

„¡Toro!“: Mit diesem Ruf weicht die gespannte Erwartung des Stiers seinem Erscheinen. „¡Toro!“: der Stier kommt, ist schon da.

In Deutschland hat Friedrich Hölderlin der Hoffnung auf gesellschaftliche Erneuerung im Bild des Dionysos, des „Gottes der Gärung,“[304] Ausdruck gegeben: der kommende Gott. Spanien dagegen hat den Moment so bezeichnet: der Stier kommt. Und dann ist er, als „Stier der Gärung“, da. Der Rauschzustand des Festes hat sich der Menschen bemächtigt, das Opfer nimmt seinen Gang.

Warum schlägt Dionysos als kommender Gott in der Antike die Frauen mit derartigem Wahnsinn, daß sie ihre Söhne in wildem Anfall zerreißen und auffressen?[305] Marcel Detienne hat ihn als „epidemischen Gott" bezeichnet: „Gewiß steckte in der dionysischen Raserei eine Kraft, die ebenso ansteckend war wie vergossenes Blut befleckend. Doch gehörte nach der griechischen Auffassung das Wort ‚Epidemie' zum Bereich der Gotteserscheinung."[306] Aber die Epidemie des Wahnsinns bricht dann aus, wenn „dem Dionysos die Kulthandlungen verweigert werden".[307] Dionysos hat wie Zeus einen Paredros-Ursprung; im Gegensatz zu Zeus beharrt er auf dem alten Recht der Muttergottheit auf ein Opfer, das er selbst ist. Erfolgt dies nicht – auch der stiergestaltige Dionysos ist die Ersetzung eines Menschenopfers – kehrt sich die Ersetzung in wahnsinnige Tat um. Die antike dionysische Epidemie des Stier- oder Sohnzerreißens ist matriarchale Praxis in Zeiten patriarchalischer Herrschaft.

Auch wenn es in Spanien in Form der Markus-Stiere, die am 25. April, dem – wie Caro Baroja herausgestellt hat – antiken Dionysos-Tag, gelaufen werden, einen späten Nachfahren des Gottes gibt,[308] deutet in Spanien seit dem Mittelalter nichts auf eine Göttlichkeit des Stiers hin. Er löst zwar die mit matriarchalem Wurzelgrund verknüpfte Epidemie aus, aber einfach als Stier; als Stier, der kommt.

Wie aber hat sich diese Tradition so lange erhalten und das Bild des Stiers so tief ins spanische Bewußtsein einprägen können? Ein Zitat von Ortega y Gasset kann weiterhelfen:

Für einen Spanier bedeutet das Wort toro *keine bloße Artbezeichnung wie* bull *für einen Engländer oder* Stier *für einen Deutschen. Ich beziehe mich auf einen Spanier, der in seinen Adern die nationale Tradition trägt. Die heutigen Spanier, die in ihrer Mehrheit aus seltsamen, hier nicht zu behandelnden Gründen seit einem Vierteljahrhundert die Kontinuität der Tradition verloren haben, befinden sich in der Nähe des Englischen oder Deutschen, wenn sie das Wort* toro *verwenden: sie entleeren und verwässern es.*[309]

Ortega y Gasset hat hier etwas Grundsätzliches berührt: das Aussprechen des Wortes *toro*. Was er als Verlust kritisiert, die Entleerung, Verwässerung, weist den Weg, wie das andere Aussprechen geschehen sein muß und noch immer geschieht: nicht leer, nicht leichthin, also mit Fülle und Intensität.

Die Kulturforschung hat dem Aussprechen von Worten bisher wenig Aufmerksamkeit geschenkt, obwohl doch gerade im gefühlsmäßigen Erleben ein Kind mit Wortklang und Wortintensität, mit der im Aussprechen eines Wortes mitschwingenden Bewunderung oder Verabscheuung aufwächst, grundsätzlich geprägt und sozialisiert wird. Vor allem religiöse Erfahrung dürfte in der stetig wiederholten Heraushebung einzelner Wörter in Schauer oder Verehrung und nicht im rationalen Erfassen der Inhalte aufgebaut werden.

Man muß den Ruf „¡Toro!" gehört haben, die Intensität, die Bewunderung, die Freude, den Schauer, der erklingt, wenn der Stier kommt, und der den Stier zu einem außerordentlichen Wesen macht, um zu verstehen, daß diejenigen, die mit diesem Ruf großgeworden sind, eine ganz besondere Beziehung zu diesem Tier entwickeln mußten. Ortega y Gasset hat Recht, daß dem Wort dadurch auch in der Alltagssprache eine spezielle Bedeutung zugewachsen ist, die diejenigen nicht mehr weiterzutragen vermögen, in deren Umfeld diese Intensität verblaßt ist.

Der Ruf „¡Toro! Der Stier kommt!" wie auch das Rufen des Stiers „¡Eh, Toro, eh!" dürfte seit langen Zeiten in spanischen Ortschaften erklungen sein und jede Generation von neuem in den Bann des Stiers gezogen haben, des Stiers, der kommt und das Fest auslöst, der die Ordnung aufhebt und dessen gemeinsames Aufessen diese in sich erneuert wiederherstellt.

Bei der allenthalben stattfindenden Denkmalsucht und Musealisierung wäre zu überlegen, ob Kulturgebärden wie dieser Ruf und Kulturgebilde wie das dazugehörige Ritual, menschliche Handlungsweisen also, in die zu schützenden Reihe der Objekte aufgenommen werden könnten. Haben kulturgeprägte Interaktions- und Sozialformen, die noch intakt sind, etwa weniger Rechte als von Kultur geschaffene materielle Objektivationen?

Das Töten und die Ordnung der Kultur

Walter Burkert spricht in „Homo necans" von jenen „seelischen und sozialen Strukturen ..., die auf dem Töten die Ordnung der Kultur errichteten".[310] Das Opfer ist die von Menschen geschaffene Institution, die das Töten in gesellschaftliche Bahnen bringt, es zu zivilisieren versucht. Denn es hat für die opfernde Gruppe stabilisierende Funktion.

Indem bei jeder Opferhandlung Gewalt zu geschehen und Blut zu fließen hat, wird einerseits der Hunger nach Gewalt gestillt, anderseits sind die Folgen der Gewalttat, weil rachelos, von vornherein neutralisiert. Das rituelle Geschehen, Kontrolle und Garantie der Folgenlosigkeit, hebt die Opfergewalt in den Bereich des Heiligen; die Heiligkeit stellt sich aber nur durch das Ritual ein.[311]

In Coria sind alle Elemente des Opfers versammelt. Die Auslosung unter den Burschen stellt die potentiellen Opfer auf die gleiche Stufe: Jeden von ihnen könnte es treffen; wegen der „Chancengleichheit" kann es für den, den es trifft, keine Rache geben; die Gemeinschaft läßt Gewalt stattfinden, die jedoch erst durch die Auslosung, dann durch die Ersetzung – Stier statt Mensch – folgenlos bleibt; dadurch wird das Opfer zum außerordentlichen Ereignis – heilig und verrucht zugleich –, zum Fest, das den Zusammenhang der feiernden Civitas bestätigt und erneuert.

Die Form des Opfervorgangs selbst ist in Spanien archaisch geblieben. Hört man Opfer, dann erwartet man Kult, Priester und Tempel. In Spanien findet man davon nichts: Die „Außerordentlichkeit" des Ereignisses ist in der alten spanischen Volkskultur nicht delegiert und hat keine eigene Lokalität. Der Ort des Geschehens ist öffentlich, es sind der Hauptplatz und die Straßen; das Geschehen selbst wird vor allem von den Burschen und Männern betrieben, aber der Rest des Ortes schaut zu, kommentiert, ist beteiligt; die Beseitigung des toten Opfers ist die gemeinsame Einverleibung, die „Kommunion" im Festmahl. Diese „Nicht-Delegation" macht das um das Opfer gruppierte Fest erst zu dem totalen, alle gleich involvierenden und gleich betreffenden Ereignis.

Girards Opfertheorie ist eine abstrakt funktionale, die die soziologische Wirkung des Opfervorgangs auf die opfernde Gruppe selbst thematisiert. Sie kann und will somit nichts über eine Beschreibung aussagen, wie sie von den Opfernden selbst hätte gegeben werden können. Nun kann man sich nur schwer vorstellen, daß die Opfernden sagen könnten: Wir tun das, um Gewalt zwar stattfinden zu lassen, uns aber genau mittels dieses Stattfinden-Lassens vor der Gewalt zu schützen. Die Opfernden müssen notwendigerweise eine andere Beschreibung des Vorganges liefern, eine, die ihrem Weltbild eingepaßt und ihnen verständlich ist.

Dieses Weltbild, dieser notwendige ideologische Überbau, ist die Idee der Magna Mater, in der sich die Vorgänge der Natur personifizieren. Das Opfer muß also in irgendeiner Weise um die Große Göttin angeordnet, auf sie ausgerichtet sein.

Die Interaktionsformen – Stierlauf, Liebesakt – innerhalb dieses Ausgerichtetseins wurden als „*hierós gamós*", als „heilige Hochzeit" bezeichnet. Auch Ginzburgs „Kampf um Fruchtbarkeit" in der Studie „Hexensabbat" paßt in dieses Schema. Es handelt sich in allen genannten Fällen um symbolische Handlungen, die in die jenseitige Welt – Thema ist: Tod und Wiederkehr ins Leben – reichen, und somit um Handlungen metaphorischen Charakters. Vielleicht bleibt dieser durch ein Zu-ernst-Nehmen oder Nicht-mehr-Erkennen der Metapher von heute aus allzu leicht ungesehen und muß so mißverstanden werden.

Ob die Menschen, wenn sie diese Handlungen ausführen, sie einfach als das Feste, das Feststehende in der vergehenden Zeit, als Zeiterneuerung also, die keine Erklärung braucht als die Tautologie, oder als bewußten Eingriff in die Kette der Fruchtbarkeit oder gar als Religionsausübung verstehen, ist dabei nebensächlich; eine Interpretation sollte neben dem Geschehen auf sozialer Ebene immer auch die symbolische Repräsentation im seelisch-gefühlsmäßigen Erleben der Menschen zu fassen suchen.

Bei dem Tod eines Stierläufers zum Beispiel aktualisiert sich der symbolische Gehalt des Stierlaufs. Das Risiko des Todes eines Menschen gehört zur rituellen Form, die das Opfer in der Geschichte Spaniens angenommen oder bewahrt hat. Niemand will bei Corridas Tote oder Verletzte; gibt es aber Tote – wie es in Coria, Pamplona oder auf der *plaza de toros* öfters geschieht –, dann wird das mit Trauer hingenommen, tut aber dem Fest keinen Abbruch, ja, es darf dem Fest keinen Abbruch tun, denn das würde das Ritual unterbrechen. Der Tod eines Menschen stellt eine negative Wendung innerhalb des rituellen Geschehens dar, aber sprengt nicht den rituellen Rahmen selbst.

Die Bewegungsunlust des Stieres jedoch stellt einen direkten Eingriff ins Ritual dar; vielleicht ist das zähe Festhalten oder die ungebrochene Erinnerung an der Anseilung der Stiere – Grazalema im ersten, Soria im zweiten Fall – in Verbindung damit zu sehen. Denn der angeseilte Stier kann, wenn er sich nicht bewegen und laufen will, von den Menschen bewegt werden. Die Corrida muß, wie der Name *correr*: *laufen* schon sagt, ein bewegtes Ereignis sein; ein

Stier, der nicht läuft, stellt ein Unglück dar. Denn er verweigert die rituelle Zuschreibung, gefährdet den notwendigen, die Ordnung auflösenden Tumult und damit den gesamten Ablauf des Opfers. Denn wo die Ordnung im tumultuösen Geschehen nicht zerstört wird, wo das Chaos nicht zur Herrschaft gelangt, kann auch eine Neuschaffung nicht erfolgen.

Das Laufen-Lassen des Stiers in der Arena durch den Torero stellt eine Transformation bei gleichzeitiger Beharrung auf dem inneren Gehalt dar, wie man sie sich gründlicher nicht denken kann. Der Stier läuft, die Masse des Volkes aber schaut diesem Lauf, den der Torero führen muß, zu. Diese Delegation in der modernen Corrida bewirkt, daß sich die Interaktion in der Arena erotisch auflädt, „daß die gesamte Corrida in eine erotische Atmosphäre eingetaucht ist", wie dies Michel Leiris in „Miroir de la tauromachie" so faszinierend herausgearbeitet hat.[312] Denn es stehen sich im Stier und dem als Torero-Matador herausgehobenen Mann zwei potentielle Opfer – jeder der beiden ein möglicher Paredros – gegenüber. Das eigentliche Ausgerichtetsein auf die Weiblichkeit der Göttin wird in die Interaktion dieser beiden Agenten hereingezogen, die Interaktion dadurch schillernd. Die in der Corrida anfängliche Feminität und im Fortgang sich pronunzierende Maskulinität des Matadors ist oft wahrgenommen und kommentiert worden. So erstaunt es nicht, daß die Interpretation der modernen Corrida, hauptsächlich die von Nicht-Spaniern gefertigte, zum Großteil psychoanalytisch und geschlechtssymbolisch angelegt ist.

Man sieht – auf der Ebene symbolischer Repräsentation – ein seltsames Schillern der geschlechtlichen Identität. Der Torero beginnt effeminiert, der Stier als das männliche Wesen schlechthin. Während der Faena kehrt sich dieses Verhältnis um: Der Stier endet, seiner Kraft beraubt, mit weiblichen Zuschreibungen, der Torero triumphiert als der Super-Macho.

Die Aktivität ist zu diesem Zeitpunkt ganz auf der Seite des Stiers, während die Toreros sich auf Reaktivität beschränken. Dann feiert die männliche Aggressivität ihre ersten Triumphe. Der Stier stößt in das Pferd, die Lanze in den Stier. Im Verlauf tritt der Matador immer mehr ... heraus ..., um schließlich in der Estocada selbst zum Angreifer und zum siegreichen Helden zu werden. ... Die Überwindung einer Gefahr verweist hier beim Mann auf eine zugrunde liegende Angst – das weibliche Wesen wird als überlegenes und bedrohliches phantasiert. Diese Angst hat ihre Wurzeln in der Konfrontation mit der Übermacht einer sexuell stimulierenden und frustrierenden Mutterbeziehung im Prozeß der Sozialisation. Sie nimmt die Phantasiegestalt an, daß die Frau sexuell unbegrenzt fordernd und erregbar ist.[313]

Auf erstaunliche Weise koinzidiert hier die tiefenhermeneutisch-psychoanalytische Kulturanalyse von Gunzelin Schmid Noerr und Annelinde Eggert mit der Interpretation volkskultureller Vorstellungen. Die von Stieren umgebende *Serrana* erweist sich nicht nur als der negativ imaginierte, willkürlich zerstörende Teil der Großen Göttin, sondern kann ebensosehr auch als sexuell stimulierender und frustrierender Teil der Mutter-Imago gesehen werden.

Die dörflichen Stierläufe gehören noch ganz einer matriarchalen Welt an; Manuel Delgado Ruiz faßt seine Untersuchung des symbolischen Universums der Volkskultur als „mütterliche Ordnung der Welt"[314] zusammen. Die Corrida in der Arena jedoch führt in der Hervorhebung *eines* Torero-Matadors das Drama der Identitätssuche des Mannes, geprägt und verunsichert von patriarchalischer Gesellschaft, angesichts der Übermacht des gebärenden Weiblichen, der *natura naturans*, vor. Der Matador vernichtet den Stier, ein ihm in gewisser Weise gleichwertiges Geschöpf, das trotz aller männlichen Kraft und Stärke doch immer bloße *natura naturata*, geschaffene Natur ohne selbst Leben schaffende

Kraft, bleibt. Er überwindet diese „Schwäche" in der Inszenierung einer Vernichtung „seinesgleichen". Eine Barbarei? Freilich, aber eine rachelose und konfliktausschließende und zugleich eine Lehre über eine der Grundlagen aller menschlichen Kultur.

Das Kulturereignis Corrida führt ein großes Menschheitsdrama vor: das Bewußtsein von Leben-Geben und Untergehen angesichts der Indifferenz der Natur und die Rettung vor diesem Bewußtsein in die Kultur setzende Handlung. Spanien hat dieses als Fest zu inszenieren verstanden und dabei gewußt, daß nur die lachende Ausgelassenheit den Tod, als Todesbewußtsein gesehen, überwindet.

Angesichts der Tristesse der, zum Beispiel, deutschen Wasen und Wies'n mit ihren Rummelplätzen samt den mechanischen Simulierungen von festlicher Bewegung und Tumultauslösung in Taumler, Boxauto, Achter- und Geisterbahn erweist sich die gleichzeitige Ausgelassen- und Konzentriertheit der spanischen Fiesta trotz des Tieropfers als wirklich reinigendes und den Menschen wiederherstellendes Ereignis. Man vergißt leicht, wenn man das „*et in Arcadia ego*" sagt, daß Arkadien genau der Landstrich war, wo sich Menschenopfer am längsten erhalten hatten.[315] Das festliche Treiben und Lachen, welches das Opfer begleitet und einer ganz alten Schicht menschlicher Kultur entstammt, ist, so scheint es, noch immer eine der geglückteren Formen der *religio*, der Immer-wieder-Anbindung des Menschen an den ihn umgebenden Kosmos.

In eine Hauswand eingelassene Vorrichtung zur Absperrung der Plaza für die Corrida in Brozas (Cáceres).

Bilderläuterungen zu den Kapitelanfängen

Seite 11: Detail von Abbildung Seite 219
Seite 17: Cañaveral (Cáceres), Plaza Mayor
Seite 67: Stiermaske Teruel (Teruel)
Seite 87: Prähistorische Stierköpfe aus der Pileta-Höhle mit mondartigen Hörnern
Seite 97: Plaza Mayor in Riaza
Seite 155: Der Matador Pepe Illo (José Delgado)
Seite 207: Festmahl des Christus-Stiers in Deza

Anmerkungen

Siglen

RDTP = Revista de Dialectología y Tradiciones Populares

TL = Taurología

1 Heise, Das Sterben besorgen andere, o. P.
2 ebd.
3 Falk, Die Deutschen und der Stierkampf, 805.
4 Sánchez Ferlosio, Leserbrief El País 25.6.1985, 13.
5 Marvin, Honour, Integrity and the Problem of Violence in the Spanish Bullfight, 129.
6 Álvarez Villar, Psicología de la Tauromaquia, 203.
7 Lado, Vergleich zweier Kulturen – wie?, 62 ff.
8 Dies ist zum Beispiel geschehen in Mitchell, Blood Sport.
9 Hurtado, La „caratoñada" del Acehuche, 24.
10 Hemingway, Fiesta, 123.
11 Festtage in Spanien beginnen bereits am Abend des vorhergehenden Tages, dem sog. Vorabend – *vispera* –. Das ist das antike Modell der Tageszählung, bei der ein neuer Tag mit Sonnenuntergang des Vortages einsetzt. So beginnt auch heute noch der jüdische Sabbat am Vorabend.
12 Gil, Cancionero taurino, Bd. 1, 66.
13 Álvarez Pereira, San Juan. Programm San Juanes 1995, o. P. (Die Programme werden im Fortgang zitiert Progr. + Jahr)
14 Gil, Cancionero, Bd. 1, 66.
15 Álvarez Pereira, San Juan. Progr. 95.
16 ebd.
17 Gil, Cancionero, Bd. 1, 65.
18 Sánchez/Rubio, Coria. 56.
19 Iglesias Perianes, Curiosidades y hechos notables, Progr. 93.
20 Navarette, La fiesta de San Augustín, 183 f.
21 Herrero, San Augustín y el culto totémico, 431.
22 Serrán-Pagán, Grazalema, 44. Siehe auch Pitt-Rivers, Un pueblo en la sierra: Grazalema, 85.
23 Sánchez, Guía de fiestas populares en España, 128 und 168.

24 Ausführungen folgen Serrán-Pagán, Grazalema 29–31.
25 ebd. 59.
26 ebd. 25.
27 ebd. 29 ff.
28 Pitt-Rivers, Un pueblo, 106 f.
29 Serrán-Pagán, Grazalema, 36 f., 53 f.
30 ebd. 37.
31 ebd. 69.
32 ebd. 68.
33 ebd. 62.
34 ebd. 29.
35 ebd. 50.
36 Ich folge Serrán-Pagán, Grazalema, 78 ff. und del Campo, Historia del encierro de los toros en Pamplona, 5.
37 del Campo, La Iglesia y los toros, 52; Serrán-Pagán, Grazalema, 79.
38 del Campo, Iglesia, 55.
39 Solano, El encierro de Pamplona, 52 („A San Fermín pedimos/ por ser nuestro patrón/ nos guie en el encierro/ dándonos su bendición.").
40 Serrán-Pagán, Grazalema, 83.
41 del Campo, Pamplona y toros. Siglo XVIII, 69.
42 ebd. 66 f.
43 ebd. 22.
44 ebd. 29.
45 Solano, Encierro, 36–39.
46 ebd. 184 f.
47 ebd. 206 f. Siehe auch: del Campo, Pamplona 1800–1843.
48 Solano, Encierro, 154–158. Das Encierro des Autobusses ist nur eine der komisch-grotesken Formen der Corrida; hierher gehören die *Charlotada*, der *torero bombero,* die Liliputaner-Corrida. Fotos siehe bei García Rodero, España oculta, 86–88.
49 Navarra Hoy, 14. 7. 1992 Interview mit Enrique Ponce, 27.
50 Echeverría, Del arte del correr toros a pie.
51 Solano, Encierro, 144.
52 Echeverría, Arte, 185.
53 Álvarez Miranda, Obras, Bd. 2, 35 ff.; Fiestas de San Juan, 16 f.
54 Siehe: Ruiz Vega, La Soria mágica.
55 Fiestas de San Juan, Cronología, 4 ff.
56 Martín Brugarola, Las fiestas de San Juan, 180.
57 Bachtin, Rabelais und seine Welt. Siehe: Sánchez Dragó, Gárgoris y Habides, 880 ff.

58 Centro de Estudios Sorianos, Sobre las fiestas, 298.
59 ebd. und 292.
60 Pardo/Reglero, Crónica de unos Sanjuanes, 267.
61 Martín de Marco, Fiestas de San Juan, 15; García Aguilera, Fiesta del Común, 26.
62 Fiestas de San Juan, 4.
63 García Aguilera, Fiesta del Común, 27: Um 1270 soll die Bevölkerung von Soria aus 700 Christen und 400 Juden und Moriscos bestanden haben.
64 García Aguilera, Fiestas del Común, 30. Karl I. von Spanien ist ab 1519 im Hl. Röm. Reich Kaiser Karl V.
65 ebd.
66 Für Auskünfte zu den 53er Ereignissen gilt mein Dank Antonio Ruiz. Literatur: Delgado Ruiz, Soria 1953. Una evocación necesaria; Martín del Marco, Fiestas, 234–240.
67 Martín de Marco, Fiestas, 250.
68 ebd.
69 Álvarez de Miranda, Ritos y juegos, 93–118.
70 ebd. 98 ff. und 108. Siehe auch Cossío (kurz) Bd. 1, 57–67; Guillaume-Alonso, Tauromaquia, 227.
71 González, El nuevo orden español, 48.
72 Sánchez Dragó, Gárgoris, 899; González Alcantud, Tractatus ludorum, 109.
73 Siehe Pitt-Rivers, Las fiestas taurinas en Extremadura, 225. Aus eigenem Erleben kenne ich die Vaquillas der Universidad de Extremadura des Patrons für Akademiker San Isidoro de Sevilla vom 4. April 1990.
74 Álvarez de Miranda, Ritos, 93–118.
75 Text siehe bei Morales y Marín, Los toros en el arte, 32 f.
76 Vorliegender Text folgt der Schallplatten-Version von 1931; veröffentlicht auf: Colección de canciónes populares Españolas. Recogaids por Federico García Lorca. Mit geringen Abweichungen auch in Lorca, Obras (1977), Bd. 1, 826 f.

Los mozos de Monleón

Los mozos de Monleón / se fueron a arar temprano,
para ir a la corrida / y remudar con despacio.
Al hijo de la veñuda / el remudo no le han dado.
– Al toro tengo que ir / aunque vaya de prestado.
– Permita Dios, si lo encuentras / que te traigan en un carro.
las albarcas y el sombrero / de los siniestros colgando.

Se cogen los garrochones, / se van las navas abajo,
preguntando por el toro / y el toro ya está encerrado.
A la mitad del camino / al mayoral se encontraron.
– Muchachos que vais al toro / mirad que el toro es muy malo,
que la leche que mamó / se la dí yo por mi mano.

Se presentan en la plaza / cuatro mozos muy gallardos.
Manuel Sánchez llamó al toro / ¡nunca lo hubiera llamado!:
por el pico de una albarca / toda la plaza arrastrando.
Cuando el toro lo dejó, / ya lo ha dejado sangrando.
– Amigos, que yo me muero; / amigos, yo estoy muy malo;
tres pañuelos tengo dentro / y éste que meto son cuatro.
– Que llamen al confesor / pa que venga a confesarlo.
Cuando el confesor llegaba, / Manuel Sánchez ha expirado.

Al rico de Monleón / le piden los bueis y el carro,
pa llevar a Manuel Sánchez / que el torito lo ha matado.
A la puerta de la veñuda / arrecularon el carro.
– Aquí teneis vuestro hijo, / como lo habéis demandado.

Lorca hat ebenso wie de Cossío, Los toros en la poesía castellana (1931), als Grundlage Ledesmas Buch „Folk-lore o cancionero salmantino" (1907) verwendet. Gil hat in dem großen Sammelwerk „Cancionero taurino" (1964) eine Vielzahl von Varianten des Liedes vorgelegt.

77 In: Gil, Cancionero, Bd. 1, 139, sagt die Mutter: „Wäsche werd' ich dir nicht geben und zur Corrida wirst du nicht gehen."

78 „Muchachos no entreis" in: Cossío, Toros Poesía, Bd. 2, 21. Oder: Gil, Cancionero, Bd. 1, 138.

79 Ledesma, Folk-lore, 164; Cossío, Toros Poesía, Bd. 2, 22.
Al ver su hijo así / para tras se ha desmayado.
A eso de los nueve meses / salió la madre brabando
los vaquerilos arriba / los vaqueriles abajo,
Preguntando por el toro; / el toro ya está enterrado.

80 Cossío, Toros poesía, Bd. 1, 244.

81 Gil, Cancionero, Bd. 1, 140; 139, 142.

82 Ebd. 139.

83 Seiterle, Artemis – Die große Göttin von Ephesos, 6.

84 Meyer-Zwiffelhoffer, Im Zeichen des Phallus, 68.

85 Seiterle, Artemis 13.

86 Siehe: Walter Burkert, Homo necans, 96.

87 Seiterle, Artemis, 11.

88 ebd. 9.

89 ebd. 12 (Zeichnung), 15 (Text), 8 (Modellnachbildung).
90 ebd. 15.
91 Cameron, Symbols of Birth and Death in the Neolithic Era, 4 ff.; Gimbutas, The Language of the Goddess, 265 ff.
92 Isidor von Sevilla (Etym. 11.1.135) zitiert nach Rey-Henningsen, The World of the Ploughwoman, 187 ("It is called uterus because the organ is double, and split into two completely separate parts which, in their folded state, appear bent like a ram's horn") Rey-Henningsen, ebd., fährt fort: "... when we consider the ram-like masks that were used in certain fertility rituals in Europe ..., we cannot wholly dismiss the idea that they were representations of the life-giving uterus."
93 Seiterle, Artemis, 5; Burkert, Homo necans, 94.
94 Seiterle, Artemis, 6 (bildliche Darstellungen, 4).
95 ebd. 6.
96 In dem Lied „Toreras", aufgenommen in Calzadilla (Cáceres). Auf Platte: El Caldero, Cantos de hombres/ Cantos de mujeres. Eine Version mit *dama* bringt Gil, Canción Extremeña, 233.
97 Serradila / Hernández, Los toros en la Vera, 41–44.
98 Burkert, Homo necans, 93.
99 ebd. 95.
100 Zum Paredros siehe Borkenau, Ende und Anfang, 122 f. und Neumann, Ursprungsgeschichte des Bewußtseins, 50.
101 Burkert, Homo necans, 95. Siehe auch Duerr, Sedna 9.
102 Benviste, zit. nach Girard, Das Heilige, 385.
103 ebd.
104 Cossío, Toros en la Poesía, Bd. 1, 245.
105 Siehe hierzu: Girard, Das Heilige und die Gewalt, 21.
106 Auf die Sequenz „La leche que mamó" wird im Kapitel „Jungfrau und Bergfrau" nochmals eingegangen.
107 Álvarez de Miranda, Ritos y juegos, 11.
108 Durand, Les structures anthropologiques 343; 326–344.
109 Siehe: Dams, L'art paléolithique, 26–31 und 80–84.
110 Durand, Les structures, 330. Siehe auch: König, Anfang der Kultur, vor allem 146 ff., 228–238.
111 Gil, Cancionero, Bd. 1, 139; 140.
112 Brandt, D'Artagnan und die Urteilstafel, 7.
113 ebd. 11.
114 ebd. 11 f.
115 Durand, Les structures, 337 (Übersetzung K. B.).
116 Über das Messen mit Hilfe des Mondes siehe Durand, Les structures, 326. Die ersten Kalender sind durchweg Mond-Kalender.

117 Siehe Durand, Les structures, 328.
118 Gimbutas, Language of the Goddess, 236–245.
119 Ortiz-Osés, La Diosa Madre, 142.
120 Zedler-Lexikon Bd. 40, Spalte 40.
121 Kamen, Inquisición, 15; Bennassar, Inquisición, 47.
122 Zum Prozeß: Kamen, Inquisición, 90 ff., bes. 108–110.
123 Bennassar, Inquisición, 226.
124 ebd. 229.
125 Maldonado, La religiosidad popular, 37.
126 Siehe Guillaume-Alonso, Tauromaquia, 79.
127 Esteras Gil, Lección antitaurina, 58.
128 ebd. 63.
129 del Campo, Iglesia, 13. Guillaume-Alonso, Tauromaquia, 59.
130 Serrán-Pagán, Grazalema, 32.
131 Der Hexenwahn, der Zentraleuropa so sehr erschüttert, konnte – ganz entgegen der landläufigen Meinung – in Spanien nicht Fuß fassen. Siehe hierzu: Henningsen, El abogado de las brujas.
132 Siehe: Vicente-Mazariegos, Identidad ibérica: cerdos y toros.
133 Delgado Ruiz, De la muerte de un Dios, hypostasiert den Begriff Gott m. E. für den Stier zu stark.
134 Siehe: Guillaume-Alonso, Tauromaquia, 55 ff. (Bulle und vorhergehende Polemik gegen die Corridas in Spanien), 59 f. (Durchführung der Bulle in Spanien).
135 ebd. 63. Auch: Cossío (kurz), Bd. 1, 76.
136 Guillaume-Alonso, Tauromaquia, 65.
137 ebd. 115.
138 Siehe: Burke, Helden, Schurken und Narren, 221–225.
139 Siehe: González Alcantud, Tractatus, 106 ff.; Guillaume-Alonso, Tauromaquia, 55–59; Cossío (kurz), Bd. 1, 77.
140 Siehe: Guillaume-Alonso, Tauromaquia, 65.
141 Burke, Helden, 222.
142 Zit. nach Maldonado, Religiosidad, 32.
143 ebd.
144 Serrán-Pagán, Grazalema, 25.
145 ebd.
146 del Campo, Iglesia, 54 und 53.
147 Nebel, Santa María Tonantzin Virgen de Guadalupe, 40.
148 Serrán-Pagán, Grazalema, 52.
149 Perera, Las creencias de los Españoles, 20.
150 Christian, Local religion in sixteenth-century Spain, passim.
151 Christian, De los santos a Maria, 58.
152 Prat i Carós, Los santuarios marianos en Cataluña, 221 f. Siehe

auch Velasco, Las leyendas de hallazgos y apariciones de imágenes. Etwas seltsam: Esteban Pellón, El toro solar, 265–275.

153 Christian, De los santos, 65 f.

154 Perera, Creencias, 116.

155 Nebel, María Tonantzin, 43. Auch Warner, Maria, 336.

156 Christian, Apariciones en Castilla y Cataluña, 38.

157 Maldonado, Nostalgía de lo mágico, 57. Wahrscheinlich bezieht sich Maldonado auf den Ort Logrosan (Cáceres), siehe Perera, Creencias, 290.

158 González Herrero, Tordesillas, 23 f.

159 ebd. 20.

160 Pitt-Rivers, Taurolatrías, 70.

161 Horst, Die Diskussion um die Immaculada Conceptio, 2.

162 Ponce Cuéllar, María, 290.

163 ebd. 300.

164 Delius, Geschichte der Marienverehrung, 176 f., 185; Ullrich, Die marianische Advokation, 7 f.; Warner, Maria, 283.

165 Siehe vor allem: Camelot, Ephesos 15 ff. und 76 ff.; Delius, Marienverehrung, 104–114.

166 Defourneaux, Spanien im Goldenen Zeitalter, 135.

167 Siehe Horst, Immaculada, 93, 91, 85. Die von Rom eingesetzte Inquisition dagegen versuchte, Angriffe auf Makulisten zu unterbinden.

168 Ullrich, Marianische Advokation, 56 ff.; siehe auch Bennassar, Los Españoles, 70.

169 Horst, Immaculada: Alcalá 50; Salamanca 50–57.

170 Bennassar, Los Españoles, 76 f.

171 Defourneaux, Spanien im Goldenen Zeitalter, 135.

172 Delius, Marienverehrung, 178.

173 Für Mexiko hat Nebel diesen Prozeß überzeugend dargelegt.

174 Ullrich, Advokation, 20.

175 Blázquez, Religiones en la España antigua, 43.

176 Blázquez, Mythologie der Altspanier, 782.

177 Abbildungen zum Beispiel in: Alvar, De Argantonio, 9 (Dama de Elx/Elche), 109 (Dama del Cerro de los Santos) und 119 (Dama de Baza). Bei der Ausgrabung letzterer reagierten zuschauende ältere Frauen, als ob es sich um das Finden eines Imagens handeln würde, ebd. 118.

178 Abbildung siehe z.B. in Neumann, Große Mutter, 282, oder Johnson, Lady of the beasts, 328.

179 Díaz, Romanzes, Canciones y Cuentos, 17–19. Díaz hat das Lied aufgenommen in dem Dorf La Parilla (Valladolid). Díaz singt diese

Romanze auch; zu hören auf: Pizarro/ Díaz, Romances.
Der Schuß, den die Serrana abgibt, ist in der schriftlichen Fassung ein *cañonazo* (Pistole), in der gesungenen ein *flechazo* (Pfeil). In der Übersetzung habe ich die Schußart unterdrückt.
La Serrana
Por las tierras de Plasencia / se pasea una Serrana
ella es alta y regordeta / también es rubia y morena.
El pelo tiene rizado / debajo de su montera,
cuando tiene ganas de hombre / se marcha allá a la ribera.
Viene uno, vienen dos / no viene el que ella quisiera;
ya vio venir a un pastor / con una carga de leña.
Pastorcillo, pastorcillo / ¿quieres venir a mi cueva?
Sí que voy a ir serrana / por ver lo que tiés en ella.
En el medio del camino / estas preguntas la hiciera:
¿De qué tienes tantos hoyos / tantas cruces de madera?
Es de hombres que he matado / estando yo en la ribera;
es de hombres que he matado / los tengo allí en la cueva
y eso voy a hacer contigo / cuando estés dentro de ella.
El pastor que ha oído eso / desmayado cayó a la tierra;
la serrana le picaba / le apretaba las muñecas.
El pastor ha vuelto en sí, / le ha llevado pa su cueva
y le ha dado de cenar, / pero una cena muy buena:
De conejos y perdices / la llaman la perdiguera.
Y se pone a desnudar y embriscar / también lavarse las piernas.
Ya se meten en la cama / pero una cama muy buena:
Tenía sábanas blancas, / también pañuelos de seda
y de cabecera tiene / el pellejo de una fiera.
La serrana pilló el sueño / y el pastor salió de ella,
la serrana le echó de menos, / se salió como una fiera.
Al subir un cotarrillo / y al bajar una alameda
allí le ha alcanzado a ver / le ha soltado un cañonazo
le ha derribado la montera. /
Vuelve, vuelve pastorcillo / vuélvete a por tu montera
que es de seda de lo bueno / y es lástima que se pierda.
Yo no quiero mi montera / aunque de oro se vuelva;
llévatelo tú, serrana, / pa' el hombre que tú más quieras.

180 Viele Versionen sind angeführt in: Hernández / Martínez, Serrana.

181 Julio Caro Baroja, Es de origen mitico la „leyenda" de la Serrana de la Vera? 123 f.

182 Caro Baroja, La Serrana de la Vera, 259.

183 Siehe hierzu: Duerr, Sedna, 54 ff., den § 6 (Der Schamane und die Tierfrau), 71–82, auch 128 ff.

184 Hernández / Martínez, Solera, Serrana, 195.
185 Guadalajara, Solera, Serrana, 194.
186 Erich Neumann, Die Große Mutter, 265.
187 Timothy Mitchell, Violence and Piety in Spanish Folklore, 161; siehe 162 ff., besonders 166.
188 Mein besonderer Dank für Information über dieses Exvoto gilt dem Leiter des Bischöflichen Museums von Vic in der Provinz Barcelona, Herrn Miguel S. Gros. Gemalt wurde dieses Exvoto im Jahre 1830 von Luciano Romeu.
189 Plazas de toros (Katalog), Santa Cruz de Mudela, 151–155; Puebla de Sáncho Pérez, 157–160.
190 ebd. 161–164 und Muñoz García, Plaza de toros de Béjar.
191 Zu Mari: siehe Ortiz-Osés, La Diosa Madre; Barandiarán, Die baskische Mythologie, 543. Caro Baroja, Origen mítico, 126. Zu Mariana: Guadalajara Solera, Serrana, 194.
192 Martínez Remis (Hg), Cancionero popular taurino, 78. Die Copla stammt aus Guadalajara; im Ort Tendilla dieser Provinz gibt es eine *Virgen de Salceda,* Perera, Creencias, 306.
193 Feste in Spanien siehe: Sánchez, Guía de fiestas populares de España. Unschätzbar die drei Bücher Caro Barojas über den spanischen Festzyklus.
194 Velasco, Tiempo de fiesta, 19 Siehe auch: Pitt-Rivers, La identidad local a través de la fiesta, 20.
195 Mira, El pueblo, el toro, 109.
196 Rodriguéz Becerra, Métodos, técnicas y fuentes, 34.
197 Romero de Solis, El toro y el agua, 67.
198 Der Ausdruck „volkstümlich-festlich" stammt aus Bachtin, Rabelais, 238 ff.
199 Siehe Mira, El pueblo, el toro, 122 f. und 127.
200 Romero de Solis, Carne de toro, 54.
201 Callois, Der Mensch und das Heilige, 128.
202 Detienne, Dionysos, 72 ff; Burkert, Mysterien, 69.
203 Girard, Das Heilige und die Gewalt, passim.
204 Ehlich, Fest und Kultur, Festkultur, 298.
205 Pitt-Rivers, Los estereotipos y la realidad, 40 f.
206 Velasco, Tiempo de Fiesta, 20.
207 Goethe, Italienische Reise, 484.
208 Mira, El pueblo, el toro, 114–117.
209 Bachtin, Rabelais, 258 f.
210 ebd. 259.
211 Hernández Sánchez, El toro y la fiesta.
212 Bachtin, Rabelais, 261. Rabelais, Gargantua, Kap 4–6.

213 ebd. 296.

214 Pitt-Rivers, Estereotipos, 41 f. Pitt-Rivers fügt einen – ziemlich seltsam anmutenden und einem Festgefühl sehr fernen – Konditionalsatz hinzu: „Falls sie diese kindlichen Traumata überleben sollte, dann wird sie zur hundertprozentigen Spanierin sozialisiert worden sein.“

215 Zitiert nach Durkheim, Die elementaren Formen, 454.

216 ebd. 455.

217 Nach Hubert/ Mauss, Sacrifice, 68 f.

218 Callois, Mensch, 133 und 135.

219 Siehe Eliade, Kosmos und Geschichte, 65–104; hier: 86.

220 Callois, Mensch, 148. Siehe Ginzburg, Hexensabbat, 266.

221 Behringer, Stoeckhlin, 45 f. Auch Ginzburg, Hexensabbat, 138. Das Opfer ist die Stellvertretung einer Jenseitsfahrt.

222 Zum Hinken ebd. 225 ff.

223 Man könnte die den körperlichen Ausscheidungen verpflichteten öbszönen Reden im Fest – ganz im Sinne agrarischer Kultur – als eine Art *Düngung* der Gesellschaft verstehen.

224 Bachtin, Rabelais, 262.

225 ebd. 325.

226 Dundes/Falassi, La tierra en piazza, 210.

227 ebd. 187.

228 ebd. 8. Interpretation Lutschen 202 ff., Abführmittel 223 ff.

229 ebd. 202.

230 ebd. 194 f. und 214.

231 Duvignaud, Festivals: A Sociological Approach, 21.

232 Malcolmson, Volkskultur im Kreuzfeuer. Er verkennt aber den Stierlauf als „Freizeitvergnügung“ und „Zeitvertreib“, 282, 285.

233 Mitchell, Blood Sport. z.B. 69: „the bulls are killed for spectacle, sport and entertainment“.

234 Die übliche Ankündigung auf den Plakaten. Die Beschreibung der Corrida folgt zum Großteil eigner Kenntnis; als Nachschlagewerke dienten Cossío (kurz) (das Lexikon der Fachausdrücke); del Moral, Cómo ver una corrida de toros.

235 ebd. 67.

236 Cossío (kurz), Bd. 1, 377. Fernández, Reglementación, 85 f.

237 del Moral, Cómo ver, 117.

238 Molés, La fiesta va por dentro, 53.

239 Romero de Solis, De indumentaria taurina: La montera; ders. De nuevo con la ‚montera‘. Siehe auch: del Campo, El traje.

240 Schmid Noerr/ Eggert, Herausforderung der Corrida. 116.

241 Gerhild, Kampfplatz, 22.
242 Gil Calvo, Función de toros, 26.
243 Álvarez de Miranda, Ritos 121; García-Baquero, El macelo Sevillano, 39.
244 Falk, Strukturalismus, 175.
245 Moya, El Pueblo, los Caballeros y el Toro, 83.
246 ebd. 83.
247 Viforcos Marinas, León barroco, 87. Liste Corridas 93–96
248 ebd. 112.
249 Bennassar, Valladolid en el Siglo de Oro, 144.
250 Siehe diese Theorie bei Viforcos Marinas, León, 111 f.
251 Zu den *matatoros* – Stiertötern: Cossío (kurz) Bd. 1, 63.
252 José Blanco White, Cartas de España, 131.
253 García-Baquero et al., Sevilla, 53 f.
254 Tierno Galván, Los toros, 23.
255 Cossío (kurz), Bd. 1, 84. García-Baquero, El macelo, 38.
256 Tierno Galván, Los toros, 41.
257 Ortega y Gasset, Los Toros, 8.
258 Ortega y Gasset, zit. nach: Fernández, Reglementación, 19.
259 Álvarez de Miranda, Ritos y juegos, 121.
260 Das *rejoneo* wird auch heute noch praktiziert.
261 Z. B bei Cossío (kurz), Bd. 1, 85.
262 *Bulldogge* erinnert an auf Stiere abgerichtete Hunde.
263 Moya, El pueblo, 83.
264 García-Baquero et al., Sevilla, 67.
265 Gerhild, Kampfplatz, 22.
266 Fernández, Reglementación, 85 f. Siehe Cossío IV, 900 f.
267 Zit. nach Falk, Die Deutschen und der Stierkampf, 809.
268 Delgado (Pepe Illo), Tauromaquia, 25.
269 García-Baquero, Macelo, 42.
270 Toro Buiza, Posibles Orígines, 203.
271 García-Baquero, Macelo, 42.
272 ebd. 43.
273 Toro Buiza, Posibles Orígines, 204.
274 Blanco White, Letters, 126.
275 Delgado, Tauromaquia, 19, benützt den Ausdruck schon.
276 Blanco White, Letters, 127.
277 García-Baquero et al., Sevilla, 76. Cossío II (kurz), 692 f.
278 Toro Buiza, Posibles Orígines, 207.
279 García-Baquero et al., Sevilla, 76.
280 Cossío II (kurz), 693.
281 García-Baquero et al., Sevilla, 76.

282 del Moral, Cómo ver, 46.
283 José Delgado, Tauromaquia, 69.
284 ebd. 65.
285 García-Baquero, La polémica antitaurina en la Ilustración.
286 Romero de Solis, El papel de la nobleza, 48.
287 Montes (Paquiro), Tauromaquia, 179.
288 ebd.
289 ebd.
290 Als Beispiel siehe: Schmid-Noerr/Eggert, 123, 141.
291 García-Baquero et al., Sevilla, 77.
292 del Moral, Cómo ver, 143.
293 Delgado, Tauromaquia, 27.
294 Caba, Lo Mágico en el Toreo, 27.
295 Plazas de Toros, 135–138.
296 ebd. 59.
297 ebd. Chodes, 215 f., La Carolina 207 f., Archidona 211 f., Tarazona, 223.
298 Blanco White, Letters, 128 f.
299 Duerr, Sedna, 163.
300 Pérez Delgado, Sobre corridas, 852.
301 Velasco, Tiempo de fiesta, 172. Cossío (kurz), Bd. 2, 74.
302 Savater, Caracterización, 119–124.
303 ebd. 124.
304 Böschenstein, Frucht des Gewitters, 12.
305 Detienne, Dionysos, 33 ff.
306 ebd. 12.
307 ebd. 33.
308 Markus-Stier: Caro Baroja, Toro de San Marcos, 118–121.
309 Ortega y Gasset, Toros, 6.
310 Burkert, Homo necans, 88.
311 Girard, Das Heilige, vor allem Kap. 1, 9–61.
312 Leiris, Spiegel der Tauromachie, 85.
313 Schmid Noerr/ Eggert, Herausforderung, 140 f.
314 Delgado Ruiz, Muerte de un dios, 252.
315 Burkert, Homo necans, 98–108.

Bibliographie

Jaime *Alvar*, De Argantonio a los romaños (= Historia de España 2; Ed. Historia 16). Madrid 1995.

Ángel *Álvarez de Miranda*, Ritos y Juegos del Toro. Madrid 1962.

Ángel *Álvarez de Miranda*, Obras. 2 Bde. Madrid 1959.

José María *Álvarez Pereira*, San Juan. Fiesta milenaria. In: Ayuntamiento Coria (Hg), Programm San Juanes 1995, Coria 1995, o. P.

Carlos *Álvarez Santaló*/ Maria Jesús *Buxó i Rey*/ Salvador *Rodríguez Becerra*, La religiosidad popular. 3 Bde. Barcelona 1989.

Alfonso *Álvarez Villar*, Psicología de la Tauromaquia. In: Arbol. Revista General de Investigación y Cultura 61 (1965), 193–205.

Michail *Bachtin*, Rabelais und seine Welt. Volkskultur als Gegenkultur. (EA Moskau 1965) Ffm 1987.

Elisabeth C. *Baity*, The Fire, Bull, and Solstice Fiestas of Soria (Spain) and Afro-Asian Parallels. A documentary Study in Ethnoprotohistory. Chapel Hill 1968.

José Miguel de *Barandiarán*, Die baskische Mythologie, In: W. *Haussig* (Hg), Wörterbuch der Mythologie. 1. Abth. 2. Bd. Götter und Mythen im alten Europa. Stuttgart 1973, 511–552.

Wolfgang *Behringer*, Chonrad Stoeckhlin und die Nachtschar. Eine Geschichte aus der frühen Neuzeit. München/Zürich 1994.

Bartolomé *Bennassar*, Valladolid en el Siglo de Oro. Una ciudad de Castilla y su entorno agrario en el siglo XVI. Valladolid 1983.

Bartolomé *Bennassar*, Inquisición española: poder político y control social (EA Paris 1979). Barcelona 1984.

Bartolomé *Bennassar*, Los Españoles. Actitudes y mentalidad; desde el siglo XVI al siglo XIX. (EA Paris 1975). El Escorial 1985.

José *Blanco White*, Cartas de España (EA 1822). Madrid 1986.

José María *Blázquez*, Religiones en la España antigua. Madrid 1991.

José María *Blázquez*, Die Mythologie der Altspanier. In: W. *Haussig* (Hg), Wörterbuch de Mythologie. 1. Abth. 2. Bd. Götter und Mythen im alten Europa. Stuttgart 1973, 705–828.

Bernhard *Böschenstein*, „Frucht des Gewitters". Zu Hölderlins Dionysos als Gott der Revolution. Ffm 1989.

Franz *Borkenau*, Ende und Anfang. Von den Generationen der Hochkulturen und von der Entstehung des Abendlandes. Hrsg. und eingeführt v. Richard Löwenthal. Stuttgart 1991.

Reinhard *Brandt*, D'Artagnan und die Urteilstafel: über ein Ordnungsprinzip der europäischen Kulturgeschichte (1,2,3/4), Stuttgart 1991.

Karl *Braun*, Sadismus? Rituelle Grausamkeit? Zur Rolle der Gewalt in spanischen Stierbräuchen. In: Rolf W. Brednich/Walter Hartinger (Hg), Gewalt in der Kultur. Vorträge des 29. Deutschen Volkskundekongresses. 2 Bde. Passau 1994, 451–465.

Karl *Braun*, „Damit das Leben weitergehen kann." Zum historischen und kulturellen Hintergrund des spanischen Stierkampfs. In: *Mensch und Tier*. Kulturwissenschaftliche Aspekte einer Sozialbeziehung. Hessische Blätter für Volks-und Kulturforschung NF 27 (1991), 83–100.

Peter *Burke*, Helden, Schurken und Narren. Europäische Volkskultur in der frühen Neuzeit (EA London 1978). München 1985.

Walter *Burkert*, Antike Mysterien. Funktionen und Gehalt. München 1991.

Walter *Burkert*, Homo necans. Interpretationen altgriechischer Opferriten und Mythen. Berlin/New York 1972.

Pedro *Caba*, Lo Mágico en el Toreo. In: Orellana III, 13–37.

Roger *Callois*, Der Mensch und das Heilige (EA Paris 1950). München 1988.

Pierre-Thomas *Camelot*, Ephesos und Chalcedon. Mainz 1968.

Dorothy *Cameron*, Symbols of Birth and of Death in the Neolithic Era. London 1981.

Luis del *Campo*, La Iglesia y los toros. Curas toreros. Pamplona 1988.

Luis del *Campo*, Toros en Pamplona 1800–1843. In: Cuadernos de Etnología y Etnografía de Navarra 14 (1982), H 40, 509–537.

Luis del *Campo*, Historia del encierro de los toros en Pamplona, o. O., o. J.

Luis del *Campo*, Pamplona y toros. Siglo XVIII. o. O., o. J.

Luis del *Campo*, El traje en la Fiesta nacional. In: *Orellana*, III, 249–289.

Julio *Caro Baroja*, El estío festivo. Fiestas populares del verano. Madrid 1984.

Julio *Caro Baroja*, Toros y hombres ... sin toreros. In: Revista de Occidente H 36, 1984, 7–26.

Julio *Caro Baroja*, La estación de amor. Fiestas populares de mayo a San Juan. Madrid 1979.

Julio *Caro Baroja*, La Serrana de la Vera, o un pueblo analizado en

conceptos y símbolos inactuales. In: *ders.*, Ritos y mitos equívocos. Madrid 1974, 259–338.
Julio *Caro Baroja*, El Carnaval. Análisis histórico-cultural. Madrid 1965.
Julio *Caro Baroja*, Es de origen mitico la „leyenda“ de la Serrana de la Vera? In: Hernández/Martínez, Serrana, 123–126.
Julio *Caro Baroja*, El Toro de San Marcos. In: RDTP 1 (1944/45), 88–121.
María *Cátedra* (Hg), Los Españoles vistos por los antropólogos. Madrid 1991
Centro de Estudios Sorianos, Sobre las fiestas de San Juan. In: Celtiberia 6 (1955), 289–299.
William A. *Christian*, Apariciones en Castilla y Cataluña (siglos XIV–XVI) (EA Princeton 1981). Madrid 1990.
William A. *Christian*, Local religion in sixteenth-century Spain. Princeton 1981.
William A. *Christian*, De los santos a María: panorama de las devociones a santuarios españoles desde el principio de la Edad Media hasta nuestros días. In: Carmelo *Lisón Tolosana*, Temas de antropología española. Barcelona 1976, 49–105.
José María de *Cossío*, Los toros. Tratado técnico e histórico. 12 Bde. Madrid 1945–1991 (= Cossío + Bd.).
José María de *Cossío*, Los toros. 2 Bde. (Taschenbuch) Madrid 1995 (= Cossío (kurz)).
José María de *Cossío*, Los toros en la poesía castellana. 2 Bde. Madrid/ Buenos Aires 1931.
John *Corbin*, El mito de la España primitiva. In: El Folk-lore Andaluz. NF H 4, 1989, 115–119.
Lya *Dams*, L'art paléolithique de la caverne de la Pileta. Graz 1978.
Marcelin *Defourneaux*, Spanien im Goldenen Zeitalter (EA 1964). Stuttgart 1986.
José *Delgado* (Pepe Illo), Tauromaquia o Arte de Torear (EA 1796). Madrid 1994.
Manuel *Delgado Ruiz*, De la muerte de un dios. La fiesta de los toros en el universo simbólico de la cultura popular. Barcelona 1986.
Manuel *Delgado Ruiz*, Soria 1953. Una evocación necesaria. In: Luis *Díaz Viana* (Hg), Etnología y Folklore en Castilla y León. o. O. (Valladolid) 1986, 167–172.
Walter *Delius*, Geschichte der Marienverehrung. München/Basel 1963.
Marcel *Detienne*, Dionysos. Göttliche Wildheit (EA Paris 1986). München 1995.

Dian. Ein versunkenes Königreich in China. Hrsg. von Albert Lutz, Museum Rietberg Zürich. Ausstellungskatalog. Zürich 1986.
Joaquín *Díaz*, Romanzes, Canciones y Cuentos de Castilla y León. Valladolid 1994.
Hans Peter *Duerr*, Sedna oder Die Liebe zum Leben. Ffm 1984.
Alan *Dundes*/ Alessandro *Falassi*, La tierra en piazza/ Die Erde auf dem Platz. Eine Interpretation des Palio in Siena (EA Berkeley / Los Angeles 1975). Siena 1993.
Manuel *Durán Blázquez*/Juan Miguel *Sánchez Vigil*, Historia de la fotografía taurina. 2 Bde. Madrid 1991.
Gilbert *Durand*, Les structures anthropologiques de l'imaginaire, Paris 1984.
Emile *Durkheim*, Die elementaren Formen des religiösen Lebens. Ffm 1981.
Jean *Duvignaud*, Festivals: A sociological Approach. In: Cultures III (1976), 13–25.
Javier *Echeverría*, Del arte del correr toros a pie: el encierro de Pamplona. In: UIMP (Hg), Arte y Tauromaquia (1983), 127–187.
Konrad *Ehlich*, Fest und Kultur, Festkultur. In: Siegmar *Döpp* (Hg), Karnevaleske Phänome in antiken und nachantiken Kulturen und Literaturen. Trier 1993, 287–305.
Mircea *Eliade*, Kosmos und Geschichte (EA Paris 1949). Ffm 1994.
Urbano *Esteban Pellón*, El toro solar. Barcelona 1991.
Santiago *Esteras Gil*, Lección antitaurina, 14. Aufl. Alicante 1978.
Walter *Falk*, Vom Strukturalismus zum Potentialismus. Ein Versuch zur Geschichts- und Literaturtheorie. Freiburg/München 1976.
Walter *Falk*, Die Deutschen und der Stierkampf. In: Festschrift für Johannes Vincke zum 11. Mai 1962. Hrsg. vom Consejo Superior de Investigaciones Cientificas (CSIC) und der Görres-Gesellschaft. 2 Bde. Madrid 1962/63, 795–849.
Tomás-Ramón *Fernández*, Reglementación de las Corridas de toros, Estudio historico y critico. Madrid 1987.
Fiestas de San Juan, Raul García Aguilera (Coord.), Soria o. J.
Raul *García Aguilera*, San Juanes Fiesta del Común, In: *Fiestas de San Juan*, 25–31.
Federico *García Lorca*, Obras completas 2 Bde. Madrid 1977.
Cristina *García Rodero*, España oculta. München 1990.
Antonio *García-Baquero*, La polémica antitaurina en la Ilustración: Miedos y Recelos del Poder. In: TL H 5, 1990/91, 84–94.
Antonio *García-Baquero*, El macelo Sevillano y los orígenes de la tauromaquia moderna. In: TL H 2, 1990, 38–44.

Antonio *García-Baquero*/Pedro *Romero de Solis*/Ignacio *Vázquez Parladé*, Sevilla y la fiesta de toros (EA 1980). Sevilla 1994.

Gerhild, Kampfplatz. Schauplatz. Ein Augenzeugenbericht. In: Diskus 32 (1982) H 3, 21–22.

Enrique *Gil Calvo*, Función de toros. Una interpretación funcionalista de las corridas. Madrid 1989.

Bonifacio *Gil*, Cancionero taurino (Popular y profesional) 3 Bde. Madrid 1964.

Bonifacio *Gil*, La canción taurina en la tradición extremeña. In: Revista de estudios extremeños 12 (1956), 225–245.

Marija *Gimbutas*, The Language of the Goddess. New York 1991.

Carlo *Ginzburg*, Hexensabbat. Entzifferung einer nächtlichen Geschichte (EA Turin 1989). Berlin 1990.

René *Girard*, Das Heilige und die Gewalt (EA Paris 1972). Zürich 1987.

Johann Wolfgang von *Goethe*, Italienische Reise. München 1981 (= Hamburger Ausgabe Bd. 11).

Fernando *González*, El nuevo orden español. 1940: Himmler en Madrid. In: Tiempo de historia, III (1977) H. 31, 42–49.

José Antonio *González Alcantud*, Tractatus ludorum. Una antropológica del juego. Barcelona 1993.

Eusebio *González Herrero* (1977) Tordesillas. El famoso toro de la Vega. Vallodolid 1971.

Simón *Guadalajara Solera*, La Serrana de la Vera: Texto del romance a análisis de sus multiples variantes. In: *Hernández/Martínez*, Serrana, 187–198.

Araceli *Guillaume-Alonso*, La Tauromaquia y su Génesis (Siglos XVI y XVIII) / Naissance de la Corrida (XVIe–XVIIe siècles). Bilbao 1994.

Hans Jürgen *Heise*, Das Sterben besorgen andere. Mythos und Wirklichkeit des Stierkampfes. Stuttgarter Zeitung vom 21. 3. 1987. Beilage ohne Paginierung.

Ernest *Hemingway*, Fiesta (The sun also rises; dt.), Reinbek 1990.

Gustav *Henningsen*, El abogado de las brujas. Brujería vasca e Inquisición española (EA 1980). Madrid 1983.

Delfín *Hernández Hernández*/Luis *Martínez Terrón*, La Serrana de la Vera. Antología y Romancero. Jarandilla 1993.

Caridad *Hernández Sánchez*, El toro y la fiesta (Los carnavales de Ciudad Rodrigo). In: Luis *Díaz* (Hg), Aproximación antropológica a Castilla y León. Barcelona 1988, 167–190.

Antonio *Herrera Casado*, San Augustín y el culto totémico. RDTP 29 (1973), 427–433.

Ulrich *Horst*, Die Diskussion um die Immaculada Conceptio im Dominikanerorden. Ein Beitrag zur Geschichte der theologischen Methode. Paderborn 1987.

Henri *Hubert*/Marcel *Mauss*, Sacrifice. Its nature and functions. London 1974.

Publio *Hurtado*, La „caratoñada“ del Acehuche. In: Revista de Extremadura VII (1905), 22–27.

S. *Iglesias Perianes*, Curiosidades y hechos notables. In: Ayuntamiento Coria (Hg), Programm San Juanes 1993, Coria 1993, o. P.

Jose María *Iribarren*, Los Sanfermines. Pamplona 1981.

Buffie *Johnson*, Lady of the Beasts. Ancient Images of the Goddess and her Sacred Animals, San Francisco 1990.

Henry *Kamen*, La inquisición española. Barcelona 1988.

Marie E.P. *König*, Am Anfang der Kultur. Die frühe Zeichensprache des Menschen. Ffm/Berlin 1981.

Michel *Leiris*, Spiegel der Tauromachie, eingeleitet durch Tauromachien (EA Montpellier 1980). München 1982.

Robert *Lado*, Vergleich zweier Kulturen – wie? In: Horst *Weber* (Hg), Landeskunde im Fremdsprachenunterricht. Kultur und Kommunikation als didaktisches Konzept. München 1976, 57–71.

Dámaso *Ledesma*, Folk-lore o cancionero salmantino. Madrid 1907.

Publio *López Mondejar*, Las fuentes de la memoria. Fotografía y sociedad en la España del siglo XIX. Barcelona 1989.

Robert W. *Malcolmson*, Volkskultur im Kreuzfeuer. Der Kampf um die Abschaffung des Bullenrennens in Stamford im 18. und 19. Jahrhundert. In: Richard van *Dülmen*/Norbert *Schindler*, Volkskultur. Zur Wiederentdeckung des vergessenen Alltags. Ffm 1984, 282–298.

Luis *Maldonado*, La religiosidad popular. In: Álvarez Santaló et al, La religiosidad popular, Bd. 1, 30–43.

Luis *Maldonado*, Religiosidad Popular. Nostalgía de lo mágico. Madrid 1975 (= Nostalgía).

P. *Martín Brugarola*, Las fiestas de San Juan y de la Madre de Dios en Soria. In: RDTP 11 (1955), 178–182.

José Antonio *Martín de Marco*, Fiestas de San Juan. Historia, usos y costumbres. Soria 1985.

Manuel *Martínez Remis* (Hg), Cancionero popular taurino. Antología. Madrid 1963.

Garry *Marvin*, Honour, Integrity and the Problem of Violence in the Spanisch Bullfight. In: David *Riches* (Hg), The Anthropology of Violence. Oxford 1986, 118–136.

James *Mellaart*, Catal Hüyük. Stadt aus der Steinzeit. Bergisch Gladbach 1967.

Eckhard *Meyer-Zwiffelhoffer*, Im Zeichen des Phallus. Die Ordnung des Geschlechtslebens im antiken Rom. Ffm 1995.

Joan *Mira*, El pueblo, el toro y „los que van por delante". In: *ders.*, Vivir y hacer historia. Estudios desde la antropología social. Barcelona 1980, 105–128.

Timothy *Mitchell*, Blood Sport. A social history of spanish bullfighting. Philadelphia 1991.

Timothy *Mitchell*, Violenca and Piety in Spanish Folklore. Philadelphia, 1988.

Manuel F. *Molés*, La fiesta va por dentro. Conceptos y retratos. Madrid 1992.

Francisco *Montes* (Paquiro), Tauromaquia completa (EA 1836). Madrid 1994.

José Antonio del *Moral*, Cómo ver una corrida de toros. Manual de tauromaquia para nuevos aficionados. Madrid 1994.

José Luis *Morales y Marín*, Los toros en el arte. Madrid 1987.

Carlos *Moya*, El pueblo, los caballeros y el toro: Génesis de La Fiesta. In: TL H 4, 1990, 81–84.

Juan *Muñoz García*, La plaza de toros de Béjar es la más antigua de cuantas existen en España. Salamanca 1981.

Ernesto *Navarrete*, La fiesta de San Augustín, Patrono de Fuentelencina (Guadalajara). RDTP 11 (1955), 182–184.

Richard *Nebel*, Santa María Tonantzin Virgen de Guadalupe. Religiöse Kontinuität und Transformation in Mexiko. Immensee 1992.

Erich *Neumann*, Die Große Mutter. Eine Phänomenologie der weiblichen Gestaltungen des Unbewußten. Solothurn/Düsseldorf 1994.

Erich *Neumann*, Ursprungsgeschichte des Bewußtseins. Ffm 1984.

Carlos *Orellana* (Hg), Los Toros en España. 3 Bde. Madrid 1969.

José *Ortega y Gasset*, Los Toros. In: Orellana III, 3–8.

Andrés *Ortiz-Osés*, La Diosa Madre. Interpretación desde la mitología vasca. Madrid 1996.

Joaquín *Pardo*/ María de los Ángeles *Reglero*, Crónica de unos Sanjuanes. Soria 1984.

Ramos *Perera*, Las creencias de los españoles. La tierra de María Santísima. Madrid 1990.

Rafael *Pérez Delgado*, Sobre las corridas de toros (notas sociológicas). In: Centro de Investigaciones Sociológicas (Hg), Homenaje a Julio Caro Baroja. Madrid 1978, 843–875.

Julian *Pitt-Rivers*, Taurolatrías. La santa Verónica y los toros. In: Fundamentos de Antropología H. 2, 1993, 67–74.

Julian *Pitt-Rivers*, Los estereotipos y la realidad acerca de los Españoles. In: Cátedra (Hg), Españoles vistos, 31–43.

Julian *Pitt-Rivers*, Las fiestas taurinas en Extremadura. In: Javier *Marcos Arévalo*/Salvador *Rodríguez Becerra* (Hg), Antropología culturalen Extremadura. Mérida 1989, 225–227.
Julian *Pitt-Rivers*, La identidad local a través de la fiesta. In: Revista de Occidente Nr. 38/39, 1984, 17–35.
Julian *Pitt-Rivers*, Un pueblo de la sierra: Grazalema (EA 1954). Madrid 1989.
Plazas de Toros, Katalog hrsg. von Consejería de Obras Públicas y Transportes. Sevilla 1992.
Enrique *Ponce*: „Si la plaza de Pamplona estuviera callada no sería Pamplona" (Interview) in: Navarra Hoy 14.7.1992, 27.
Miguel *Ponce Cuéllar*, María, madre del redentor y madre de la iglesia (Manual de Mariología). o. O. (Badajoz) 1995.
Joan *Prat i Carós*, Los santuarios marianos en Cataluña: una aproximación desde la etnografía. In: *Álvarez Santaló* et al, La religiosidad popular (1989), Bd. 3, 211–252.
Revista de Soria, Hg von Excma. Diputación Provincial. (Themenheft: Fiestas de San Juan o de la Madre de Dios), 7 (1973), H 20, o. P.
Marisa *Rey-Henningsen*, The world of the ploughwoman. Folklore and reality in matriarchal northwest Spain. Helsinki 1994.
Salvador *Rodríguez Becerra*, Métodos, técnicas y fuentes para el estudio de las fiestas tradicionales populares. In: *Velasco* (Hg), Tiempo de Fiesta, 27–42.
Pedro *Romero de Solis*, El toro y el agua: algunos indicios de acuataurolatrías en la Sierra de Segura, El Folk-lore Andaluz H 7, 1991, 45–75.
Pedro *Romero de Solis*, Carne de toro, carne divina: un banquete sacrificial en Siles de Segura. In: TL H 6, 1991, 49–55.
Pedro *Romero de Solis*, De nuevo con la ‚montera': hacia una explicación definitiva. In: TL H 4, 1990, 51–63.
Pedro *Romero de Solis*, De indumentaria taurina: La montera. In: El Folk-lore Andaluz, H. 4, 1989, 35–48.
Pedro *Romero de Solis*, El papel de la nobleza en la invención de la ganadería de reses bravas. In: UIMP (Hg), Arte y Tauromaquia (1983), 35–63.
Antonio *Ruiz Vega*, La Soria mágica. Fiestas y tradiciones populares. Soria 1985.
Carmen *Sánchez* / Juan Carlos *Rubio*, Coria. León 1983.
María Ángeles *Sánchez*, Guía de fiestas populares en España. Madrid 1982.
Fernando *Sánchez Dragó*, Gárgoris y Habides. Una historia mágica de España. Barcelona 1992.

Rafael *Sánchez Ferlosio*, Leserbrief El País 25.6.1985.
Augustín *Sánchez Vidal*, Sol y sombra. De como los españoles se apearon de las mayúsculas de la Historia, dotándose a la vida cotidiana. Barcelona 1990.
Fernando *Savater*, Caracterización del espectador taurino. In: UIMP (Hg), Arte y Tauromaquia (1983), 111–125.
Gunzelin *Schmid Noerr*/Annelinde *Eggert*, Die Herausforderung der Corrida. Vom latenten Sinn eines profunden Rituals. In: Hans Dieter *König*/Alfred *Lorenzer* et al, Kultur-Analysen. Psychoanalytische Studien zur Kultur. Ffm 1986, 99–162.
Gérard *Seiterle*, Artemis – Die große Göttin von Ephesos. In: Antike Welt, 10 (1979), H 3, 3–14.
José V. *Serradila Muñoz* / Delfín *Hernández Hernández*, Los toros en la Vera. Jaraíz de la Vera 1993.
Ginés *Serrán-Pagán*, Pamplona – Grazalema. De la plaza pública a la plaza de toros (EA New York 1980). Barcelona 1981.
Javier *Solano*, El encierro de Pamplona. Pamplona 1995.
Enrique *Tierno Galván*, Los toros, acontecimiento nacional (EA 1951). Madrid 1989.
Luis *Toro Buiza*, Sevilla en la historia del toreo y la exposición de 1945. Sevilla 1945.
Luis *Toro Buiza*, Posibles orígenes del arte del toreo. In: Orellana 1, 197–207.
Elmar *Ullrich*, Die marianische Advokation und ihre Funktion als Personenname im Neuspanischen. Würzburg 1966 (Diss.).
Universidad Internacional Ménendez Pelayo (*UIMP*) (Hg), Arte y Tauromaquia, Madrid 1983.
Honorio *Velasco*, Tiempo de fiesta. Ensayos antropológicos sobre las fiestas en España. Madrid 1982.
Honorio *Velasco*, Las leyendas de hallazgos y apariciones de imagenes. Un replantamiento de la religiosidad popular como religiosidad local. In: *Álvarez Santaló* et al, Bd. 2, 401–410.
Maria Isabel *Viforcos Marinas*, El León barroco: los regocijos taurinos, León 1992.
José *Vicente-Mazariegos*, Identidad ibérica (Ritos sacrificiales de): cerdos y toros, o de la casa a la ciudad. In: Ramón *Reyes* (Hg), Terminología cientifico-social. Barcelona 1988, 468–472.
Marina *Warner*, Maria (EA London 1976). München 1982.
Zedler-Lexikon, hier Bd. 40, Spalte 40–44. Leipzig 1744.

Tonträger (Schallplatten):

Colección de canciones populares Españolas. Recogiadas, armonizadas e interpretadas por Federico García Lorca (piano) / La Argentinita (voz). Madrid 1989 (Sonifolk).

Gabriela *Pizarro*/Joaquín *Díaz*, Romances de allá y de acá. Chile y España. Madrid 1987 (fonomusic).

El *Caldero*, Cantos de hombres / Cantos de mujeres. Los Carranchonis. Madrid 1986 (Saga).

Bildquellenverzeichnis

Seite 11, 219: Joan Busquets; Seite 17, 19, 21, 22, 23, 24, 29, 31, 32, 34, 52, 54, 57, 60, 67, 94: Cristina Garcia Rodero; Seite 47: Archivo Diario de Navarra; Seite 64: Archiv Planeta; Seite 65: Biblioteca del Monasterio de San Lorenzo de El Escorial; Seite 77: Museum Ephesus; Seite 81: J. Cesar Gamallo; Seite 93: Foto-Karpint, Coria; Seite 129: Archivo MAS, Barcelona; Seite 207: Antonio Ruiz Vega.

Ortsregister

Abejar 51
Acehuche (Cáceres) 18, 137
Afrika 8
Agreda 51
Ägypten 82
Alcalá de Henares 118
Alpen 149, 204
Alpujarras 132
Andalusien 48
Aranjuez 186
Arcadia 218
Archidona (Málaga) 199
Avila 62

Barcelona 229
Baza (Granada) 120
Bejar (Salamanca) 131
Bilbao 142
Brozas (Cáceres) 219

Cáceres 18, 115
Cádiz 28
Calzadilla (Cáceres) 225
Castilla-León 51, 125
Catal Hüyük 81, 130
Cerro de Santos (Albacete) 120
Chalcedon 118
China 93, 95
Chodes (Zaragoza) 198
Ciudad Rodrigo (Salamanca) 146
Cogull (Lleida) 120
Córdoba 198
Coria (Cáceres) 13, 18–25, 41, 65, 80, 82, 93 ff., 134, 181, 198, 209, 213, 215

Daimiel (Ciudad Real) 114
Denia 120
Deutschland 134, 210, 218
Deza 51
Düsseldorf 142

Elx (Alicante) 120
Ephesus 75, 77, 118, 120 f.
Extremadura 62, 68, 81, 124, 126, 223

Frankreich 190
Fuentelencina (Guadalajara) 26 ff., 107, 136, 150

Granada 130
Grazalema (Cádiz) 28–36, 41, 104, 108, 135, 143, 215
Griechenland 8
Guadalajara 28, 229
Guadalupe 110, 114

Huelva 106

Indien 8

Jaraiz de la Vera (Cáceres) 89

Kastilien 68
Katalonien 113
Kreta 81, 117, 120, 130

La Carolina (Jaén) 199
La Parilla (Valladolid) 227
León 63, 168, 174
Levante 146
Lusitanien 120

Madrid 41, 102, 142, 169, 198, 200
Málaga 200
Medinaceli 51
Mexiko 227
Monleón 67–72, 75, 79, 82, 84, 88 f., 126 ff.
Montserrat 110, 114

Navarra 35, 63
Niederlande 102
Numantia 51

Pamplona (Navarra) 7, 35–51, 104, 108 f., 134 f., 141, 168, 181, 198, 200, 209, 215
Paris 142
Plasencia (Cáceres) 62, 65, 123 f.
Puebla de Sancho Pérez (Badajoz) 131

Riaza (Segovia) 198
Rom 102, 143, 227
Ronda 28, 88

Salamanca 63, 118, 146, 198
Saldana 63
San Pedro Manrique 51
Santa Cruz de Mudela (Ciudad Real) 131 f.
Sevilla 79, 99, 119, 133, 167, 169, 174, 183–186, 194, 200
Siena 150 f.
Siles (Jáen) 136
Soria 8, 51–62, 108, 134 ff., 142, 146, 209, 215
Stamford 152

Talaveruela (Cáceres) 81
Tales (Valencia) 143
Tarazona (Zaragoza) 199
Tembleque (Toledo) 198
Tendilla (Guadalajara) 133, 229
Tordesillas (Valladolid) 115
Trient 36, 103, 115

Valencia 120
Valladolid 22, 99, 102, 115, 169
Vic (Barcelona) 129 ff., 229

Yuste 99

Zaragoza 41, 110